盲从与叛逆

从众、反从众行为与决策的智慧

[英] 米歇尔·巴德利 著
丁旻仲夏 译

中信出版集团 | 北京

图书在版编目（CIP）数据

盲从与叛逆：从众、反从众行为与决策的智慧 /（英）米歇尔·巴德利著；丁旻仲夏译 . -- 北京：中信出版社，2019.5

书名原文：Copycats and Contrarians: Why We Follow Others…and When We Don't

ISBN 978-7-5217-0137-1

Ⅰ．①盲… Ⅱ．①米… ②丁… Ⅲ．①行为经济学－研究 Ⅳ．① F069.9

中国版本图书馆 CIP 数据核字 (2019) 第 037392 号

盲从与叛逆——从众、反从众行为与决策的智慧

著　　者：[英] 米歇尔·巴德利
译　　者：丁旻仲夏
出版发行：中信出版集团股份有限公司
（北京市朝阳区惠新东街甲 4 号富盛大厦 2 座　邮编　100029）
承 印 者：三河市中晟雅豪印务有限公司

开　　本：880mm × 1230mm　1/32　　印　　张：11.75　　字　　数：220 千字
版　　次：2019 年 5 月第 1 版　　印　　次：2019 年 5 月第 1 次印刷
京权图字：01-2018-7851　　广告经营许可证：京朝工商广字第 8087 号
书　　号：ISBN 978-7-5217-0137-1
定　　价：68.00 元

怀着感激之情，谨献给我的父母

让我们大胆地蔑视一切的模仿吧，纵使它带着清晨般的优雅及芬芳来到我们身边，纵使它抚育了所有的创意，纵使它就如我们自家的老树节般丑陋。

赫尔曼·梅尔维尔，

《古屋青苔说霍桑》（*Hawthorne and His Mosses*），1850年

世俗的智慧教导我们：对于我们的名声来说，因循守旧的失败仍要好过离经叛道的成功。

约翰·梅纳德·凯恩斯，

《就业、利息和货币通论》，1936年

目 录

序 言 V

第一章 **聪明地效仿**

005 人群中的“经济人”
009 社会学习
024 策略优势
025 信号传递
029 声誉
032 权利与安全

第二章 **暴众心理学**

040 集体型从众和群体的智慧
043 勒庞的心理群体
046 弗洛伊德论归属
050 格式塔心理学及心理社会学
052 暴众的身份

058 夜晚的暴徒
061 同伴压力
066 了解社会习俗
068 将社会压力作为政策工具

第三章 大脑中的从众

078 性格斗争
080 对模仿的度量
082 打开大脑的黑匣子
085 脑部扫描仪下的盲从者与叛逆者
097 从众思维捷径

第四章 动物的从众

106 猎豹与狼群
108 企鹅和蜥蜴的社会生活
110 愤怒的小鸟
111 从众的奶牛
112 进化的影响力
116 自我牺牲的黏菌
118 社会性动物
127 人类从众的进化历程
134 社交媒体世界的“硫化处理”

第五章 标新立异者

146 为何做一个标新立异者
147 标新立异者及信息
150 标新立异的风险
153 战胜群体
157 标新立异者的思维模式
159 我们为何需要标新立异者

第六章 创业者与投机者

173 货币公约
176 郁金香热
178 理性的泡沫
182 凯恩斯论投机者
191 情感从众
193 金融从众：认知、情感和神经科学
197 创业型的标新立异者
199 创业者的情感
201 生态体系：盲从者与叛逆者的共生
204 把控投机，鼓励创业

第七章 从众的专家

215 容易犯错的专家

219 不确定世界中的社交专家
221 利己型专家
230 专家的偏好
234 专家的从众外部性
235 人群中的专家
238 外行的专家

第八章 **追随领袖**

249 商业领袖与追随者
256 顺从权威
258 领导者和追随者的思维方式
260 斯坦福监狱实验
261 压抑的社会情感
264 领导者与追随者的共生关系
273 现代偶像崇拜
275 政治部落派系主义
277 政治从众：理性和感性的对决
281 “自由世界”的领袖

结　语 **盲从者与叛逆者**

296 驯服盲从者与叛逆者

致　谢 301
注　释 303

序　言

1997 年 9 月 6 日，威尔士王妃戴安娜的葬礼在伦敦举行，仪式吸引了超过 300 万的悼念者齐聚伦敦，全球范围内另有近 30 亿观众守在电视机前。白金汉宫和戴安娜生前住地肯辛顿宫外，铺积深达数米的花束、诗歌、泰迪熊和其他令人感伤的祭奠物，共同为我们呈现了 20 世纪最具代表性的画面。数以百万计的陌生人对一个素未谋面的逝者表现出的（即便是短暂的）悲痛竟是如此深切。为何有如此多的个体（哀悼者）如此地感同身受，需要同数百万人一起来抒发这集体性的悲伤？在国际新闻媒体的鼓动下，他们聚合为一个悲痛欲绝的群体。乍看之下，这种强大的集体性的歇斯底里既不合情理也不受控制，但事实真的是如此吗？

我们人类的从众行为也并不总是这样充满戏剧性。人类这种效仿、跟随他人集结成群的倾向性可以是改善人们生活及提高进化存活率的合理策略。其他动物也有相似的从众的本能，行为生态学家早已在许多动物身上观察到了类似的模仿行为。其中一例是行为生态学家在研究一种叫袋鼬（quoll）的澳大利亚小型有袋类动物的行为时发现的。因为一次错误的尝试，甘蔗蟾蜍（cane toad）在20世纪30年代被引入澳大利亚，以试图控制甘蔗甲虫对当地甘蔗种植园的破坏，而袋鼬的生存则受到了甘蔗蟾蜍的威胁。在袋鼬看来，这些剧毒的甘蔗蟾蜍似乎美味无比，而狼吞虎咽地吃下这些甘蔗蟾蜍的袋鼬则很快就会一命呜呼。通过建设性地利用袋鼬模仿的本能，行为生态学家找到了一个聪明的解决方案：利用某种形式的厌恶疗法，一小批袋鼬被训练成了"蟾蜍规避"（toad-smart）袋鼬，它们被喂食了添加无害催吐剂成分的蟾蜍香肠，以训练它们学会规避蟾蜍。这些"蟾蜍规避"袋鼬随后被放回野外，它们将所学传给了后代，而其他袋鼬通过社会学习的过程效仿了这些规避行为。当每一只小袋鼬都学会规避有毒的蟾蜍时，整个种群——而非仅仅是个体——的生存概率都得以改善。生态学家充分利用了袋鼬自然效仿的本能，通过最低限度的人为干预就拯救了整个种群。[1]

戴安娜的悼念者及这些聪明的袋鼬的行为都表明，社会性动物显然均有强烈的模仿及顺从本能，而这种行为模式确保了包括我们人类在内的许多物种的存续及兴旺。但这只是故事的一部分，人类并非总是扮演顺从者的角色。历史的长河中出现过许许多多的反叛者（rebels）和叛逆者（contrarians），而其中一些人成功地改变了生命和历史。苏格拉底就是其中著名的一例。公元前399年，他被陪审团判处死刑，罪名是他拒绝接受其雅典同胞膜拜的神祇、同斯巴达人同流合污，并自命不凡地宣称自己是雅典城邦的批评家和"牛虻"。当苏格拉底作为一个被时代放逐的人结束自己生命时，人类的思想史却因他的贡献而彻底改变。同样，从哥白尼和伽利略到达尔文、克里克和沃森，如果历史的长河中没有如此多的标新立异者（mavericks）勇于承担特立独行带来的风险，那我们的现代社会将无从谈起。这些深谋远虑的标新立异者将我们带上新的征程——那些在他们所生活的时代无法想象、充满非议的征程。他们承担着丧失个人声誉及社会地位的风险，却为我们的生活带来了方方面面的深远变革。

羊群效应及反羊群效应的定义

羊群效应究竟是什么？它的反面又是什么？关于盲从者（copycats）从众行为的文献很多，横跨了广泛的主题和语境（尽管对叛逆者这一主题的关注程度还较低）。鉴于研究者的多样性，想给出一个放之四海而皆准的定义是很难的。但基于对自身及周围其他盲从者的观察，我们可以总结出三条线索用以归纳羊群效应的定义。首先，也是最明显的，羊群效应和模仿有关；其次，这是一种群体现象，某一个人效仿另一个人不能称为羊群效应，许多人效仿一个人或许多人效仿许多人，才能定义为羊群效应；最后，我们稍后会看到，从众行为有时可能是由无意识的动机驱动的，但并非随机的。有意识和无意识的力量都鼓励我们选择制度性地跟随群体。将这些线索糅合起来，我们可将羊群效应定义为：系统性地选择效仿某个群体中的他人。这样做可以使利己的个体受益，或者当个体能和同伴一起支持群体或物种的利益时，也能为集体带来福祉。

理解羊群效应和盲从者也有助于我们理解其反面，即叛逆者的本质。叛逆者是反羊群者（anti-herders），而反从众行为可以定义为不效仿群体中他人的选择。[2] 反羊群效应与羊群效应的差异并非如我们最初想象的那么大。反从众行为是一种群体性且非随机的行为；但它是效仿行为的镜像，因为反羊群的叛逆者总是和群体背道而驰，而非选择群策群力。此外，反羊群效应有上述羊群效应三个特征中的两个（虽略有区别）：反羊群效应通常是一种群体现象，因为它不涉及随机或和群体无关的行为；叛逆者并非隐士，他们关注他人的想法，但他们可能刻意决定反对群体，这种反对有时是通过领导而非跟随群体而实现的。反从众行为同从众行为一样，都是系统性且非随机的，而且一旦由有意识的主观选择所驱动，便可能更为系统化。无论是何种方式，反羊群叛逆者（anti-herding contrarians）和羊群盲从者（herding copycats）的行为都可能存在或好或坏的互补性。

从众行为的另一个关键特征：它是一种社会行为。我们已演化成了社会性的动物，在演化的进程中，从众已经潜移默化地成了我们的本能，并借由我们在婴幼儿时期习得的社交技能得到强化。我们选择相信他人并与他人合作，即便是离我们很远的陌生人也不例外。我们常常是无私和博爱的，尽管我们对他人表现出的善意往往是利己和慷慨的复杂组合。这是一种双向互动，当他人对我们表现出友善时，我们会给予回报；当我们给予回报时，信任就得以建立，而且这不仅仅发生在与我们家人、朋友和邻居的交往中。没有信任和互惠，我们大部分的日常活动——包括我们的工作和购物等经济活动——都再无可能。这些现象都与我们更外向和合群的一面有关。来自心理学、神经科学和行为经济学的无数实验已经证实了我们强大的社会性本能，这一本能普遍存在于不同国家、文化甚至其他物种（包括我们亲密的灵长类表亲）中。

这与盲从者与叛逆者有什么关系呢？复制、从众和模仿都是我们社会习性的另一面，而我们从众行为的倾向性则是这些社会习性的补充。例如，在政治示威中，志同道合的人会聚集在一起，因为他们之间存在一定程度的对彼此及对共同支持的事业或领导者的信任。同一拨人会抗拒加入他们不信任的对手阵营，同理也会热衷于加入他们信任的团体。营销人员和广告商都很清楚，如果他们可以让我们相信某些名人是值得信任的，那么我们可以被说服跟随购买这些名人所认可的产品。从蛋糕义卖到慈善拍卖的社区活动，这些都是我们将融入群体的欲望同我们慷慨互惠的本性结合在一起的例子。

为何从众?

表面上看，戴安娜的悼念者、袋鼬和苏格拉底所展现的行为是截然不同的。然而从更深的层次观察，我们可以发现，他们其实向我们展现了一些共性，以揭示我们效仿他人的方式及原因，以及我们不这么做的原因。许多社会科学和行为科学的羊群效应研究者都专注于捕捉我们从众倾向性中隐含的社会影响因素，这些因素可大致分为两类：信息性影响和规范性影响。

信息性影响包括我们通过收集周围他人的信息而学习的所有方式。他人的行为以及他人是否成功是我们可加以利用的重要信息。我们观察他人如何做出选择和决定，这能够帮助我们自己进行选择和决策。我们也可以看到他人选择的结果，并从他人的错误和成功中汲取经验教训。2015年4月发生的加里萨大学惨案是一个令人痛心的有力例证，表明社交性学习驱动的效仿如何能成功地挽救生命。来自青年党圣战激进组织的四名枪手冲进了肯尼亚的加里萨大学校园，挟持学生作为人质。只有那些通过背诵《古兰经》重要章节经文证明自己穆斯林信仰的学生幸免于难，而那些不能背诵经文的学生则被无情地杀害。一名基督徒学生通过观察在她之前被恐怖分子质询的人质，迅速记住了她需要背诵的经文，从而说服劫匪相信她也信仰穆斯林。这名学生通过社交性学习，收集他人选择及其后果的信息从而实现了自救。在她的基督教信徒同胞看来，这种社会性信息导致她表现出反从众而非从众行为，但是这位学生知道，效仿在她之前的大多数基督教信徒并不能帮助她成功地活下来。

规范性影响包含了界定我们周围群体和社区的准则与习俗。相较于我们对信息性影响的反应，我们对规范性影响的反应通常不那么明显，也不那么刻意。我们效仿他人是因为我们感受到了来自身边他人的压力，一种反映了社会准则、同伴压力和群体思维趋同的压力。例如，世人皆知排队对英国人而言是一项神圣的社会准则。大多数英国人做梦都不会想到插队或在排队时一拥而上，即便这样做显然符合他们的个体利益最大化诉求又不太可能产生什么有害的后果。伦敦的《晚间标准报》(*Evening Standard*)报道过一个极有趣的例子：在2017年艾德·希兰伦敦的一场音乐会上，200名在网上狂热的抢购到票的铁杆粉丝，在场外平静而完全自发地排队等候入场，铁栅栏和治安警卫竟然都纯属多余(见图1)。[3]

像希兰可爱的粉丝一样，我们不用太费劲就能意识到，如果我们以牺牲他人利益为代价优先考虑自己的需求并尝试插队，我们将违反某些社会准则并招致他人的不满。有些人天生就有足够的耐心能怡然自得地排队等待，而另一些人则可能需要尽力控制自己攻击性的本能才能做到不插队。但无论是哪种情况，排队都代表了一种能够最小化集体不适感的合作解决方案。

规范性影响的类型很多，很难（甚至无法）被量化，但它与信息性影响同样重要。更有甚者，因为它是我们主观无法意识、根深蒂固且自发的反应，因此可能它的重要性要超过信息性影响。这乍听起来不合常理，但规范性影响也许能解释叛逆者的行为：那些不按常理出牌的人有时只是把自己归为了一小撮被边缘化的群体的一分子，因而在遵守着这个小群体的一些非常规准则而已。

图 1　2017 年，艾德 · 希兰演唱会现场的自发排队

后 果

反抗和顺从本无好坏之分。例如，如果我们在一个节节攀升的楼市中跟随大势购置房产，我们可能会从房价增值中获益良多；如果我们跟着他人争先恐后地逃出一个正在坍塌的足球场，那么我们就得承担被踩踏的风险；如果我们能引导他人共同逃离一幢将被焚毁的大楼，那么我们可能都可以活下来；如果某些叛逆者将他人引上战争、恐怖主义或帮派暴力的歧途，那么他们就是在拿他人甚至自己的生命冒险。即使用普世的道德准则来评价，我们也很难得出明确的结论，盲从者与叛逆者其实都是受到类似张力的驱动：到底是试图剥削和利用某个群体，还是在该群体中找到认同感并对群体做出贡献？效仿和从众的表现形式可以是丰富多样的：个体的逐利；一个团队为共同的目标奋斗；在一个仿佛拥有思想和灵魂的狂热群体中，似乎每个人都不可或缺。即使作为个体，我们也并非一成不变，在某些情况下我们可以是盲从者，而在其他情况下则成为叛逆者。在我们的社会和文化生活中，我们是成为盲从者还是叛逆者，将由我们在不同背景和社会角色中的不同身份来决定。就好像《化身博士》里的杰基尔博士和海德先生一样，一个在白天循规蹈矩、勤奋和专业的人，在夜晚则可能变得不成体统、叛逆和充满破坏欲。

我们该从哪里入手开始理解这些错综复杂的关系呢？最简单的突破口是，观察哪些动因促使每一个利己的个体效仿他人并加入群体。我们将在本书第一章中看到，经济学家已对这个课题进行了广泛的探讨，专注于理解社会学习和其他理性动因是如何鼓励我们选择从众的。在此基础上，我们将借助社会学和生物学所能提供的真知灼见，以期填补简单经济学模型的许多疏漏，并更好地解释我们效仿和反叛的本质。

这些对我们的日常生活有什么影响呢？有些人表示担忧。我们演化而来的本能、个性甚至聪明才智都可以帮助解释与效仿及反叛相关的态度、选择和行为，但是这些品质并不一定适合当今的世界。我们当前所处的这个数字互联时代，即便放在一个世纪前都无法想象，更不用说现代人是历时数十万年才一路演化而来的。群体的界限在哪里？我们什么时候应该利用隐含在群体行为中的信息，什么时候又应该忽略？我们那些从远古时期进化而来的动物习性（包括从众），放到当今这个人造的现代世界中，就可能带来问题。例如，我们模仿或反叛的倾向性同当今社交媒体上的人云亦云、动荡不断的股票市场、耸人听闻的标题党式新闻、民粹主义的政治纲领和信息过载搅在一起，有时就并非好事了。

在现有为数众多的以从众和反叛为主题的论文和书籍中，其作者和研究人员都倾向于聚焦具体的研究对象或问题。而本书并非如此，因为本书广泛汇集了多个学科领域的研究成果：某些经济理论探究了为何作为利己的个体，我们可能会有从众或反抗的倾向性；从心理学和社会学的视角我们可以看到，无意识的社会影响力是巨大的，但效仿并非总是好事一桩；神经科学、进化生物学和行为生态学可以帮助我们了解我们效仿和叛逆的本能源自何方，以及它们在日常生活中的表现形式。这些真知灼见可以帮助我们回答一些亟待解决的问题：我们效仿和叛逆的本能和倾向起源何处？盲从者与叛逆者如何相互作用？我们效仿及叛逆的本能能否帮助我们更好地适应当今世界？也许最重要的问题是，我们又能做些什么呢？

第一章
聪明地效仿

盲从者都在自作聪明吗？抑或者无视我们自己的主观能动性及心智，依葫芦画瓢式地模仿他人是毫无头脑和理性可言的愚蠢行为？我们如何区分盲目遵从与机智模仿（我们常常无法轻易地发现二者的区别）？

我们在日常生活中就可以找到一些例子。试想一下，你在会议中需要对一个你既不感兴趣又不熟悉的议题进行投票表决。你看到一部分同事纷纷举手表示赞同，因此你决定也这么做。这是偷懒吗？还是屈从于来自同伴的压力？有可能你仅是将同事（表示赞同）的行为视作一个补充信息来源，因为你可以将他们的赞同解读为他们掌握了一些你并不知道的信息，而如果你也掌握了同样的信息，你就会理所当然地投赞成票。在类似的场景中，跟随他人显然不是一个愚蠢的决定，虽然这可没让你费什么脑筋。

我们都遇到过类似的情况，我们依葫芦画瓢是因为我们假设别人知道的比自己多。比如当我们迷路的时候，跟着大部队找方向就是明智的选择。我们可以通过跟随效仿他人来收集信息和寻找方向，并以此为基础让自己做得更好。也就是说，我们选择从众是因为我们作为个体可以从中得到好处，我们把这种行为称作利己型从众（self-interested herding）。

诺贝尔经济学奖得主，美国经济学家加里·贝克尔在20世纪70年代提出了理性选择理论（Rational choice theory），深入探讨了激励个体选择从众或结群的原因。[1] 贝克尔认为每个人都能做出对自己最有利的选择，没有任何组织或个人有能力从理性分析的角度更好地最大化该个体的利益。贝克尔及其同僚认为这个假设能够解释从结婚离婚、吸毒嗑药到种族歧视等一系列的人类决策及社会问题。贝克尔的理性选择理论被其后的经济学家普遍接受，众多的经济学模型均假设其中的理性个体仿佛能够遵循复杂的数学定理，做出对自己最有利的选择。即便如此，贝克尔也承认社会性的互动对个体的重要性。贝克尔认为社交环境能够通过个体与他人的关系而为个体带来某种形式上的“社会收入”，也就是说社交环境有某种意义上的货币价值。[2] 我们的职场关系能说明贝克尔的这一观点：如果能够增加我们升职加薪的概率，那么老板和同事对我们的看法就隐含了货币价值。

经济学家从分析个体能从跟随他人的选择中得到的实际好处出发，试图诠释利己型从众行为。一个以利己为导向的个体对群体的利益应是毫不在意的。在经济学家看来，我们选择从众是为了自己，而绝非为了群体的利益：我们可以从他人身上学到一些有用的东西；有时跟随他人可能对我们自身的声誉有好处；而有时通力合作相较于单打独斗，可以为单个个体带来更大的收益。从经济动机和激励的维度来看，这些都很容易解释得通：效仿和合作都只不过是达到目的的手段罢了，而其归根结底的目的还是个体利益的最大化。

人群中的“经济人”

经济学家是如何将人类的社会行为与经济学中个体理性选择能力的假设联系起来的呢？某些重要的理念最初是由一位名叫维弗雷多·帕累托的意大利博物学家提出来的。工程师出身的帕累托在经济学、社会学及政治科学等多个领域都有着影响深远的建树。在经济学领域，意大利无论是左派还是右派都孕育了不少有识之士。[3] 帕累托也极好地延续了这一传统，并经常被尊称为现代新古典经济学的奠基人之一，以他名字命名的“帕累托最优”（Pareto Optimality）是经济学中最重要的概念之一。作为资源分配的一种理想状态，帕累托最优意味着不可能再有更多的基于自愿交换的帕累托福利改善的状态，此时没有办法在不使任何人的处境恶化的前提下，使至少一个人的处境得以改善。

为了实现这一简化（有些人会认为过于简单化）的理想结果，帕累托假定所有理性决策都是由一个虚构的物种，即“经济人”（Homo economicus）做出的。[4] 精明、利己、独立自我的“经济人”的决策都基于严谨的分析论证，以寻求其个体福祉和利益的最大化。“经济人”并非完美无缺，也会犯错，但是他们能够很快纠正这些错误，并确保之后不会重蹈覆辙。“经济人”并不在意其他个体的处境，但是仍有一定程度的社会觉知，能够意识到在其他个体的选择和决策中传递的信息所包含的潜在价值，并能够将这些社会性信息加以利用以指导其自身的选择，虽然他们并不会考虑其行为可能会给其他个体的福祉所带来的影响。

这对整体经济的影响是什么呢？在新古典经济学家看来，整体的影响是正面的，他们常常援引现代经济学鼻祖——亚当·斯密在其1776年的巨作《国富论》中的一段话：

> 我们每天所需要的食物和饮料，不是出自屠户、酿酒师和面包师的恩惠，而是出于他们利己的打算。我们不谈唤起他们利他心的话，而关注唤起他们的利己之心，我们不说我们自己需要，而说对他们有好处……在这个场合，像和其他许多场合一样，他受着一只“看不见的手”的指导，去尽力达到一个并非他本意想要达到的目的。也并不因为事非出于本意，就对社会有害。他追求自己的利益，往往使他能比在真正出于本意的情况下更有效地促进社会的利益。我从来没有听说过，那些假装为公众幸福而经营贸易的人做了多少好事。事实上，这种装模作样的神态在商人中间并不普遍，用不着多费唇舌去劝阻他们……[5]

亚当·斯密关于我们如何通过自助而助人的真知灼见已被现代经济学借由若干假设和相对简单的数学推导加以证实。这是如何做到的呢？斯密用他著名的看不见的手的比喻，概括了在市场中，每个人的利己决策是如何被浮动的价格机制协调起来，以共同达到市场整体对所有人最优的状态。这里的价格机制既看不见又摸不着，我们同样也无法看到市场上有买卖意愿的其他人，但是价格的升降能够忠实地反映买家和卖家之间不断变化的平衡。在这样一个不具名的市场中，试图猜测他人的选择无法给我们带来任何好处，最优的策略反而是关注我们自身的利益，听凭价格机制这只“看不见的手”去协调我们的选择，确保最终支付的价格本身能够充分反映市场中每一个人的买卖意愿。

当然，关于价格波动的论述存在各种问题。经济学家对于人类行为的观点经常被指责为过于僵化和不切实际，而亚当·斯密关于我们社会活动的观点之复杂、微妙，也远非通过几句节选就能体会的。经济学家一般需要借助这些不切实际的假设，来尝试概括我们这个复杂的真实世界：一些经济学家主张利用这些假设，帮助我们概括并捕捉人类行为的本质。事实上，当人们通过效仿和跟随彼此进行互动时，这种复杂性尤为突出。因此，经济学家引入“经济人”的概念，并非他们天真地以为人们真的是遵照类似的逻辑数理准则行为处事的，而是因为这可以帮助经济学家将他们的分析化繁为简，这种简化在经济学家试图分析大量个体间繁复的互动时尤为必要。

这点我们在宏观经济中看得最为真切。宏观经济本质上是对于群组的集合的论证。既然试图把握一小撮人的群聚及从众行为已经是一件难事，那么宏观经济学家面临的挑战就可想而知。为了理解一个经济体内众多个体间各式各样的交互行为，按惯例宏观经济学家会借用“代表性经济人”（representative agents）的概念，将不同的“经济人”进行归类。“代表性经济人”提炼了经济体中主要决策者的典型行为，包括工人－消费者型代表和雇主－生产者型代表。在传统的宏观经济学叙事中，工人－消费者型的“代表性经济人”会在赚取的工资能够带来的消费享受和工作本身带来的不便之间进行权衡，并由此做出他们出卖多少劳动力的决定。工人代表和雇主－生产者型代表之间存在着一种共生关系，即雇主－生产者希望支付工人尽可能低的工资，最大化自身的生产利润，并生产出所有工人－消费者所需要消费的产品。如果这些“代表性经济人”都按照分类具有完全相同的特质和行为特征，那么经济学家对于宏观经济现象的分析论证工作就大为简化了，因为他们可以将众多“代表性经济人”的个体选择进行相对简单的求和计算。

这些又和从众行为有什么关系呢？从众经济学模型是将同样类型的“代表性经济人”纳入数学推导中，以分析人们如何以及为何彼此效仿。在利己型从众行为中，每个个体都在理性、独立地追求自身利益的最大化，都在试图弄清楚一个问题的答案："如果我选择从众，对我而言有什么好处？"如果我们能够通过跟随他人的明智决策而做出更优的选择，则相应的好处立竿见影，这个问题的答案也就显而易见。但有些好处并非当下立现或直截了当，有时我们加入某个群体是因为我们相信与他人合作可以为我们带来长远的收益。事实上许多长期合作和关系的建立都意味着前期大量的成本投入，以期换得最终更可观的回报。无论是着眼短期的收益还是长期的收益，这些个体选择一方面由自觉意识和认知所驱动，另一方面受合作精神的激励，无论怎样都完全符合利己和理性选择的逻辑。

社会学习

经济学家的"代表性经济人"的另一个代表性特征是，他们都是极为理性和精明的个体，善于借由复杂的数学定律高效地处理信息。从众是这种精明的信息收集策略的表现形式之一。理性的从众者能够识别出最小化其信息收集成本的策略，并借此指导他们的决策，其方法是在私有信息（private information）和社会（公有）信息（social information）之间进行权衡。我们所掌握的私有信息包含所有我们确认他人无从知晓我们是否掌握的信息，即天生无法被他人观察到的个体所掌握的信息（我们可都没有读心术）；社会信息则是我们通过观察他人的行为而收集到的信息，我们借此推断他人行为的动因。但是知其所为不代表就能知其所想，我们仅通过观察他人的行为并不能确切地知道对方到底知道些什么。但是至少通过观察他人的决策，我们可以或多或少地推想出他人的动机和目的。在从众的场景中，我们或可断言（即便不总是正确）他人的选择反映了他人拥有但我们没有掌握的知识或技能。通常，我们不知道并且可能永远不会知道，他人所掌握的知识和信息是否真的胜我们一筹。以我们在本章开篇提到的投票场景为例，如果我们基于理性的分析判定我们想要效仿的同事确实比我们掌握更多的信息，那么效仿他们对某一个动议投赞成票就是合理的选择，也是对我们有利的。社会信息使社会学习成为可能，即通过观察他人的决策以及相关决策带来的收益或代价，我们可以知道什么才是对我们最有利的选择。[6] 这在信息匮乏或是充斥着不确定性的场景中尤为重要，因为当我们知之甚少的时候，我们能观察到的他人的行为和决策可能就是我们能掌握的最优质的信息。

信息瀑布

20 世纪 90 年代初期，经济学家开始对从众现象产生兴趣，并发展出了一系列理论及试验以探究基于社会学习原则的理性从众模型，重点关注我们如何理性地在社会信息和私有信息之间进行权衡，并做出利己型从众选择。早期的研究由包括苏希尔·比赫昌达尼（Sushil Bikhchandani）、戴维·赫什莱佛（David Hirshleifer）、伊沃·韦尔奇（Ivo Welch）在内的几名加利福尼亚州大学的经济学家发起。[7]他们将利己型从众描述成持续不断进行社会学习的过程，在此过程中，每个个体都不断地权衡自身掌握的信息和观察到的他人行为，而随着每个个体不断地弱化对自身所掌握信息的依赖，转而选择跟随前一个个体的选择，整个群体的规模逐渐增大。比赫昌达尼、赫什莱佛和韦尔奇借用一个极为有力的比喻来描述这种从众的过程：信息瀑布（Information cascade）。某一个体做出某个选择，其后的另一个体观察到这个选择并进行效仿，随后的个体就会更加坚定地做出同样的选择，因为此时他观察到不止一人做出这个选择。就这样，随着效仿人数的增多，“选择从众”这一信号越发强烈，这一信息在群体中不断积累，其势能也随着群体规模的扩大而不断放大。换句话说，社会信息如同瀑布一般流经选择从众的群体，而这种信息的瀑布也就能帮助我们理解如（市场的）繁荣和暴跌、时尚风潮等经济和社会学领域中诸多脆弱不堪、昙花一现的现象。[8]

在另一项独立进行的研究中，麻省理工学院的经济学家阿比吉特·班纳吉（Abhijit Banerjee）借助日常生活中选择餐馆的例子来构建从众行为研究模型。[9]试想，餐馆 A 门庭若市，而其隔壁的餐馆 B 则无人问津，为何食客不分流一部分到餐馆 B 呢？班纳吉将这个看起来反常的现象视为理性从众的例证。[10]人们可以掌握餐馆 A 的私有信息，例如他们读到的美食评论或是某个朋友的推荐，同时他们也会收集一些社会信息，例如观察在他们之前的食客会选择哪家餐馆。有时，社会信息和私有信息并不一致：某人被推荐去餐馆 A 用餐，但他发现餐馆 B 外排队等位的客人更多，这时他可能会选择忽视自己掌握的私有信息，而选择排队更长的餐馆 B。

班纳吉的餐馆问题也能说明信息瀑布在现实中是如何呈现的。想象一下，你正面临班纳吉模型中提到的两难选择：你需要在两家相邻的墨西哥快餐店 A 和 B 之间做出选择，假设你已经知道，过去一直是餐馆 A 更受欢迎，因此从一开始选择的天平就是倾向餐馆 A 的。但是你又读到了一个美食评论，对餐馆 B 的玉米饼、辣椒肉馅卷饼等赞赏有加，这一私有信息显示餐馆 B 会是更好的选择。

试想你正站在两家餐馆外，身边是一群排队等位的食客。这时事情更加复杂了，因为每一个在等位的客人都掌握着宝贵的私有信息，但是由于大家素未谋面，因此你不可能知道别人脑子里在想些什么，也不知道是什么驱使他们选择某一家餐馆而非另一家：也许他们也读到了同一篇推荐餐馆 B 的美食评论，也许他们看到过其他同样称赞餐馆 B 的点评，或者他们的亲戚朋友碰巧向他们推荐了餐馆 B。因此，虽然餐馆 A 过去一直更受欢迎，但是私有信息无形中显示，过去大多数食客的喜好在这个决定上是不可靠的，但没有人意识到这一点，因为所有个体都无法得知他人的所想所知，每个人都是作为独立的个体做出了自己的决定。现在我们把情况假设得更加复杂一些，我们假设排队的人群中有一个人掌握与其他人都相反的私有信息，例如他看到一篇由餐馆 A 店主的朋友写的过分美化餐馆 A 的评论，更巧的是，他是队伍中第一位做出选择的食客，并且他基于私有信息，理所应当地选择了餐馆 A。

接下来轮到你选择了。此时你有三条信息：第一条众所周知的社会信息，即过去一直是餐馆 A 更受欢迎；第二条是你通过观察得到的社会信息，即第一位食客选择了餐馆 A；第三条是你拥有的私有信息，即你读到的美食品鉴是推荐餐馆 B 的。第三条信息其实与所有人（除了刚做出选择的第一名食客）掌握的（私有）信息完全一致，即众多的私有信息都反复确认餐馆 B 是更优的选择，因此实际上你掌握的私有信息是非常靠谱的。但是此刻你并不知道这一点，因为你不可能知道在你身后排着队、稍后才会做出选择的食客所掌握的私有信息，也没有其他人（他们都在你身后，等着你做出选择呢）的选择可供参考。这时你会怎么做呢？

不妨假设你忽略自己掌握的私有信息，转而跟随第一名食客选择餐馆 A 吧。在你之后的人同样也知道过去大多数人都更倾向选择餐馆 A，并且他们也掌握与几乎所有排队等候的食客（再次强调，除第一名食客外的所有人）完全一致的私有信息，即餐馆 B 是更优的选择。但是此时他看到之前的两人（第一名食客和你）都选择了餐馆 A，因此尽管其掌握的私有信息倾向于餐馆 B，他还是“服从多数”选择了餐馆 A，并且他在做这个决定时甚至比你更加果断，因为他看到了两个人做出同样的选择，而刚才你只有一个人的选择作参考。这就是信息瀑布，一旦形成，就势不可当，并且自我强化，无须借助外力。随着越来越多的人选择餐馆 A，后续选择餐馆 A 的人会越来越多，并且他们的选择并非基于丰富的支撑信息储备，而仅是因为其他人做出了这样的选择。尽管餐馆 B 实际上是更优的选择，但食客络绎不绝涌进的却是餐馆 A。

无论是单看餐馆排队的例子，还是更宽泛地讨论信息瀑布的现象，需要重点指出的是，跟随他人做出类似的决定并不一定是非理性的。即便你和同伴去餐馆 A 的选择仅是建立在某种根基脆弱的信息瀑布的基础上，但这并不是一个愚蠢的选择。事实上考虑到个体所掌握的信息的局限性，这一选择本身是理性符合逻辑的。为了把握从众行为背后的逻辑本质，苏希尔·比赫昌达尼及其同事借助一个叫贝叶斯定理（Bayes'rule）的数学原理对信息瀑布现象进行了分析诠释。贝叶斯定理得名于 18 世纪的数学家托马斯·贝叶斯——一名离经叛道的长老会牧师和虔诚的数学狂热爱好者。[11]

贝叶斯定理解释了我们如何通过观察到的各类信息进行推导，我们依据新的信息修正和更新我们对于某一事件概率的预测。根据某一时点上掌握的所有信息，我们首先得到一个先验概率（prior probability），接着我们获取某些新信息，并将该新信息同先验概率结合起来，获得一个对事件概率的最终预测，即后验概率（posterior probability）。尽管其数学推导过程很复杂，但贝叶斯定理的理论和实践应用很广泛。不仅数学家和统计学家将其应用于日常问题的解决上，而且一些社会科学家、心理学家和经济学家也探索出了应用贝叶斯定理的场景，包括对我们何时选择从众这一问题的研究。一些经济学家（如比赫昌达尼及其同事）借助贝叶斯定理解释了人们如何在接收到新的信息时修正对某一事件的概率（或预测）：哪间餐馆更好，我应该选哪个宽带上网的套餐，房价是会上涨还是下跌。在寻找这些问题的答案时，“他人的选择”作为有价值的信息，与我们已经掌握的私有信息一起，影响我们的最终决定。

既然我们现在对贝叶斯定理有了更加深入的理解，让我们回到刚刚的餐馆选择问题：如何调和不同支撑信息之间的自相矛盾？首先我们有了一个先验概率，即大多数人过去都倾向于餐馆 A，但我们从一个美食评论中获取的私有信息和这一点相矛盾，而新获取的信息则是他人对餐馆的选择这一社会信息。根据贝叶斯定理，我们更新了某一家餐馆优于另一家餐馆的概率的预测，并得到一个后验概率。在对最初的判断进行重估后，我们将私有信息及社会信息两相比较，权衡之下认定餐馆 A 应是更优的选择。如果我们能明确知晓所有人拥有的私有信息，那么我们应该会做出不同的选择，但这一点我们无法做到。

从众的游戏

如果推动和参与其中的人都聪明到使用贝叶斯定理帮助决策，那从众和信息瀑布恐怕就不能称作非理性的现象。尽管我们现在能确认理性从众理论上是存在的，但我们还是缺乏实践经验以证明从众是理性的行为。先抛开结果不谈，我们手上到底有哪些证据呢？综观社会科学领域，这个问题没有非黑即白的结论，一些经济学家已经收集到证据，显示从众是理性的；但如我们将在本书下一章中看到的，很多社会科学家也收集到证据显示从众是非理性的。在本章中我们将专注这些经济学家提供的证据，而在本书之后的章节中，我们将尝试调和经济学家和社会科学家收集到的证据的矛盾之处。

证据之一是对于现实生活中餐馆排队现象的研究。行为经济学家阿瑟·菲什曼（Arthur Fishman）及尤里·格尼茨（Uri Gneezy）巧妙地设计了一个有关餐馆选择的社会学习过程的自然实验。[12] 他们雇用了一批研究助理观察人们如何在两家快餐店之间进行选择，两家快餐店都位于以色列特拉维夫附近的巴伊兰大学校园旁的露天美食广场。研究者选取了两个时间段进行观察，以研究随着时间推移，当被观察者有更多机会获取哪家餐馆更好的第一手信息后，社会影响效力的变化。因为两家快餐店都紧挨着大学校园，菲什曼和格尼茨假定在学年伊始，很大比例的造访食客应该都是刚入学的新生（因此他们对两家餐馆的品质都知之甚少），研究小组先于 2009 年 10 月初（巴伊兰大学新学年伊始）共计观察了 1 324 名顾客的行为，接着于 2010 年 4 月中旬（巴伊兰大学学年尾声）观察了另外 1 153 名顾客的行为。

菲什曼和格尼茨发现，由于观察时期的不同，两家餐馆外排队食客的人数竟有很大差别。在 10 月，两家餐馆中生意好的一家门外的排队人数远超过另一家餐馆，而到了来年 4 月，两家餐馆外排队的人数已基本持平了，也就是说某家餐馆外是否有很多排队等候的食客已经不会对后来的食客产生影响了。菲什曼和格尼茨将这个现象归因于社会学习。如果在 10 月刚入学时，对两家餐馆还没什么了解的学生食客并不依赖于其他客户的选择进行决策，那么彼时他们就应随机在两家餐馆之间进行选择，而事实上两家餐馆彼时的排队人数相差悬殊，新入学的食客纷纷选择已人满为患的其中一家餐馆排长队，这一行为背后一定是有某些因素驱动的。既然当时唯一能获取的信息就是其他食客的选择这一社会信息，因此菲什曼和格尼茨断言，（一家餐馆外的）长龙队伍就是这一驱动因素。也许新入学的食客将一家餐馆外的长队诠释为该餐馆质量的证明，从而为我们呈现了现实生活中信息瀑布的鲜活例子。但是到了来年 4 月，也许学生已经对两家餐馆的情况更清楚了，因此也就不再那么依赖于观察他人的选择了，这就解释了为何这时两家餐馆外排队的人数基本一致了。[13]

弗吉尼亚大学的美国经济学家查尔斯·霍尔特（Charles Holt）和威廉玛丽学院的经济学家莉莎·安德森（Lisa Anderson）则借助在实验室可控环境下的实验对社会学习和信息瀑布假设进行了研究。霍尔特是一名实验经济学家，因开发了许多适用于课堂教学的参与性实验而在经济教学界负有盛名。[14]他和安德森设计了严谨的实验，以期测试信息瀑布现象是否符合贝叶斯定理。安德森和霍尔特的实验设计此后又不断地被复制和优化，并被研究从众行为的经济学家广为接受。[15]

安德森和霍尔特找来 72 名学生参与一个猜球的游戏（见图 2），如果猜中则有现金奖励。学生面前放着两个瓮，瓮 A 和瓮 B，其中瓮 A 里有两个红球和一个黑球，而瓮 B 里有两个黑球和一个红球。实验组织者将其中一个瓮（学生并不知道是瓮 A 还是瓮 B）中的球倒入另一个未做标记的瓮。接下来学生被要求猜未标记的瓮中的球是来自瓮 A 还是瓮 B。

为了模拟信息瀑布的场景，参与实验的学生并不是同时给出答案的，而是排成一队逐个地猜。还有一些额外的信息，有些是所有人都知道的社会信息，有些是私有信息，提供给学生以帮助他们决策。其中私有信息的获取方式是，学生逐个在未标记的瓮中抓一个球出来，确认颜色后再放回瓮中，但并不告诉其他学生他抓到的球的颜色。每个学生接下来都逐一向所有人公布他们的猜测结果。如此一来，随着学生知道越来越多人的猜测，他们也在积累和提炼其中隐含的社会信息。安德森和霍尔特假定学生在决策过程都应用了贝叶斯修正：根据最初掌握的信息，每名学生都会形成一个先验概率的预测，接着每次听到其他学生给出的猜测结果，再结合自己在瓮中摸出的那个球的颜色信息，不断对先验概率的预测进行更新。

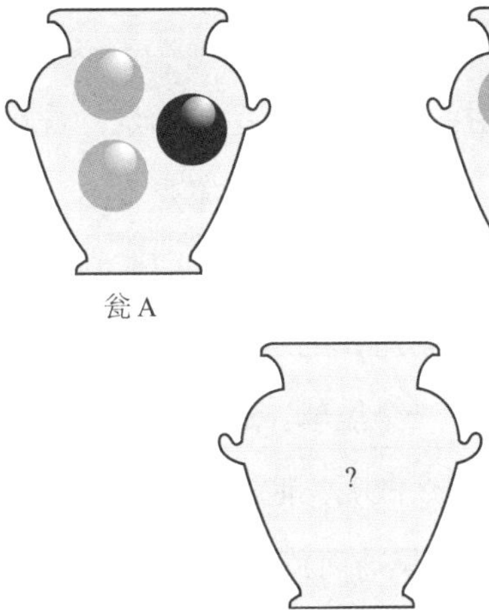

图 2　瓮中猜球的游戏

注：实验参与者被要求猜未标记的瓮中的球来自瓮 A 还是瓮 B（瓮 A 里有两个红球和一个黑球，瓮 B 里有两个黑球和一个红球）。

贝叶斯式的信息瀑布是如何在这个游戏中展现出来的呢？让我们假设自己是第二名给出猜测答案的学生鲍勃，第一名给出答案的学生艾丽斯刚刚公布她的答案——瓮 A。鲍勃推断这一定是因为艾丽斯刚刚摸到了一个红球，因为瓮 A 中红球的数量比黑球多。鲍勃接下来从未标记的瓮中摸出了一个红球，现在他有两条信息：第一，社会信息显示艾丽斯的猜测是瓮 A；第二，他自己从未标记的瓮中摸出了一个红球。鲍勃很走运，因为社会信息和私有信息两相印证，他的选择显而易见，他也猜了瓮 A。他的答案未必正确，但是至少瓮 A 是正确答案的概率较大，而他没有任何理由猜瓮 B，因为至此没有任何证据显示未标记的瓮更可能是瓮 B。

我们也可以给鲍勃换一个更为棘手的场景，看此时贝叶斯定理是如何运作的。让我们假设正确答案是瓮 B，但艾丽斯公布的猜测还是瓮 A，因此鲍勃还是推测艾丽斯刚摸到了一个红球，这并非没有可能，毕竟瓮 B 的三个球中有一个是红色。但是接下来鲍勃自己摸到了一个黑球。这下他糊涂了，既然两条信息是相冲突的，他该怎么做呢？他应该跟着艾丽斯一起猜瓮 A，还是基于自己刚摸到的黑球而猜瓮 B？如果他选择猜瓮 A，那他就忽略了自己摸到是黑球这条私有信息；如果他选择猜瓮 B，那就忽略了艾丽斯的答案中包含的社会信息。对鲍勃而言，无论怎么选，都符合贝叶斯定理的逻辑。

让我们假设他最终决定相信艾丽斯的社会信息，并给出瓮 A 作为答案，这样一来一个贝叶斯式的信息瀑布就形成了。队伍中第三名学生是克里斯，他摸到了一个黑球。此时克里斯有三条信息：艾丽斯和鲍勃都选择了瓮 A，克里斯推断他们两人一定都摸到了红球；但是克里斯摸到了黑球，这条私有信息显示应选择瓮 B，但这与此前两条信息是相左的。此时天平倾向于瓮 A，尽管瓮 A 不是正确的答案。如果克里斯应用贝叶斯定理，则他能得出的唯一结论就是应该选瓮 A，事实上对克里斯及他之后等待选择的学生而言，理性的最优选择就应该是（错误的）瓮 A。信息瀑布将艾丽斯的错误选择加以固化，因此，如果学生们使用贝叶斯定理作为决策工具，那么大家都一分钱奖金也拿不到。这条信息瀑布误导全部学生走向了错误的方向，而其中的关键转折点就是鲍勃悬于一线的那个选择。如果鲍勃当时能够相信他的私有信息并（正确地）选择瓮 B，那么除艾丽斯之外的学生都能猜中并获得奖金（那么这个实验对研究人员而言就代价颇为高昂了）。

安德森和霍尔特分析了他们实验中的所有证据，以判断学生们的决策机制是否如上文描述的那样符合贝叶斯定理。他们发现在社会信息和私有信息不一致（也就是鲍勃遇到的情况）的 56 次实验场景中，有 41 次信息瀑布的形成都符合贝叶斯定理的描述。

那么剩下的 15 次中信息瀑布的形成不符合贝叶斯定理是为什么呢？是什么支撑了学生在这些场景中的猜测？是否有部分学生更善于应用贝叶斯定理？这些不一致的观察结果是否表明人们对私有信息及社会信息的重视程度是不一样的？有没有可能学生们使用了某种更为简便的经验法则来进行决策，而这些经验法则碰巧能得出和贝叶斯定理类似的猜测结果？[16] 安德森和霍尔特的实验结论已在很多学生身上被广泛复制，但很少有人严格地测试其他假设。我们大部分人是都使用贝叶斯定理来处理社会信息，还是我们也会使用其他决策工具指导我们的选择？经济学原理并不能帮助我们解答这些问题，因此我们需要跳出经济学的范畴，在后续的章节中，我们将从其他维度和视角探寻这些问题的答案。

社会学习是好还是坏

在经济学家看来，从众是理性还是非理性的呢？[17] 如果选择跟随的群体走上了歧途，一大群人都做出错误的决定，那显然从众是不可取的。但是即便整个群体的选择方向正确，从众仍然会导致负面的影响，因为在选择从众的过程中，宝贵的私有信息会被忽略和丢失。我们可以用上文选择餐馆的例子说明这个问题。一旦倾向餐馆 A 的信息瀑布形成，所有人势必都将选择餐馆 A。在这个过程中，许多有益且内涵丰富的私有信息都将被群体无视和忽略，导致了一个并非最优化的结果，因为相较于重要、有益处但是无法直观观察到的私有信息，个体更倾向于关注社会信息。[18] 随着个体的私有信息在从众过程中逐步遗失，对群体而言就产生了经济学家称为负外部效应（negative externalities）的非最优化外部结果。食客放弃了尝试餐馆 B 并发掘其可圈可点之处的机会，如果他们给餐馆 B 一个机会，餐馆 B 就能实至名归地招揽到更多的客户，而那些尝试了餐馆 B 的顾客也许就有机会向亲友推荐或是在网上点评，以便让更多的人知道餐馆 B。如果整个食客群体能够另辟蹊径，那将会有许多人从中受益（当然除了餐馆 A 外）。

也许和直觉相左的是，即便群体的决策是正确的，也不是说从众就没有负面的影响。在这里颇为微妙的是，即便群体最终正确地选择了餐馆 B，私有信息仍将被社会信息所淹没。试想某位食客掌握的私有信息显示餐馆 B 是更优的选择，而且这位食客首先做出正确的选择，则而后形成的信息瀑布会确保整个群体都做出正确的选择。这里的问题并不在于群体最终做出的决定是否正确，也不在于其中的每个个体是否理性地做出决定，而是原本丰富多样的私有信息因为这种贝叶斯式的信息修正更新过程而遗失殆尽。

如果我们将餐馆选择的场景略微调整，就可以展现私有信息的重要性。试想第一位做出选择的食客并没有看到前文中提到的有失偏颇的网上点评，而是看到了一篇在餐馆 A 炒掉了前主厨并高薪将餐馆 B 的明星大厨挖来后，称赞餐馆 A 的美食评论。也就是说，我们大部分人之前看到的称赞餐馆 B 的评论已经不准确并过时了。第一位做选择的食客此时掌握了更优质的私有信息，更贴近最新的现实，而且也许更为准确。诚然，如果餐馆 A 此前的问题不仅限于缺乏优秀的主厨，例如其还有糟糕的管理，那么刚挖来的这位明星大厨也许并不能帮助餐馆 A 大放异彩。不管怎样，私有信息的丰富多样是有益处的，或者最起码可以帮助每一位食客了解到在该选哪家餐馆这个问题上并非没有争议，然而信息瀑布一旦形成，所有的这类私有信息都将遗失殆尽。[19]

因此，由社会学习所驱动的利己型从众行为可以导致现实的扭曲失真。其他方式的利己型从众是否就没有这么大的问题呢？有些形式的从众对群体和个体都是有益的，要想了解其运作方式，我们需要将目光转向利己型从众背后的某些经济动因：从众可以成为释放某种信号的方式，因而我们对他人的效仿可以为我们带来某种策略上的优势；利己型从众可以是我们建立自己声望的途径；弱小的个体通过群聚可以成为一个强大的整体；而群聚往往意味着安全。

策略优势

博弈论学家已经详尽论证了加入群体或团体带给我们的策略优势。[20] 其基本理念是一个自私的个体可以与其他自私的个体抱团，并以团队的形式在诸如狩猎等行为中完成单一个体无法企及的任务。哲学家让－雅克·卢梭在他1755年的著作《论人类不平等的起源与基础》中以狩猎牡鹿为例，阐述结盟如何为团队中的每一位成员带来益处。[21] 四名猎手正在决定是单独行动还是合作组成一支狩猎团队。由于牡鹿体形庞大、奔跑迅速，单个猎手无法捕获它们；如果单独行动，那么每个猎手只能逮到野兔，而一只野兔连一家老小的肚子都填不饱。更优的选择结果是四名猎手通力合作捕获一只牡鹿，而一只牡鹿供四家享用都绰绰有余，因此四名猎手组成了狩猎的同盟。假设四人可以谈妥狩猎所得平均分配，那么这个同盟关系就能持续下去。对这个同盟中的每个个体而言，合作带来的好处大于单打独斗时的收益，因此联合狩猎是符合个体自身利益的选择，每个人都是赢家。

但是以利己为导向的个体组成的团队并非总能带来好的结果。当人们共事时会产生互动，因此自私的个体会影响团队整体的行为和表现。当产出和回报在团队内共享时，个别团队成员或许会滋生偷懒或搭顺风车不劳而获的念头。除非团队中所有人的利益都能以某种方式保持一致，否则利己的个体就可以毁掉团队的努力和付出。同这一关于策略优势的真知灼见一致的是经济学家关于理性从众的模型，在模型中理性从众选择是对效仿他人选择所能带来的额外收益的回应。当今最为常见的例子是一群金融市场交易员集体买入一个看涨市场，推高某一资产的价格并从中获得额外收益。我们将在第六章进一步分析与之相关的金融领域的从众现象。

信号传递

另一种利己型从众的表现形式是，我们将效仿他人的行为视为向他人释放的信号。[22] 例如，离经叛道的行为可以视作向某些团队表示诚意及效忠的信号。从摩登、摇滚到朋克、哥特，20世纪的各种青年亚文化群体无一不展现了传递信号如何对自我身份认同起到了强化作用。在一个信息不完整且缺乏足够互信的世界里，我们面对那些善于装腔作势、表里不一的人没有太多甄别和防范的措施。某些在外人看起来叛逆的行为可能是我们传递给我们认同的核心小团体的重要信息。一旦行为举止趋同，这些小团体和我们自身之间对彼此的信任就更容易建立，也就对双方都更为有利。

我们在下一章再从群体的视角对这个问题进行详细讨论，但一些经济学家已经解释了我们通过关注成本及效益之间的平衡这一基本经济学原理来构建个体身份的方式及原因。经济学家乔治·阿克洛夫（George Akerlof）和瑞秋·克兰顿（Rachel Kranton）解释了我们如何利用信息进行身份的构建。在局外人看起来标新立异的举动对某一团体的成员而言是有益的，因为这些举动能帮助一名团体成员建立他同这个团体之间的身份认同感。身份感和归属感都能增加人们的满足感，因此他们将会愿意付出肉体上和经济上的代价获取某种物理特征记号，以强化他们对某一特定团体的身份认同感。[23]那么，通过一系列花费不菲且令人痛苦的行为（如文身和穿刺），宣告我们同他人的认同感，这种做法在哪些时候，又是出于什么原因能够符合经济逻辑呢？这些在局外人看起来是特立独行的行为，在想要寻求彼此认同的人们看来是很合理的，并且类似行为所对应付出的代价越大，效果就越好，因为代价高昂的信号的可信度更高。既然付出了如此大（生理上、心理上、财务上）的代价，那就不能说我们没有诚意了。

通过分析经济学家保罗·克鲁格曼（Paul Krugman）及记者埃兹拉·克莱因（Ezra Klein）关于文身与头饰的辩论，政治学家亨利·法雷尔（Henry Farrell）探讨了嬉皮士个人装扮中的叛逆行为。[24] 对嬉皮士而言，戴头饰并非一个代价高昂的举动（戴上和取下头饰都很容易），因此一群戴头饰的嬉皮士不会将你的头饰解读为可信度很高的信号。如果你真心希望加入某个叛逆的小团体，那么文身这样代价高昂的信号会更有说服力，因为你向他人证实这不是“随便说说而已”，而是真的经历了痛苦的过程并承担了一定的个人代价。法雷尔将这点和社会学家狄亚哥·甘贝塔（Diego Gambetta）在其著作《解码黑社会》中的发现关联起来。狄亚哥研究了罪犯是何如彼此交流的：“厄尔凡的脸上满是刺青，额头上写着‘吐口口水在我的坟墓上’，左脸颊上则刺着‘我恨你，妈妈’。”在脸上留下永久性的刺青是叛逆外露之举，它们代价高昂，因此也就（远比头饰等其他行为）更有可信度。这是展现献身程度的信号，而献身程度也是能否被特殊的叛逆小团体接纳的重要指标。“文身代表了忠诚度……你身上留下了终生不可磨灭的记号。脸部的刺青则表明彻底放弃了在（小团体）外生活的幻想。”[25]

大学兄弟会的入会仪式及“凌虐”环节有类似的功用。表面看来，这些行为似乎有悖常理并且离经叛道，但是如果这些非常规的行为被视作同某些团体建立认同感的途径，那一切行为就容易理解了。对社会规范的藐视有时是利己型从众的表现形式，如果加入一群志趣相投的叛逆分子对以利己为导向的个体而言是有好处的，那么对个体而言，付出一定代价效仿其他叛逆分子团体成员的行为就是一笔有回报的投入。

信息释放的对象并不仅是我们希望加入的团体，我们也会释放信号以试图彰显我们的品质以及社会地位。我们对于车的选择就是一个经典的例子，显示我们使用各种信号的不同方式。选择买玛莎拉蒂的车主是为了彰显地位，并且一定可以达到想要的效果，因为他们实际上是效仿了此前通过这种方式成功彰显地位的人的做法；环保主义者则会彻底不买车，以向其他环保主义者释放信号彰显这个彼此共享的美德。[26] 这种社会性信号存在于社会的各个层面，一项观察贫困家庭行为的调查研究显示，当这些维持温饱都有困难的家庭获得额外的收入时，即便是果腹堪忧、营养不良，他们也会将钱花在诸如电视机这样非必需的消费品上[27]，并且这并不一定是非理性的行为。我们的生活和工作都是发生在一个个社会子群体中，而如果我们想要在这些子群体中得以存活并获得成功，就需要赢得子群体中他人的尊重，如果他人认为我们日子过得不错，那我们的生活可能真的就会轻松一些。[28]

顺从行为的另一层价值和我们的社会阶层划分相关联。经济学家 B. 道格拉斯·伯恩海姆（B. Douglas Bernheim）从最大化个人经济效用的自私个体的视角，分析了社会地位促使人们顺从的方式。在社会层面，社会地位有其重要性，并且能够给人们带来满足感。相反，因不遵守社会习俗或惯例而被指责则会威胁我们的社会地位，因此也就解释了为何社会风潮及惯例往往会持续得过久。以利己为导向的盲从者能够意识到偏离社会惯例将会招致的后果，以及反叛会给他们带来的苦难，因此他们选择顺从和跟随。[29]

声　誉

信号的传递和声誉紧密相关，虽说信息的传递转瞬即逝，而声誉需要假以时日才能建立。良好的声誉同时蕴含着有形和无形的价值，但在当今这个信息时代，声誉已变得越发脆弱。如果考虑到日后可能对我们声誉带来的潜在影响（例如在未来求职时），那我们就会在把周六晚上纵情享乐的照片放上脸书前考虑再三。如果我们跟随周围他人的行为处事，则我们承担的声誉风险就要小一些。经济学家约翰·梅纳德·凯恩斯有一句名言："世俗的智慧教导我们：对于我们的名声来说，因循守旧的失败仍要好过离经叛道的成功。"[30] 在当今社会，躲避银行内部监控进行违规交易的"魔鬼交易员"即是很好的一例，证明了建立在逆市选择基础上的名声是多么脆弱。交易员可以和金融市场的惯例对着干，通过逆市做空市场赚取投机收益。但是一旦多数人正确而逆市交易者犯错时，逆市交易的交易员想挽救自己的名声就没那么容易了，因为他们不能简单地为自己辩护，说自己仅是犯了一个大家都犯过的错误。

在商业社会，在意自己良好声誉的企业的行为总体而言都能得到更好的规范，这些企业之间会彼此学习和接受最佳典范。企业对公平公正、法律规定、道德要求的关注并非源自他们的利他之心，而更多的是反映出一种开明的利己主义。企业的管理层意识到，如果拥有良好的声誉，公司存续经营的概率就会更大。这些因素越发受到关注和欢迎，企业对环保政策的日渐支持就是一例。企业可以通过向市场传递信号，说明自己为何是一家“好”公司从而吸引消费者支持他们的产品，并借此提升市场份额。当美国商会在 2009 年反对减缓气候变化的政策时，包括苹果、耐克、太平洋瓦斯与电力公司、爱克斯龙和新墨西哥公共服务公司在内的一批公司的高管都辞去了商会的职务。[31] 反之，如果企业被指责并未承担足够的纳税义务，而如果客户群体足够庞大，那么就能有效地向企业施压，逼迫企业针对其商业行为和商业伙伴关系进行大规模的调整。在多起校园枪击案，尤其是 2018 年 2 月佛罗里达州枪击案的触动下，一大批各行各业的公司，从租车公司赫兹和安飞士，到丘博保险和奥马哈第一国民银行，都宣布和政治势力强大的美国全国步枪协会划清界限，纷纷取消了面向全国步枪协会会员的各种优惠和套餐，以回应来自广大禁枪示威者的压力。[32]

在企业环保战略方面，公司通过他们的社会责任项目来构建自己的声誉，这些项目一般包含了公司关于环保义务和责任的承诺。公司希望自身的企业行为被客户视作公平、公正和富有原则性的，以期借此获得客户的青睐，并部分回应来自客户的相关压力。企业更广义上的声誉，包括面对投资人及竞争对手时的声誉，也与此有关。[33] 因此对于声誉的关注能够激励企业以更加可持续发展、环保及创新的方式开展生产。企业甚至会为了声誉而竞争，尤其当企业环保记录及环保黑名单的信息逐步公开后更是如此。其中一例是已经具有某种社会信号作用的美国有毒物质排放清单（Toxics Release Inventory），能够帮助消费者了解不同企业的环保相关记录，并在其消费时有意识地选择更加环保的企业。理查德·塞勒（Richard Thaler）和卡斯·桑斯坦（Cass Sunstein）在合著的畅销书《助推》中，推广了温室气体排放总量清单（Greenhouse Gas Inventory）的概念，与有毒物质排放清单也异曲同工。塞勒和桑斯坦解释道，政策制定者可以利用社会影响力"轻推一把"消费者和企业，即可把他们引导上更优的道路。书中"推力"概念的本质是在正确方向上对我们进行柔和的鞭策，帮助我们做出更好的选择。塞勒和桑斯坦称之为"自由家长制"（libertarian paternalism，或译作"自由专制主义"）：称其为"自由"是因为个体仍有选择的权利，"推力"并非制裁措施，也并不像税赋那样对个体直接产生成本负担，如果需要，个体可以选择忽略该“推力”；但它又有“家长制”的元素，因为“推力”由政策制定者设计和部署，以达到公共期望的效果。如果设计妥当，人们会将“推力”视作一个信号，以帮助其判断什么是对自身及身边人最优的策略。“社会推力”是在能源及环保行业常见的政策工具，我们在本书中也将陆续看到一些例子。如果通过这份清单，那些应该对温室气体排放负主要责任的企业都被强制要求公布其排放量，那么这些信息就会被消费者看到。随之而来的好处不仅限于帮助监管者获取更加透明的相关数据信息，也源于消费者能够据此对企业施加的压力。有环保意识的消费者将会知道哪个企业的排放量最大，并将对其施加压力，督促其削减排放量。在当今这个社交媒体无处不在又影响力巨大的时代，这样的负面新闻传播得很快，并会影响企业和同行、投资者以及客户的关系。[34] 因此，商业机构中利己的高管就有理由去效仿其他公司的最优操作，以帮助他们的企业建立良好的声誉。

权利与安全

另一个利己型从众的驱动力是人们通过加入群体而获得的权利。群体行为在许多情境下都要比个体行为更有力。[35] 群体可以为个体带来安全保障，尤其在个体数量达到一定水平时更是如此。例如，当一群行人穿过熙攘的马路时，群体本身即确保了其中个体的安全。如果你去过加尔各答那样过分拥堵的城市，尤其你又是一个外地人，那么光是想一想如何穿过被汽车和摩托塞满的主路就会让你心烦意乱。你对一座城市越不熟悉，类似的困难就越大，因为你可能对当地的司机缺乏足够的信任，或是对当地的交通规则和开车习惯缺乏了解。那么此时对你而言最好的出行策略是什么呢？最快捷有效的方法是跟着一群本地人走，因为你可以借此观察本地行人的习惯，同时身边的人群可以确保你的交通安全。汽车撞上一群路人的可能性要远小于撞上一个单独的行人。但这种扎堆行为的缺点是，这让想要对人群实施暴力袭击的极端反社会分子更加容易得手，导致惨烈的后果。2017 年，欧洲和纽约发生的恐怖分子利用卡车或面包车袭击行人的惨剧不幸地表明，群体并不总是个体安全的港湾。

除了物理性的安全保障外，在我们的日常社会公民生活中，结伴群聚也必然有其他的优势。群体一般比个人享有更多的政治影响力。例如，在集体诉讼中，孤立无援的个体可以借助团体的力量寻求为自己伸张正义。许多集体诉讼案都是和有害化学物质引起的疾病和死亡有关的，其中一例是“芬芬”（Fen-phen），一种由食欲抑制剂芬弗拉明和兴奋剂苯丙胺芬特明混合而成的减肥药片。这种减肥药最初由美国家庭用品公司（现已更名为惠氏公司）向市场推广，并在处方药医生那里颇受欢迎，直到 1997 年该药被美国食品药品监督管理局勒令下架。科学家发现，使用“芬芬”会导致包括高血压、心脏瓣膜损伤在内的副作用，数以千计受其副作用之苦的“芬芬”使用者联合上诉。1999 年，美国家庭用品公司统一赔偿原告共计 37.5 亿美元。这还不是唯一一例与“芬芬”相关的诉讼，惠氏公司之后被迫拨备了 166 亿美元的计提以支付与“芬芬”相关的诉讼赔偿。[36] 原告们关于集体上诉的决定对其中每个个体而言都是理性和利己的。如果单打独斗，单个原告根本没有力量对抗被告企业，但是以利己为导向，同受“芬芬”之害的人联合起来，即赋予了单个受害者以力量。

本章已经点出了一个用经济学原理分析盲从者与叛逆者的关键制约因素：相关分析的基础假设都是个体能够进行逻辑理性的决策。作为信息瀑布理论基础的贝叶斯定理已经比很多经济学模型中的复杂数学推导简单多了，即便如此，贝叶斯模型仍然无法涵盖复杂的社会心理学影响因素。比赫昌达尼教授及其同事承认，虽然他们能用信息瀑布来诠释从众的经济学模型可以证明简单场景下从众现象的结构脆弱性，但是他们仍无法解释现实世界中大众行为的脆弱性：他们的模型无法解释为何社会态度和政治立场有时如此缺乏稳定性，人们对生活方式的选择（如同居、性行为、吸食毒品等）的态度转变即是这种不稳定的示例之一。[37] 贝叶斯式的推理对人们计算和逻辑思辨能力的要求较高，但实际上，我们绝大多数人的思路都没有这么复杂缜密。[38]

综观对于利己型从众的各种解释，经济学家还是依赖于人类善于数学计算推理的假设。但是我们人类真的进化出了高效处理高阶数学计算及繁复概率推理的能力吗？很难想象处理复杂抽象的数学计算能力会是人类作为食物采集者或狩猎者的演进历程的产物。另一个关于利己型从众经济学模型的问题是，他们倾向于从个体决策者出发，分析驱动这些个体决策者的因素。但是从众现象产生的原因可能从个体的视角很难理解，对群体而言合理并不一定对个体就是合理的，反之亦然。

跳出经济学的范畴，其他社会科学也已经发展出了许多关于驱动我们行为的社会性因素的理论。我们不仅会受到情感、个性等非理性因素的影响，还会在加入群体和团体时失去我们自身的特性和个体身份。在接下来的一章中我们将看到，社会学和心理学的真知灼见都能够帮助我们更好地理解从众这一集体性的现象。

第二章

暴众心理学

是什么驱使一个接近 900 人的团体决定集体参与谋杀和自杀？这是 1978 年在圭亚那发生了令人触目惊心的大屠杀之后，人们不得不提出的质疑。在邪教组织人民圣殿教的创立者，自封为“族长”的吉姆·琼斯（Jim Jones）的唆使下，他的信徒们先是谋杀了一名美国国会议员、三名新闻记者和一名叛逃者，接着又将“枪口”对准他们自己。父母喂自己的孩子喝下含氰化物毒药的果汁后，集体喝下混着氰化物和镇静剂的毒药自杀。吉姆·琼斯于同一天开枪自杀。[1]

我们绝大多数人都很难想象怎么有人会被操纵并集体犯下如此极端残暴、令人发指的罪行。琼斯于 1955 年在美国印第安纳州创立人民圣殿教，这个邪教不断壮大并随后迁址至美国加利福尼亚州，但是在 20 世纪 70 年代早期，一系列的纪录片曝光了其内部的虐待和剥削行为。1974 年，琼斯离开美国并建立了看似是农业合作社项目的宗教基地“琼斯镇”。许多信徒都加入了琼斯镇，但仅在 4 年之后，这些信徒就在至少表面上看是自愿的“革命自杀”中过早地结束了自己的生命。

为什么这么多原本是循规蹈矩、遵纪守法的人都听任一个人的摆布呢？这个问题不仅和琼斯镇大屠杀这个独立的暴力事件有关，也能和诸多的历史事件联系起来。鉴于在第二次世界大战之前和其间的种种暴行，许多社会科学家都曾思考过为何如此之多的普通人在大屠杀的暴行面前，不仅袖手旁观，而且还积极地参与其中。而这种极端的偏好和暴行在历史的长河中还并非个例。我们在后面的章节里会看到，其他社会心理学的实验观察了在社会影响驱动下的破坏性暴力行为，尤其是许多人不假思索地屈从于强权的倾向性。原本普普通通的人可以在其领袖的唆使下犯下诸多残暴的罪行，例如，对他人施以高压电刑和其他非人道手段。[2] 这些行为都无法用常规的经济学模型来解释，因为这些模型中的人应该都是理智地选择群聚的理性、自律及利己的个体。现实的人类经验要混乱得多，而抽象的经济学模型无法模拟和描述现实世界社会和心理层面的复杂性。在本章中，我们将超脱于井然有序的经济学世界，从其他社会科学——尤其是社会心理学和社会学——的视角观察和研究盲从者与叛逆者。

集体型从众和群体的智慧

在上一章，我们看到了经济学家将从众行为解释为一种明智的策略。利己型从众也许会给团体、经济和整体社会带来麻烦，但是从个体的经济视角来看，跟随他人常常是一种明智的策略。另一种颇为不同的从众行为是集体型从众（collective herding）。集体型从众和利己的个体的所想、所需没有关系，而是关乎驱动团体的整体激励及目标。团体的构成方式通常是无法通过单个个体的视角来解释的。

虽然利己型从众和集体型从众形成的基础截然不同，但是两者也有共通点。在研究群体智慧的文献中，一些关于集体型从众的观点能够解释为何一个群体能够好似单个理性个体那样运转。[3] 相较于个体独自决策，一群聚集在一起的人有时能够拿出更好的解决方案。群体智慧这一概念脱胎于 18 世纪法国数学家和哲学家尼古拉·孔多塞，其分析奠定了“孔多塞陪审团定理”（Condorcet's jury principle）的基础。作为我们是怎样将希望寄托在集体判断的智慧上的真实例证，这条定理时常被应用在陪审团身上。[4] 但是孔多塞最初的分析和陪审团可没有任何关系，而是非常抽象的数学公式推导：孔多塞最初假设有一对决策者，其中每个人做出正确决策的可能性都略高于其犯错的可能性，即假设每人做出正确决策的概率略高于 50%。接着他将其他决策者加进决策过程中来，并分析会发生的情况。孔多塞的数学推导显示，决策者的数量越多，整个团体做出正确决策的概率也就越高。最终，随着最初的两名决策者变成了一整个决策群体，这个群体做出的集体决策的正确率将接近 100%。如果这个群体中的决策者的数量无限大，那么这个群体的集体决策几乎一定就是完全正确的。看起来这是个完美的结论，但如果我们考虑一下与之相反的例子就不会这么认为了。孔多塞的数学推导同样显示，如果单个决策者做出正确决策的可能性略低于其犯错的可能性，即假设每个决策者做出正确决策的概率略低于50%，那么集体做出的决策就没那么美好了。随着决策者的数量从最初的两名变成一大群，这个群体的集体决策的正确率将接近0，在第二个场景下，决策者数量无限大的群体的集体决策几乎一定就是完全错误的。

现实的问题是，我们如何确保在我们的群体中的个体都是更有可能做出正确选择的人呢？美国心理学家大卫·布德斯库（David Budescu）和伊娃·陈（Eva Chen）罗列了一些策略，利用更加睿智的一批人的智慧优化集体的决策。如何能将一个群体设计得符合孔多塞假设的理想状态，以确保群体的智慧得以施展呢？一个简单的方法是将所有不够睿智的个体排除在群体决策之外：忽略那些以前犯错次数多过正确次数的人的决策判断。布德斯库和陈博士通过分析综合应急评估（Aggregate Contingent Estimation，ACE）项目的数据来支撑他们的假设。[5] ACE项目的数据库网站汇集了被称作“法官”的预测者的判断结果，这些自愿参与的预测者并不一定得是传统意义上的专家，他们被要求对一系列事件进行预测，话题覆盖经济、政治、医疗和科技等领域。布德斯库和陈收集和分析从ACE项目网站获取的数据以评估1 233名预测者从2010年1月至2012年1月期间对于104个事件的预测结果，并根据预测者的预测准确性对这些“法官”进行打分。通过识别出表现最好的预测者，并淘汰预测准确率低于平均水平的预测者，布德斯库和陈显示他们的选择机制可以将预测的准确率提高约 28%。[6]

然而，将群体的智慧融入现实生活中的决策过程并不容易。在他们的研究中，布德斯库和陈是以历史预测成绩为标准筛选出更优秀的“法官”的，但是在一个充满极度不确定性的现实世界里，我们并不能轻易找到区分谁对谁错的客观评判标准。孔多塞陪审团定理的另一个理论缺陷是它的初始假设，即所有个体的初始决策判断都是独立和没有相关性的，但考虑到人类效仿他人的倾向性，这也只能是一个理想化的测试假设。事实上，人们的观点更多时候是彼此存在相关性的，而非各自独立。这种相关性形成的原因有很多：专家和其他人可能已就某一既有定式达成了共识（例如认为“地球是平的”），彼此存在身份共识的人可能不需要客观理由就会彼此认同，而我们的思维偏好可能会导致我们无视客观的反面例证而对他人表示认同。

勒庞的心理群体

孔多塞的群体智慧是对复杂人类心理的简化数学分析提炼，它绕开了我们社会生活中重要的心理学驱动因素：个性和情感。趋同型人格的人会更多地跟随团体、群体和群众行动，性情乖戾的人叛逆的倾向性更强。情感也很重要。[7] 我们在感到不安时会选择群聚，或在担心做出错误选择而焦虑时会选择随大溜。

在音乐会、派对和检阅游行时，我们加入“大部队”以感受喜悦。情感和性格会共同左右我们的选择，性格的特质事先决定了我们的情感导向，而这些情感进而决定了我们更倾向扎堆还是单飞。一个内向而容易焦虑的人可能会在感受到威胁时加入群体，但是他们可不会那么愿意参加一个盛大而热闹的派对。

古斯塔夫·勒庞是研究效仿心理在群体和大众身上的展现方式的先驱者之一。他 1895 年的著作《乌合之众：大众心理研究》经久不衰，一直是大众心理学研究的典范。勒庞是一名法国医生，对社会科学范畴的各类学科都有强烈的兴趣，尤其是社会学和心理学。他对暴众心理学的痴迷源自他对于在特定因素促使下乌合之众形成方式的好奇。勒庞在《乌合之众：大众心理研究》这本书中将群体心理和政治运动强烈相关起来，这反映了他所处时代的不确定性。勒庞生于 1841 年，当 1848 年象征着西方民主转折点的重要革命爆发时，勒庞还是个孩子。随着推翻封建旧制、倡导民主制度的呼声越来越高，法国二月革命将革命的浪潮推向了其他欧洲国家。成年后，勒庞居住在巴黎，并经历了 1871 年短暂的巴黎公社革命政府的统治。作为对他亲眼看到的暴行的回应，他对政治起义运动始终持保留态度。在对暴众心理的描述中，他展现了对集体政治行为的一种反乌托邦式的观点，但即便如此，他的心理学著作还是有着很强的政治影响力。荷兰心理学家、前激进主义者兼记者雅普·梵·吉内肯（Jaap van Ginneken）认为，虽然勒庞的观念基本都是借鉴前人，但从西奥多·罗斯福到阿道夫·希特勒，20世纪的政治领袖（无论好坏）都深受其观念的影响。[8]

勒庞曾受到法国社会学家让–加布里埃尔·德·塔尔德（Jean-Gabriel De Tarde）观念的启发。塔尔德认为我们受到有意识及无意识的诱因驱动而彼此效仿。[9] 基于塔尔德的这一洞见（效仿对于我们社会互动至关重要），勒庞描述了两种完全不同的群体，即“有组织的群体”（organised crowds）和“心理群体”（psychological crowds）。[10] 一个有组织的群体是随机聚集在某处的一群个体，一群按部就班、并无明显的共同诉求的普通人。有组织的群体规模可以很大，但却是无害的。但是有时一个有组织的群体可以转化为勒庞笔下的“心理群体”，也就是我们常说的暴众。暴众和有组织的群体是有本质上的区别的，因为暴众自有一种危险的集体人格，而这种集体人格无法从单个群体成员的角度加以诠释。[11] 暴众中的个体都丧失了他们原有的个性和个体身份意识，个体的智力不复存在，因而暴众都展现出一种低于个体水平的低下智力：

> 构成这个群体的个人不管是谁，他们的生活方式、职业、性格或智力不论是相同还是不同，他们变成了一个群体这个事实，便使他们获得了一种集体心理，这使他们的感情、思想和行为颇为不同。若不是形成了一个群体，有些闪念或情感在个人身上根本就不会产生，或不可能变成

> 行动……（在集体心理中）个人的才智被削弱了，从而他们的个性也被削弱了……[12]

暴众的行为是鲁莽的，冲动和本能不受约束。对个体来说，他的“意识人格消失了”，一个一般情况下理智和沉稳的人将变得狂野和不守规矩，也更加容易受到鼓动，仿佛是这个暴动的群体正在对身在其中的个体进行催眠一般。另外一位维多利亚时期描述人群和暴众的著名作家查尔斯·麦基（Charles Mackay）对关于我们如何在群体中丧失理性的表述同勒庞的洞见如出一辙：“众所周知，人总是在人群中思考，也在人群中发疯，而后只能一个个地慢慢恢复理智。”[13]

勒庞对于暴众生动的描述引人入胜，但是关于如何理解和分析集体型从众，他究竟能告诉我们些什么呢？其中一个重要的教诲就是，暴众并非个体的简单集合，所以试图用个人层面的动机和激励因素来解释暴众背后的动因是很困难的，甚至不可能实现。

弗洛伊德论归属

如果不是利己心，那么是什么鼓励我们加入某个团体或是一群暴众呢？我们无法利用传统经济学分析的逻辑、具体动机和激励因素来诠释。结群从众能带给我们一种妙不可言的心理满足感。精神分析学的鼻祖西格蒙德·弗洛伊德发展出了一些关于我们同他人的关系如何影响我们精神生活的早期理论，包括冲动和本能是如何促使我们结群从众的研究。[14] 弗洛伊德的分析集中于潜意识在塑造我们的情感和选择上扮演的角色。在 1920 年的著作《超越快乐原则》（*The Pleasure Principle*）中，弗洛伊德认为我们的人格发展受制于我们的生存本能（Eros）和死亡本能（Thanatos）的冲突 。如他在 1923 年的著作《自我与本我》（*The Ego and the Id*）中所论述的，这些都与我们人格中潜意识的各个层面，即“本我”“自我”“超我”有关。弗洛伊德对于有意识和无意识驱动人们行为的力量的分析显示，人格并非同质性的一个整体，在我们意识表面之下运作的心理能量引导着我们所有的决定，包括我们效仿的选择。在做出利己型从众选择时，也许是最为理性和审慎的“自我”在起主导作用；而在做出集体型从众选择时，也许是更加贴近原始本能、不那么理性的“本我”占了上风。

弗洛伊德将他的部分理论直接应用于对暴众和群体的分析中，显示出了他对于群众运动政治心理学的兴趣。在 1921 年的《群体心理学与自我的分析》（*Group Psychology and the Analysis of the Ego*）和 1929 年的《文明及其缺憾》（*Civilization and Its Discontents*）两本书中，他进一步阐释了勒庞的一个论点，即我们在群体中寻求安全的同时也失去了个体的个性。同勒庞对“有组织的群体”及“心理群体”的区分类似，弗洛伊德也将

“有组织的、人为的群体”和“普通群体”区分开来，而前者即是勒庞的“心理群体”概念的推演。当人们加入同一个群体时，就更容易受到共同的情绪和本能的影响，并同时失去他们作为个体的独立性、主观能动性及存在感，即他们对群体的认同掩盖了对自身个体的认同。弗洛伊德接受了英国著名神经外科医生威尔弗雷德·特罗特（Wilfred Trotter）在其著作中发展的观念，即群聚从众是我们与生俱来的本能。[15] 特罗特认为群聚从众是一种和自我保护、进食和性交类似的原始本能，而弗洛伊德则宣称我们想要属于某个群体的需求源自我们的家庭关系。我们想要加入团体或结群从众的动力都反映了我们归属感的需求，在我们的潜意识里，质疑群体和离群索居一样糟，而离群索居则意味着焦虑。

特罗特观察到，独处会使人感到不安和不完整。在此基础上，弗洛伊德认为这种焦虑感在幼儿时期与之类似的恐惧中就已有表现。根据弗洛伊德的解释，这种对于分离的焦虑以及更广义层面上的社会本能，其根源都是孩子对于父母的依赖。一个刚有了新的弟弟或妹妹的孩子会产生忌妒心，但是孩子随后会意识到，他们的忌妒心会有损他们与父母的关系。因此他们会将忌妒心转化为对新弟妹的亲情。孩子同新弟妹建立一种认同感，以调和忌妒心和对父母的依赖这两种情感间的冲突。弗洛伊德认为，成年人是将这种孩童时代的冲突泛化为我们与其他成人之间的社会情感。我们将自己对他人的敌意转化为更加积极的纽带感。因此也许颇具讽刺意味的是，忌妒心让我们与竞争对手彼此产生认同感。这也成了群体精神（Gemeingeist 或 group spirit）的基础。弗洛伊德用一个粉丝行为的例子来对此加以阐明：

> 我们只需想到这样一群妇女和少女，她们都以痴迷的方式爱着一位歌星或者钢琴演奏家，当他表演结束后她们紧紧围绕着他。她们每个人肯定都容易忌妒其他的人；但是当意识到她们人数是如此之多，不可能得到她们想要的爱时，她们便放弃了这种忌妒心，不是去撕扯彼此的头发，而是联合为一个群体行动，用她们共同的行动对她们崇拜的英雄表示敬意，还有可能高兴地分享他的几丝飘垂的秀发。原先的竞争对手，现在通过对同一对象相似的爱而成功地把自己和他人关联并互相认同起来……[16]

要想确保这些无意识的冲突得以发生，群体从众的所有个体追随者都必须是平等的。[17]对弗洛伊德而言，这又和儿时的经历类似。如果想要确保孩子的忌妒心不过分膨胀，家庭中就不能有任何一个孩子得到过多的偏爱，弗洛伊德甚至认为这是我们对平等理念痴迷的根源所在。

格式塔心理学及心理社会学

弗洛伊德的理论启发了一批精神分析学家和心理学家去探寻团体和群体的本质。我们在前文中已强调过，暴众群体本身有自己的人格，这种集体人格与群体中个体的独立人格截然不同。只有首先清楚了这一点，我们才能够理解集体从众。像经济学家那样，将团体、群体和暴众理解为其中的利己个体决策的简单集和，是行不通的。古希腊哲学家亚里士多德在他的论著《形而上学》中写道："总体不再如前仅是堆砌，全部也和部分毫无关系。"[18] 这一理念在格式塔心理学家库尔特·科夫卡（Kurt Koffka）的论述中也得到了验证："整体不同于其部件的总和。"[19] 这一格式塔心理学的核心原则最初应用于关于视知觉的完形（visual perception）的讨论。当我们看一张图片时，看到的不仅是大量的像素和色点，还能在此之外看到一个（相较于像素及色点）颇为不同的物体的整体图像。视觉假象的工作原理是我们的知觉会随着视角的变化而变化。这种"整体不同于其部件的总和"的观念也和群体现象有关：一个群体就好比是一幅画，而其中的个体就好比是一个个单独的像素，我们仅通过观察其中的个体是无法理解整个群体的。

弗洛伊德的学生、精神分析学家威廉·赖希（Wilhelm Reich）将格式塔心理的原理应用在了一个不那么知名的社会科学范畴——心理社会学中。赖希生于1897年，和古斯塔夫·勒庞一样，对政治运动中的大众心理学——包括20世纪初期法西斯主义的兴起——颇感兴趣。[20]赖希期望将政治科学和心理学的理念结合起来，他认为我们性格构成是社会制度和流程的产物。[21]他借鉴了马克思的某些理念，相信精神疾病并不是像弗洛伊德认为的那样仅和个人的性情有关，而是受到了他所处的家庭及社会经济环境的影响。

赖希和勒庞不谋而合，赖希认为社会团队对我们个体会产生影响，团体将我们塑造得超越了独立个体本身，在团体中，驱动我们的是团体的整体目标和欲望，而非其中具体个体的利益。团体和个体在相互影响中演进，反映了二者之间的矛盾冲突和张力。团队改变着个体，而个体同时也在改变着团体，琼斯镇的大屠杀事件即显示了这种互动反馈的过程，人民圣殿教也改变了加入其中的信徒个体：每个信徒入教伊始仅是普通的基督教徒，但是入教的这个选择改变了他们的生活、身份和命运；也许没有那么明显的是，这些教徒也同时改变了教派本身。如果没有办法蛊惑除了其亲信小团体外的其他人，也许人民圣殿教就会被历史轻易地遗忘，但是随着大量的个体教徒加入，并做好了牺牲一切维护教义的准备，这个邪教的本质和身份也随即发生了变化，没有它的广大信徒，人民圣殿教没有任何力量和影响可言。在教派转化信徒的同时，信徒也改变了教派。

赖希的理论和某些经济心理学的分析结论是类似的，例如在现代经济心理学先驱之一乔治·卡托纳（George Katona）的论著中，卡托纳关注我们的诸多个人目标是如何同团体目标产生互动的。团体的力量取决于其成员对该团体的认同感有多强。卡托纳的理论是，这种认同感的强弱决定了个体在群聚从众和社会学习的过程中是如何彼此互动的。个体和团体之间会有相互反馈，随着团体成员之间相互模仿，这实质上也强化了整个团队的凝聚力和一致性。[22] 足球球迷即是这种现象在日常生活中的一种例证，当他们模仿自己的球队和其他同队球迷，例如穿上同样的球衣时，就强化了整个球队俱乐部的凝聚力。球队对自家球迷的依赖可一点不少于球迷对球队的需要。

暴众的身份

如果集体型从众并不是由我们的利己心所驱动的，那么为什么还会有如此强大的凝聚力呢？身份是决定团体和集体型从众的力量大小的决定性因素之一。关于身份的理论存在于众多的社会科学研究中，我们可以借助从心理学、社会学及经济分析中获取的例证来对身份进行反思。

如勒庞指出的，我们对身份的理解不应局限于经济学理论允许的范畴。如我们在本书第一章中说到的，阿克洛夫和克兰顿等经济学家发展出的经济理论，重点关注身份的交易属性，将其描述为一种社会交换。[23] 一个理性和利己的个体向某一团体释放信号，证明他与这个团体共享着某种身份，以获得这个团队给予个体的支持。因此在经济学范畴中，身份归根结底取决于个体成本收益计算，即个体加入某一团体能获取的收益。而根据社会心理学的理论，身份并不一定关乎利己的个体净收益，将团体捆绑在一起的身份构建和个体的利益关系不大，而是更多关乎团体作为一个整体如何能通过这种身份认同感获取力量。身份决定了我们如何同周围的团体互动，用社会心理学的术语表述，即我们同“内团体”（in-groups）产生认同并倾向于优待后者；反之，我们同“外团体”（out-groups）不会产生认同并倾向于歧视后者。我们面对我们的内团体时会感受到强烈的社会纽带的羁绊，我们会模仿团体内其他成员的行为，甚至不惜通过文身或其他在外人看来会带来肉体痛苦的行为实现模仿的目的。我们同特定团体建立身份认同感的决定也可通过较为良性的方式展现出来，如特定的着装或购买特定种类的物品。我们的消费选择不仅关乎自身满足感的提升，也关乎我们建立身份认同感的尝试。只有确保建立了强有力的身份认同感，团体才会有活力。

是什么驱使我们同某一团体建立身份认同感，而非选择其他团队呢？我们如何决定哪些人属于我们的内团体，哪些人归为外团体？波兰社会心理学家亨利·泰弗尔（Henri Tajfel）的研究就是围绕着这些问题展开的。和威廉·赖希一样，泰弗尔的研究受到了法西斯毁灭性力量的启发。因为是犹太人，所以泰弗尔在求学期间被踢出了波兰的大学，在法国完成学业，并于第二次世界大战期间在法军服役。他随后被德国人俘虏，并在战俘集中营生活了一段时间。战后回到故乡的泰弗尔才知道全家和大部分朋友都在大屠杀期间遇害。这些经历激发他进行深入的思考，种族主义、偏好和歧视是如何在身份认同的问题中生根发芽的。他发展出的社会认同理论（social identity theory）尝试理解纳粹战犯和非纳粹的普通德国老百姓为何迫害犹太人。[24]为何大部分的德国人都如此轻信并受控于希特勒及纳粹党的号令？为何如此之多的普通人都如此轻易地认同令人发指的暴行？

泰弗尔的研究关注身份的两个维度。第一，他发现我们很容易并很快就能和他人建立认同关系，促使我们选择认同某些团体（而非其他团体）简直易如反掌，甚至都不需要我们与这些团体之间有太多的共通点。这就是泰弗尔的最简群体范式（minimal group paradigm）的理论基础，帮助我们解释为何能快速和下意识地形成暴众心理。[25]实际上微小的决定能够释放强有力的信号，帮助建立与内团体成员间的忠诚关系。不需要什么激励我们就愿意加入我们认同的团体，即便这个团体建立在一派谎言之上。第二，我们倾向于对外团体进行歧视。与某些团体的亲密和对其他团体的反感滋养了内团体和外团体之间的紧张关系。在鼓动和激励之下，我们能够模仿身边的其他人对其他团体的歧视性偏好行为。

泰弗尔和他的研究团队发展出一系列开创性的实验，以探究通过离间和建立嫌隙使人变得极端化是多么容易，且这种离间无须有力的支撑即可实现。[26] 研究者将 64 名彼此熟悉的男孩聚在一起，这些孩子都来自英国布里斯托尔的一所寄宿学校，同住在一个屋檐下。这些男孩每 8 人分成一组，在实验第一阶段，每人都看到 40 组黑点，每组中黑点的数量各不相同，接着所有男孩都被要求猜测看到的每组图中黑点的数量。同时研究者还给这些男孩提供了一些该实验目的的虚假信息。接下来，这些男孩被告知他们将参与另一个完全无关的实验，而这第二个实验的真实目的其实就是了解这些男孩同某一特定团体建立身份认同的难易程度。研究者告诉男孩们，为了省事，他们被分到两个大组中，分组的依据是他们在第一个实验中猜测黑点数量的答案的相似程度：猜多了的男孩分为一组，其他的男孩被分在另一组。而事实上，这些男孩是被随机地分配到了两个大组中。但仅是基于这个无足轻重且虚构的分组标准，男孩们就已经形成了他们的内团体和外团体的观念。

现在男孩间的团体纽带关系已经建立，接下来的实验测试了他们在歧视外团体时展现出来的偏心程度。男孩们被要求将一定的财务奖励和惩罚额度分配给其他男孩，被奖励者或被惩罚者的身份并没有公开，但是能够知道他们是属于“猜多了的男孩组”还是“猜少了的男孩组”，每个进行分配的男孩都不会从分配中获得任何好处，因此这些分配决策不会受男孩们的利己心所驱动。实验结果表明，男孩们持续地偏袒内团体的成员，给属于内团体的男孩的奖励份额总是多于给属于外团体的男孩们。

为了检验结果的稳定性，泰弗尔及其团队接下来又根据所谓的“对外国画家的喜好倾向”将男孩们进行了分组，更喜欢保罗·克利的为一组，更喜欢瓦西里·康定斯基（虽然孩子们并没有被告知这两位画家的名字）的为另一组，实验的结果和此前的实验基本一致。当孩子们可以选择是给所有人最大收益，还是仅给内团体的成员最大收益时，男孩们倾向于偏袒他们的内团体成员。泰弗尔的实验显示了要想营造一种对团体的忠诚感是多么容易的一件事，即便是建立在看似荒诞的黑点组合或艺术喜好的基础上。至少从利己的角度上，我们看不到明显可以解释为何在如此脆弱的基础上能建立某种亲近感的原因。这强化了勒庞及赖希的理论，即我们必须从团体作为一个整体的视角来观察，才能理解群体或暴众的行为。我们不能仅靠观察个体成员的行为来试图理解集体型从众，因为个体成员随时愿意歧视性地对待外团体的成员，虽然这么做对这些成员个体而言没有任何好处。我们可以说，对集体型从众来说，团队的目标才是至高无上的。[27]

泰弗尔的发现是否适用于更普通的场景，如选择留胡须或者在头上梳一个发髻呢？这些简单的选择对于建立身份认同很有帮助，这个事实本身就和泰弗尔的最简群体范式理论不谋而合。现代嬉皮士就是鲜明的例子。[28]看起来这些嬉皮士不拘一格，事实上他们是在抗拒外团体，并强烈地认同和顺从着某个特定的内团体。他们仅是在模仿一个内团体小圈子中相同的穿着打扮，遵守着（非主流的）准则罢了。带着泰弗尔的发现，现在我们可以回到在前一章中介绍的经济学家口中的身份概念。我们在前文中已经看到，经济学家关注高成本的信号，例如痛苦的永久性面部刺青。从经济学的视角来看，如果对自己没有好处，谁会愿意承担巨大的（身体上的、经济和/或金钱上的）代价呢？在身份认同经济学模型中，内团体成员相信，那些承担了肉体上和经济上的代价、花大力气在脸上留下刺青的人是真心实意地重视其团体成员的身份。总之，代价高昂的信息更有经济价值，因为他们的可信度更高。然而，泰弗尔的发现削弱了这一经济学模型的可信度，因为泰弗尔及其同事证实，即便个体不向他们认同的团体释放信号，也可以在个体间建立团体身份认同感。虽然嬉皮士和其他叛逆者希望将自己标榜得与众不同，但要做到这一点不意味着他们必须付出巨大的个人代价以说服他人。更宽泛地说，身份的建立并不一定需要基于鲜明有力的政治或道德说辞。通过装模作样地效仿叛逆者的穿着打扮，其实就可以实现和在脸上刺青差不多的效果。当记者兼博主埃兹拉·克莱因在回应经济学家保罗·克鲁格曼对嬉皮士在音乐节上的行为的评论时，克莱因如是说：

克鲁格曼认为，嬉皮士通过蔑视传统的着装规范，来

> 表达对普通资本主义世界的抗拒。但我认为事实可能正好相反，嬉皮士是在通过对传统着装规范的蔑视，来显示他们对普通资本主义世界的掌控……正如风险投资家彼得·蒂尔（Peter Thiel）写道："永远不要投资给一个穿着西装的科技创业公司CEO（首席执行官）。"[29]

至少表面上看，嬉皮士可以不花什么代价就向潜在投资者传递一个信息：他们是充满创意的非主流。在商业社会之外，当我们想要加入某些由其他盲从者组成的团体时，我们可以向他人释放信号以证实我们加入该团体实至名归，而这并非难事，我们无须花费任何有形或无形的成本就可以成功加入某一团体。这样，集体型从众行为就可以顺势而起，而其中的任何一个成员甚至都不用费神去仔细思考，他们到底加入了什么团体，又是为何加入。

夜晚的暴徒

身份构建对于团体心理和暴众心理有着怎样的影响？学者及政策制定者都对这个课题有着经久不衰的兴趣。我们的夜间生活常常都和潜在的暴力和反社会团体行为有关。英国埃克塞特大学的心理学家马克·莱文（Mark Levine）对于人们在夜间（尤其是酒吧关门打烊后）发生的经济互动行为产生了兴趣。在过去，政策制定者假设，酒吧都同时打烊会带来室外暴力的升级，例如 2003 年，托尼・布莱尔执政的英国政府就放松了一些许可法令，允许各酒吧每天逐个地关门打烊，以减少同一时点街上不守规矩的醉汉的数量。政府官员们认为，如果许多醉汉同时涌上街头，那么发生暴力事件的概率就会大增。

莱文和他的同事重点关注了一个假设，即夜晚发生的暴力事件常常并不是单个暴徒之间的斗殴，而更多是和内团体同外团体间的冲突有关。挑事的人常常是为了向他们的内团体成员炫耀，或是对外团体成员进行威胁，而这种诉诸暴力的冲动欲望往往在酒精的作用下变得越发强烈。[30] 换句话说，这些暴力行为是一种从众的集体之间矛盾的爆发，相互冲突的集体都有各自的身份认同。这种身份认同无法轻易地在团体个体成员这个层面得到解释，但是在暴力冲突的产生中扮演了重要的角色。这种从众行为是集体性的，而非以利己为导向，任何个体能否从中获得个体层面的收益，与这些暴力冲突的发生并无明显的关系。[31]

为了测试他们的假设，莱文及其同事将目光集中在英格兰西北部的三座城市中，他们邀请了 53 名受访者，举行了 20 场聚焦小组的访谈。受访者包括学生、手工作业者及零售工人和几名假释在外的犯人。通过访谈，研究者收集了共计 77 个受访者作为参与者或旁观者亲身经历的暴力冲突事件，研究者希望获取第一手信息，因此只采纳了亲身经历者的叙述。他们的发现可以说既在情理之中，又在意料之外。发生在陌生人之间的暴力冲突比较罕见，反而在同一个内团体的成员之间的斗殴更是司空见惯。一个受访者评论道："彼此之间太熟悉了……他是你兄弟，而你又喝多了，然后就起了冲突动起手来了。"[32] 群体内部的纷争一般被诠释为善意的戏谑行为，很快能得到解决，而一旦解决便被忘诸脑后。

当与外团体的人发生争斗时，情况就严重得多了。团体间的暴力常常是由暴众心理及团体利益所驱动的，与团体内个人的独立行为无关。莱文的受访对象之一描述道："不是某一个人的事，而是一帮子人的事。"[33] 另一个有趣但也许出人意料的发现是，许多的受访者都认为警方干预在大部分情况下是没有必要的。这些从众聚集而成的团体某种程度都有自我约束的机制，体现了人们强烈地想要帮助受困的他人的社会本能。通常，一场斗殴的旁观者都能在干预和避免暴力升级上起到有效的正向作用。莱文及其同事也注意到，在夜晚外出时，人们会互相照应，看着自己的朋友不让他们喝得过多。因此，尽管暴众和盲流会部分导致暴力升级，但他们也有自我监督和约束的能力。莱文及其同事总结认为，群体可带来正面或负面的影响，在夜间聚集的群体并非一边倒都是坏的，事实上警方在发生冲突时的介入也许只会扩大暴力和冲突发生的概率，因为此时警方可能只是加入争斗的另一个外团体罢了。

同伴压力

我们已经看到，暴众心理反映了个体和团队之间的互动和反馈关系。身份构建在其中扮演了重要的角色，而我们认同内团体和排斥外团体的程度解释了不同团体之间存在的紧张关系。我们可以轻易地与我们的内团体建立纽带关系，但是否有其他的心理学原因可以解释我们如此轻易顺从的倾向性呢？是什么促使个体选择模仿他人的行为举止，即便这种选择和个人的道德准则或个体利益都不相符？团体需要想方设法强化其行为和准则，以确保成员将团体利益置于个体利益之上。在这个过程中，同伴压力在确保团体、群体和暴众集体的凝聚力上起到了至关重要的作用。

社会心理学家所罗门·阿施（Solomon Asch）进行了一系列颇有影响力的开创性实验，以显示同伴压力对团体的作用。和泰弗尔一样，阿施也是犹太裔的波兰社会心理学家，但是阿施全家在大屠杀之前就离开了欧洲，20 世纪 20 年代移民到了纽约。阿施在美国完成了高中和大学的学业，并成了一名杰出的社会心理学学者。到了 20 世纪 30 年代，阿施了解到了希特勒对德国民众催眠式的影响力，并猜想纳粹的宣传之所以如此有效，是因为它触及了人们潜意识里的恐惧和无知。进而让阿施产生研究兴趣的是，我们在面对社会影响，尤其是在消化包括政治宣传在内的新信息时，是多么容易受影响。阿施曾向同事叙述他儿时的经历，解释他对顺从性这一课题的独特兴趣。在一个逾越节（Passover）的晚上，还是孩子的阿施被允许不像平时那样早早就上床睡觉，他看到祖父单独倒了一杯酒，而阿施的叔叔则解释道，这最后一杯酒是用来敬献给先知以利亚的。信以为真的阿施感觉真的看到那杯子里的酒就这么凭空消失了一部分。在潜意识里，他对来自家庭的集体压力做出了回应，相信了关于先知的迷信说辞，以为先知以利亚真的就从那杯子里抿了一口酒，事实是他的想象力滋养了他服从家族共同信仰的本能。[34]

阿施及其团队为了测试"同伴压力"而设计了一个叫"直线判断测试"（见图 3）的实验 。[35] 实验的目的是探究人们是否会因为感受到来自身边同伴的（真实或是臆想的）压力而被误导，从而在简单的问题上犯错。阿施的实验之后又被广泛复制和调整，其实最初的实验设计相当简单：研究者找来 7~9 名男性大学生，将这群人聚在一间教室里，并给每位大学生展示两张卡片，我们姑且称作卡片 A 和卡片 B，其中卡片 A 上画着一条直线，而卡片 B 上画着三条长短不等的直线。被测试的学生被要求从卡片 B 上的三条直线中选出那条长度和卡片 A 上的直线一样长的线，并且他们需要逐一向所有人公布自己的答案。接着同样的动作被多次重复。[36]

最开始两轮，所有人的回答都是正确的（任务本身真的没什么难度）。然后从第三轮开始，场景发生了变化，其中一名学生惊讶地发现，他从卡片 B 上选出的直线竟和所有学生的选择都不同。他不知道的是，研究者已经事先私下叮嘱了除他外的所有学生，统一给出一个错误的答案。这样一来，这名落单的学生就面临着是相信自己还是相信其他人的两难选择了。

一名实验对象被要求判断纵向的三条直线中哪条和横向的直线一样长，当所有人都回答是 B 时，这名被实验对象会如何作答呢？

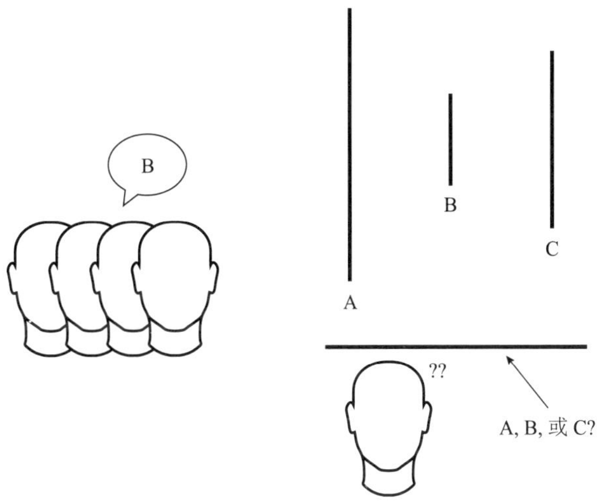

图 3　直线判断测试

阿施及其团队选取了三所不同的高校反复进行这组实验，共计 123 名学生被置于落单选择的场景下，研究者在实验结束后也会和落单的学生进行沟通，以更多地了解他们是如何应对这种两难场景带来的困惑的。有 37％的学生改变了他们的答案，以和其他人的答案保持一致。学生们的反应因人而异，这也表明性格和情感在决定我们是否坚持己见、是否跟随效仿或选择叛逆时起到了关键作用。阿施及其团队根据情感回馈，将受测试的学生大致地分为几个类型：有些学生极为勇敢独立，似乎毫不担心成为落单的少数派，他们对主流观点没有很强的反馈，似乎很容易就能消化和快速适应他人的质疑，并且能够平静地保持信心和坚持自己最初的（也是正确的）判断；其他一些学生在发现自己是唯一一个持不同观点的人时，表现出了强烈的不安和困惑；另一群“持异见者”并没有更改他们最初的选择，但还是表现出了作为少数派的焦虑情绪，他们迷惑和不确信，仅是不太情愿地维持了最初的判断；最后，有一群阿施称为“极度易屈从人群”的学生，在大多数人的选择面前选择跟随改变，给出了错误的答案。在实验结束后的访谈中，这些屈从的学生给出了不同的诠释，有些将他们的错误归咎于其他学生，认为他人软弱盲从的举动误导了他们；有些学生以为这个实验也许是为了用视觉假象的伎俩迷惑他们；一组易于自责的同学将他们最初的（正确但和他人不一致的）答案归结为他们自身的愚蠢错误。阿施及其团队注意到，也许是潜意识的影响在作祟，屈从于多数人观点的学生都不约而同地低估了他们跟随多数群体并做出错误选择的频率。

对研究者而言，诠释阿施的实验结论并不容易。阿施及其同事观察到的顺从行为可以归因为两类社会影响中的一种。回顾我们在本书序言中论述过的内容，信息性影响指我们因认为他人行为中包含了有用的信息而跟随他人；规范性影响指我们更加隐性和下意识地屈从于同伴压力和社会习俗的需要，不屈服则意味着尴尬、冲突和困惑。顺从和保持一致则容易得多，尤其是当这种顺从可以最小化人与人之间冲突的可能性时，至少可以带来心理上的慰藉和满足。

所以阿施的实验参与者是在回应信息性影响还是规范性影响呢？他们是否是因为在意别人对他们的看法，并因为社会习俗和某些社会心理因素而与集体保持一致？抑或如我们在前一章的利己型从众模型中提到的，实验参与者实际上是在试图观察和学习他人的行为？

诺贝尔经济学奖得主罗伯特·希勒（Robert Shiller）教授认为，在简单的问答中跟随他人给出错误答案，这同理性社会学习的理论并不矛盾。[37] 从理性的角度看，如果看到很多人都给出了和自己不一致的决定，人们或可弱化自身判断的重要性。如我们在第一章中讨论的，一个可能的解释是学生们使用了贝叶斯逻辑推理的原则以平衡获取不同信息。掌握了社会学习工具的利己从众者也许会合理地推断，所有人都犯错而唯独他是正确的可能性是微乎其微的。希勒援引了阿施实验的一名参与者的表述："在我看来我似乎是对的，但是我的理智告诉我，我一定是错的，因为我觉得不可能这么多人都是错的，而偏偏我是对的。"[38] 尤其当存在不确定性，人们对自己的判断又信心不足时，人们往往会高估他人判断的准确性。

希勒也提到，和阿施的实验类似的结论也存在于人同电脑的人机互动研究中。如果实验参与者的类似行为不仅限于人和人的互动场景中，那么也许这意味着个人社会压力并不是主要的影响因素，实验参与者实际上可能是在使用逻辑和推理工具去平衡他们自己的判断和他人的选择。但是万一这些实验参与者把电脑也当作真人一般对待呢？那希勒的解释就变成了一个无法被证伪的假设，我们可以用类似的逻辑将任何行为解释为理性之举，而没有任何实证依据对其加以检验。我们仅根据人机互动的经验，也无法客观地驳斥任何基于潜意识社会心理学动机而做出的心理学解释。也许我们很难想象怎样的实验可以彻底地将经济学诠释因素同心理学诠释因素区分开来，但神经学家给出了更深入的见解，以帮助我们解答眼前这个问题以及其他决策冲突的问题。我们在下一章中会探讨，诸如脑断层扫描等神经学工具将如何为我们所用，以揭开这些难题的谜底。这些工具也能为我们提供更丰富的信息，以探究盲从者与叛逆者的选择及行为是出于本能及情感，还是由认知及深思熟虑所驱动的，或二者兼而有之？

了解社会习俗

另一种社会心理学范畴的影响因素来自社会习俗。相较于同伴压力，社会习俗的影响力更加多样和持久，黏性更强，更难被改变。此外，即便我们不直接与团体接触，也可以感受到社会习俗的影响力。问题是，如果社会习俗也可以在团体之外产生作用，那这种影响力源自何处呢？答案是它直接作用于我们的深层潜意识，也反映了我们儿时所受到的影响。孩子通过观察他人而进行学习，因而他们的行为常常是身边成年人的翻版，这种观察式的学习方法归功于我们根深蒂固的模仿天性。心理学家阿尔波特・班杜拉对这一观点进行了研究，并据此发展出了他的社会学习理论（social learning theory）。班杜拉专注于探究认知在模仿，尤其是孩子对他人的模仿中扮演的角色。他发现孩子所表现出的侵略性的行为和孩子在早期观察到的成年人的类似行为存在关联。在他的实验中，班杜拉及其团队将一群幼童安顿在一个满是玩具的屋子里，并让他们经历了三个场景：在第一个“侵略性”场景中，与玩耍的幼童们身处一室的还有一个成年人，这个成年人在暴力地摔打玩具；在第二个“非侵略性”场景中，同处一室的成年人安静平和地玩着玩具；在第三个“控制组”场景中，屋子里没有任何成年人。班杜拉及其团队发现经历了第一个“侵略性”场景，有机会观察到成年人的侵略性行为的幼童们更有可能在玩耍时模仿成年人的暴力行为。孩子攻击性的行为和身边成年人的行为如出一辙，这显示了孩子的模仿天性对他们的行为有重要的影响。[39]

将社会压力作为政策工具

我们已经看到，经济诱因、心理学影响均能够以各种各样的方式助长我们效仿和群聚的本能，但是这又如何呢？为什么理解这些能对我们有所帮助呢？它们的功用之一在于，人们容易屈从于同伴压力的倾向性可用作一种政策工具，以中和我们的一些行为给社区或社会带来的负面影响。无论是通过效仿他人进行社会学习还是集体决策，群聚从众都能带来对个人和集体都更优的决策。我们是社会性动物，一般情况下我们支持社会的行为会受到鼓励和褒奖，因此社会习俗对我们行为的影响力是巨大的。那些效仿身边伙伴选择和习惯的少男少女更有可能受邀参加最酷的派对。从纯粹个人主义的角度来看，有时我们遵从群体习俗对个人利益是有好处的。社会习俗是建立在他人行为的基础上的，因此我们身边的其他人为我们展示了行为举止的标准。我们将自己的行为和他人的行为做比较，因为他人的行为会为我们提供行为经济学家所谓的“社会比较参照点”（social reference points）。我们将自身的决定同我们认为是团体平均、常规的决定进行比照，这么做也许是因为我们相信如果大部分人就某个决定达成共识，那么他们更有可能是正确的；还有可能是因为成为某个团体的一员能强化我们的归属感。

从市场营销人员到政府政策制定者，许多组织都将同伴压力和社会比较参照点当作撬动盲从者顺从天性的工具。一系列的研究，包括在美国加利福尼亚州进行的针对节能数据分析公司 OPower 客户的一项大型调研，表明许多人（尽管不是所有人）如果认为他们的能源消耗量超过了他们的朋友和邻居的平均水平，都会倾向于减少他们的能源用量。[40] 英国税务海关总署发现，如果纳税人被告知他们是极个别迟缴税款的人之一，他们就更有可能缴清欠款。尽管不能算屡试不爽，但类似的群体行为信息经常能起到敦促纳税者遵纪守法的作用。[41]

在低收入国家，人类的这一本性还可以用来改善公共卫生状况。卫生习惯是公共卫生的重要组成部分，如果人们都能使用公厕，杜绝随地便溺，那么疾病也可以得到控制。世界卫生组织已经尝试，将同伴舆论对人们既有习惯的影响力作为政策工具，以改善卫生环境，尤其是在婴儿死亡率居高不下的欠发达农村地区。[42] 一个由社会研究员组成的世界卫生组织团队认识到，当社会习俗及传统根深蒂固时，诸如补贴或罚款这样的正向或反向经济刺激政策对改变卫生习惯而言收效甚微。研究员也认为仅仅靠传授相关知识信息不足以改变当地人的行为。为了论证这些观点，研究员在印度的奥里萨邦地区开展了一个实地试验。他们将目标锁定在 20 个村子的 1 050 户居民，针对他们实施了一个关于卫生环境、清洁水源和个人卫生的科普宣讲活动。为了证实仅靠普及相关知识并不足以改变固有的行为，研究员在试验中又加入了一层测试场景。他们将科普宣传活动和一个专门设计的环节结合起来，这个环节的目的就是试图直击人们的潜意识本能，撬动人们的社会情绪。他们在世界卫生组织的“社区引导公共卫生计划”中嵌入了一个“耻辱之旅”的环节，社区内的所有居民都一同绕社区走一圈，沿途点出所有卫生状况欠佳的地点。研究团队还绘制了一个“排污地图”，由村民协助识别出污物在村子里的分布情况，计算出污物量并与村民共享和讨论这些信息，同时向村民提供与这些污物的危害相关的信息。

世界卫生组织的这个“耻辱或补贴”（shame or subsidy）政策由包括世界银行在内的国际多边组织资助，借助心理影响的力量以鼓励人们使用公共卫生设施。这个政策虽然备受争议，但实施效果很好。在某些村子里，公厕使用率从原来的 6% 上升到了约 30%。公开的羞辱激发了人们的社会情绪，而同伴压力则改变了人们根深蒂固的对自己和他人都有害的习惯。这个案例被世界卫生组织当作典范，用来推广基于“社会营销”手段改善人们卫生习惯的政策工具。这里的“社会营销”是指把社会压力和同伴监督作为政策工具的委婉说法。但是这一做法从道德和政策后果的层面来看是值得商榷的。无论初衷多好，政策制定者通过利用人与人之间的关系对其行为进行操纵是否合适？不论这个问题的答案是什么，至少世界卫生组织的案例还是证明了，我们的盲从本能和易屈从于同伴压力的倾向性都可以被当作有效的工具，用来与包括税收和补贴在内的传统经济政策工具形成互补，共同改善人们的生活环境。这些解决方案的力量不在于抓住我们利己的一面，而是在于利用与我们潜意识社会心理相关的驱动力，包括我们易受身边他人影响的倾向性。

在本章中，我们探讨了许多暴众心理能致使我们行为扭曲的方法，也探讨了这和集体型从众这一概念的关系。在集体型从众中，集体的行为是无法由其中个体的利己动机来解释的。心理学帮助我们理解了为何从众聚集的群体似乎有着自己的意识和目标；为何个体在加入群体后，便会失去自我的意识。

我们效仿他人的行为，是基于逻辑推理和利己的考量，还是受到了某些潜意识的心理本能的驱使去模仿和顺从？关于利己型从众和集体型从众的区别比较，考虑到我们在本章和上一章中讨论过的各式解释，我们对于经济学诠释和社会心理学诠释孰优孰劣有了什么结论吗？是否有其他社会学科能比经济学更好地解释集体行为？是，也不是。相较于经济学家，心理学家和社会学家更多地关注个性、情感和社会习俗是如何以及为何驱动我们加入各类群体的。他们能够对集体型从众给出诠释，他们也探讨一系列其他更加发散和潜意识的力量。这些影响威力巨大，不仅体现在诸如琼斯镇那样集体性癫狂的极端例子中，也同样体现在更加稀松平常的场景中，我们为了加入某个团体而选择放弃个体自主权，无视我们的个人利益。但是，即便同伴压力、身份构建和团体影响对于理解暴众心理至关重要，我们还是不应该将经济学家的利己型从众模型抛之脑后。在很多时候，我们跟随他人的选择是由更加直观、符合逻辑的动机和激励因素所驱动的。此时，经济目标和激励因素也是重要的推手。

在接下来的两章中，我将介绍一些行为学和生物科学的研究，涉及领域涵盖认知神经科学、进化生物学和行为环境学等。这些领域的科学家为我们提供了极好的全新视角，能帮助我们理解盲从者与叛逆者。他们也为我们展示了如何将经济学和其他社会科学领域的不同诠释结合起来。一旦我们有了一个更加海纳百川的通用理论，我们将对人类（决策和行为）的动机和驱动力有更广泛的认识，也就可以消除一些传统经济学利己型从众模型和社会科学集体型从众模型间表面的矛盾和冲突。

第三章

大脑中的从众

在一篇写于公元前360年的对话录中，柏拉图虚构了苏格拉底和一个名叫裴德罗（Phaedrus）的雅典贵族的对话。两人坐在雅典城外伊利索斯河畔的一棵梧桐树下。苏格拉底对狂迷（madness）进行了思考，向裴德罗解释了凡人和诸神的灵魂的本质。苏格拉底将人的灵魂视作一辆马车，由一名驭手驱使着两匹飞马，一匹是良种骏马，另一匹是劣种杂马，而我们的驭手需要努力控制那匹劣马：

> 右边的那匹马身材挺拔，颈项高举……它热爱荣誉，但又谦逊节制，由于它很懂事，驾驭它并不需要鞭策，只需一声吆喝就行了。而另一匹马身躯臃肿笨拙……不守规矩又骄横，耳朵长满乱毛听不到声音，鞭打脚踢都不听使唤……这匹劣马却不顾驭手的鞭策或刺棍，乱蹦乱跳，给它的同伴和驭手惹出了许多麻烦，它闹个不停，因此（驭手和良马）也就随它便，让它拉着走，做它想做的事了。于是这些马困于下界的扰攘之中，争前恐后，时而互相践踏，时而互相碰擦，结果闹得纷乱，汗流浃背。由于驭手的无能，马跛了足、受了伤，或是折损了羽翼。费尽辛劳也不见成效，马儿们就四散而去，于是这些灵魂可以汲取

的营养只剩下貌似真理的意见罢了。[1]

这和盲从者与叛逆者有什么关系呢？如果真如柏拉图笔下的良马和劣马一般，利己型从众和集体型从众如此不可调和、相互排斥，那我们可就窘困不堪、左右为难了。当经济学家专注于理性和思考时，将从众视作合理并符合个人利益的选择，而且是我们逻辑思辨和推理的产物，他们说的在理吗？又或者当心理学家和社会学家将集体型从众视作转瞬即逝的情感及社会心理本能的产物时，进而强调我们行为中或可称作“非理性”的那一面，他们的关注又是否正确？柏拉图的对话录很有意思，因为它似乎认为这两种诠释的视角都有一定道理。如果我们能将这两种视角糅合到一起，那么也许我们就能更行之有效地诠释从众的理论，并能发展出一种更具普遍性的理论，以涵盖我们的效仿及反叛本性在日常生活中丰富多样的表现形式。

对研究社会行为和群体心理的社会学家而言，一个关键的制约因素是我们无法直观地观察到盲从者和叛逆者是如何进行决策的。我们当然可以观察到人们做出的决定，但是无法知晓这些决策和行为背后的决策过程。对经济学家也是一样，人的大脑一直以来都像是一个黑匣子。[2] 我们或许可以了解人们所掌握的信息，也可以观察他们的选择，但是在选择被公之于众之前，我们无法看到大脑处理这些信息的过程。出于这个原因，实证经济学一直以来都努力将人们可观察的行为进行量化（行为心理学也是一样）。与人们行为相关的实证研究都是客观的，可以被计数、校验并储存在统计机构的数据库中。近年来，在实验室中获得的实验证据也加入了这些数据库中，但是诸多的实验证据基本上都是观察人们的选择行为，而不能知晓这些选择和行为背后的心理学机理。在很长的一段时间里，社会学家能做的也就只有这么多了，人们的思维过程本身仍是一个无法观察的谜。

然而，得益于现代科学的进步，这些制约因素正在逐步消除。生物科学能够通过呈现我们选择和决策的思维历程，从而帮助我们查缺补漏，更好地理解我们的激励和动机。神经学家开发出了一些有趣的理论和工具，以阐明在我们加入群体和选择从众时，各种思维风格的互动形式。他们可以向我们展示，在不同情境下，我们大脑中的不同部位会被激活，我们感受情绪时运用的脑部位，与我们在分析思考时激活的部位完全不同，但又时而互补协助。回顾柏拉图的灵魂存在多面的假说，理智和情感并不是完全独立运作的。一旦抓住了这种复杂的互动关系的本质，我们不仅可以更好地理解盲从者及叛逆者的行为，而且可以证实，社会学家对于从众是由理性还是非理性的影响力所驱动的争论是多余的。

性格斗争

柏拉图认为，为我们指引方向的是我们性格中互为对立的两面，这一论断贯穿和影响了其后的整个思想史。一些关于性格斗争的现代思考都脱胎于我们在前一章中介绍的弗洛伊德的研究成果，但现代的科学家都致力于更加客观和以实证为基础的研究。随着新的实证工具的出现，我们又可以对这一重新受到关注的理论假设进行验证，即选择是由不同思维系统间的互动所驱动的。经济心理学家、诺贝尔经济学奖得主丹尼尔·卡尼曼倾其一生，探寻心理因素对决策的影响，并将其核心研究成果收录在他 2011 年的作品《思考，快与慢》中。[3] 卡尼曼在书中对理性和情感进行了区分，但是沿袭了现代科学的惯例，他关于我们性格两面性的分析表述并不像柏拉图的断论那样非黑即白。我们不同思维模式间的竞争并非关乎善恶或是高贵和无知的灵魂之间的争斗。有时理性是合适的向导，有时情感是恰当的引路人，而有时，理智和情感相结合才能将我们引领上最正确的道路。

卡尼曼将他的双系统模型描述为两种不同的思考模式：系统 1 和系统 2。系统 1 思维快捷、自发、本能使然且感情丰富。当我们在灌木丛中和一头野生狮子不期而遇时，就是系统 1 说了算，此时我们感到恐惧，不假思索地逃跑或躲藏起来。系统 2 则截然不同，它是缓慢、可控和审慎的。当我们遇到需要认知能力重点介入的场景时，系统 2 就登场了。当我们在面试、考试或者下象棋时，就需要借助逻辑思维的能力，也就是系统 2 的掌控。

相较于系统 2，系统 1 耗费的脑力要少得多。反之，系统 2 善于深思熟虑、小心论证所有可能性，但是同时也很慵懒，希望将所耗费的认知精力最小化。如卡尼曼观察到的：

> 人们绝大部分的所想和所为都源自系统 1，但是当事情变得棘手困难时，系统 2 就会接手。系统 1 和系统 2 之间的分工是极为高效的：代价最小，效果最好。[4]

因此，系统 1 和系统 2 并非各自为政，而是共同进退，但是动作更快的系统 1 绝大多数时间都占据主导地位。当我们面临危险时，理智并非就无用武之地，同样当我们被迫进行深入思考时，情感也并非一无是处。或是在台前，或是在幕后，两个系统都会同时工作。

卡尼曼关于不同思维模式的分析对于我们的盲从者与叛逆者的研究是有帮助的。它可以用于探究我们的从众和反从众选择如何被系统 1 和系统 2 之间的互动所驱动，而这又将经济学家的利己型从众模型与其他社会科学的集体型从众模型关联起来。如我们看到的，利己型从众关乎推演出驱动他人决策的因素和信息。我们将这些社会信息同我们的所知（我们的私有信息）结合起来，运用逻辑规律（如贝叶斯定理）调和私有信息和社会信息间的矛盾之处。这些都是由一种系统 2 式的审慎思考所引导的。集体型从众则是由诸如情感、个性、心理本能和社会压力等更加底层的、非自觉的影响所驱动的，此时是系统 1 占主导地位。具体哪种系统何时占据主导地位，取决于我们所处的场景。当我们需要快速做出决策时，集体型从众更有可能占上风；当我们有更多时间去自省思考时，则由利己型从众主导。有时，一如我们将会在神经学的例证中看到的，这两者会通力合作、共同作用。[5] 同样，反从众的叛逆者有时会缓慢而谨慎地思考，而有时又会本能地受到情感冲动的驱使，决定反叛。

对模仿的度量

我们已经解释了系统 1 和系统 2 的模型是如何调和关于从众的不同诠释。这些理论十分有用，但是从经验和实证的角度看，还是有存疑之处，而弗洛伊德将成人的行为归因于我们儿时经历的理论也面临着类似的问题。一如我们很难通过实证研究验证弗洛伊德的理论，我们如何找到是系统 1 还是系统 2 占据主导的证据呢？我们又如何确定从众及反从众的行为是出于谨慎的思考，还是情感的冲动，抑或是这二者的复合作用？仅通过观察他人的行为，恐怕我们无法得知是哪种系统在主导这些行为。

为了回答这些问题，我们需要对神经解剖学及其与现代神经科学技术基础原理的关系有更多的了解。当前，我们对神经解剖学的理解是建立在盖伦（Galen，公元 129—199）的神经学研究之上的。盖伦作为一名极为出色的医学家，其成就启发和引领了现代神经学的很多发现。盖伦生于帕加马（古希腊城市，在现今土耳其境内）的一个富裕家庭，他的建筑师父亲尼康（Nicon）最初希望他成为一名哲学家和政治家，但是据说他的父亲梦到医神阿斯可勒庇奥斯（Asclepius）下令，让自己的儿子盖伦改行从医。[6] 盖伦自此在罗马开拓了成功的行医事业，曾作为御用医师侍奉马可·奥勒留（Marcus Aurelius）的儿子康茂德（Commodus），而后随着康茂德继位，盖伦也成了罗马精英社会的一分子。

盖伦曾做过外科医生，也在帕加马的一间角斗士学校里做了几年医生，这些经历都帮助他很好地积累了神经解剖学的知识。盖伦深受柏拉图的影响，他将柏拉图这位希腊先哲的马车理论发扬光大，率先揭示我们的思维方式也许根植于我们大脑的结构。早在弗洛伊德提出本我、自我、超我的理论之前，盖伦就认为我们的大脑是理性思考之源头，心脏是精气之源头，肝脏是食欲之源头。他对大脑的运作方式产生了兴趣，而行医经历对他在这方面的研究也有很大帮助。令人惊叹的是，他很早就认识到脊髓是大脑的延续。[7]

几百年之后，我们在前一章中提到的古斯塔夫·勒庞也发展出了与盖伦类似的理论。例如，勒庞认为脊髓神经控制了暴众所展现出来的社会情绪，而大脑则指引着理性有序的群体行为。[8] 勒庞的一些与神经解剖学相关的推断（例如他关于不同种族和性别间大脑容量及智力区分的理论），已经被现代神经学推翻。[9] 然而，盖伦关于大脑运作方式与群体暴众心理的关系的构想，其方向还是正确的。也许在许多今天的神经学家看来，盖伦和勒庞的假设都太过简单化（尤其是勒庞对于脊髓和大脑的粗略区分），但是盖伦还是预见到了现代神经科学的一些发现成果。神经学家已经识别出在我们大脑深处的一些和我们更加原始和感情用事的思维相关的脑区域，我们的脑干部分及中脑边缘系统就和我们感性冲动或社会性的行为息息相关。而我们的脑前额皮质区（在我们大脑前端，眼睛上方的大脑区域）则负责更加复杂的思维任务，包括数理和分析性的逻辑推理，以及经济决策。

打开大脑的黑匣子

神经学家用来探寻我们大脑这个黑匣子的工具正在不断增多，也越来越先进。他们如何才能把握驱动我们选择（包括驱使我们倾向于从众和反从众选择）背后的神经作用过程？一些早期神经科学工具的应用是基于对病变患者的研究。这些研究关注那些因为事故或疾病而遭受局部大脑损伤的患者。根据掌握的患处部位的信息，神经学家可以对相应大脑部位如何参与不同类型的决策做出推断。

盖伦自己就进行过一些非常早期的类似病患研究，并且表示很不理解为何此前没有任何人“尝试在动物身上做活体试验，（切除一些部位）以试图去理解对应受损的功能是什么”。[10] 但是出于宗教和科学技术的双重限制，盖伦的试验未能持续下去。启蒙运动之后，科学精神在与宗教权威的角力中逐渐占据上风，因而病患研究也就再次受到关注。历史上一位著名的病变患者是一名叫菲尼亚·盖奇（Phineas Gage）的美国铁路工人。1848年盖奇经历了一次悲惨的事故，一根用来将炸药填进爆破口的铁棒因为意外的爆炸而插进了他的前额并横穿了他的大脑。神奇的是，盖奇似乎很好地从这次事故中康复了过来，至少外表上看是这样。然而，他的朋友和同事开始注意到他性情上的巨大变化。盖奇曾是一个令人信赖、勤恳的员工，已经稳定工作多年，但是从这次事故中康复后，他不再是以前那个优秀员工了。他性情大变，在工作中他开始不负责任、不守承诺；生活中他反复无常、难以相处。他的医生约翰·马丁·哈洛（John Martyn Harlow）对盖奇的这种性格上的转变非常感兴趣，他深入研究盖奇及其病史，并得出结论，这位病人举止的改变是由于其大脑额叶受到永久性损伤而造成的，而额叶是我们大脑中负责高级认知功能及自控的组织。[11]

150多年以后，现代神经学家广泛地进行了类似的研究。美国神经学家安东尼奥·达马西奥（Antonio Damasio）及其同事开创性地将病患研究应用在经济选择及金融选择的研究中。他们尤其关注是什么指引我们进行诸如赌博和资产交易这样的风险决策。达马西奥及其团队已经展示了很多证据，来说明情感在决策中的重要作用。同时也显示，即便病人在表征上看不出受创的痕迹，但其情感处理相关脑部区域的病变与一些基本功能的严重退化直接相关。另外，与卡尼曼的双系统思维模型相吻合的是，达马西奥认为情感的影响并不一定妨碍理性的思维。[12]

病患研究是相对简单粗暴的做法。神经学家不能直接控制和决定可供研究的脑部位有哪些（除非参与一些极不道德的违法行径，而这些是被现代研究伦理委员会明令禁止的），不幸的事故和疾病本身决定了哪些脑部位受损，而神经学家的研究也仅限于他们能找到的病患的病例情况。然而在过去几十年间，可供神经学家使用的工具的技术有了很大提高。病理学和神经科学技术上的进步意味着我们可以开始观察和理解在我们做决策时我们的神经回路是如何工作的。神经学家可以使用诸如脑电波（EEG）这样的技术捕捉作用在头皮上的电脉冲，以测量脑部活动；他们可以利用脑成像技术观测流经大脑的血液循环；他们可以利用一种叫作经颅磁刺激（TMS）的技术暂时性地抑制部分脑组织的活动。

脑成像是一种应用非常广泛的技术。虽然需要辅以精密的仪器，但是这种技术可以帮助神经学家更好地控制他们需要研究的大脑部位。脑部扫描也使神经学家对更广泛的健康人群进行研究成为可能，解决了仅针对无助的病患进行试验而带来的伦理问题。脑部扫描技术用来观测血液流经脑部特定区域的情况。当我们对某一心理刺激做出回应时，大脑特定的区域便被激活，流经这一活动区域的血量增加，导致了磁化率的变化，而这种变化可以由磁共振扫描仪成影记录下来。这种扫描技术被称作血氧水平依赖性（BOLD）脑成像，或 fMRI（功能性磁共振成像）。脑部扫描远非完美无缺，且常常贵得让人望而却步，但它的确能够让神经学家专注于特定脑部位的观察和研究。[13] 有了 fMRI，神经学家能够以一种有针对性并可控的方式研究脑部功能，包括研究当人们进行特定活动和完成特定任务时，脑部的活动情况。fMRI 技术可以识别出大脑中的特定“受关注区域”，并把与感性和本能自发决策相关的脑部区域，以及和高级认知推理相关的脑部区域区分开来，从而了解从众行为的驱动力到底是什么：是我们感性的系统 1 思维，还是审慎的系统 2 思维，又或是两者的合力？

脑部扫描仪下的盲从者与叛逆者

借助这些技术，我们可以对驱动盲从者及叛逆者的思维过程有更深入的了解。现在让我们来看看从其他的脑部成像的研究中能学到些什么。其中一个关于系统 1 和系统 2 思维模式对比的开创性 fMRI 研究是由荷兰神经学家维姆·德·耐斯（Wim De Neys）、欧信·瓦塔尼安（Oshin Vartanian）和维诺德·戈埃尔（Vinod Goel）完成的。[14] 他们借鉴了丹尼尔·卡尼曼和他老朋友阿莫司·特沃斯基（Amos Tversky）在早期研究中设计的决策任务实验，并借助脑部成像技术，着重关注实验的结论是否和卡尼曼近年关于思维双系统的理念相吻合。耐斯及其同事选取了卡尼曼和特沃斯基的一版“工程师 – 律师问题”实验设计。[15] 实验参与者被告知一个目标人群中有 5 名工程师和 995 名律师，因此随机抽出的某一个人是工程师的概率就是 5/1 000，是律师的概率是 995/1 000。接下来，实验参与者被要求猜测这群人中的某个人是律师或工程师的概率。除了上文提到的统计概率的信息，实验参与者还得到了一个叙述性的信息，即一个关于这个被猜测对象的描述，让实验参与者可以在脑海中勾勒出这个被猜测对象的样子。现在，实验参与者要猜测一位名叫杰克、性格保守的 45 岁已婚男子是工程师而不是律师的概率。虽然这些信息从统计概率上讲，和杰克是工程师还是律师没有关系，至少从以“频率理论”（frequentist）为基础的概率论（对某一事件的概率值的计算是基于大量的随机独立测试中该事件发生的频率）角度看没有关系，但是大部分人还是被这个信息过度干扰了。在了解到杰克的一些基本信息后，实验参与者过高地估计了杰克是工程师的概率。耐斯和戈埃尔希望了解实验参与者在进行“工程师 – 律师”决策时的思维过程。他们邀请了 13 名参与者在实验室的 fMRI 扫描仪里完成这个测试。他们的测试得出了一些令人着迷的结论。在参与者进行决策时，他们大脑中一般被认为和系统 2 分析思考相关的脑部位（一般当人们在解决统计学问题时应该使用的部位）并未起主导作用。fMRI 扫描仪的记录显示，参与者大脑中处理情感相关的部位更多地被激活，表明实验参与者正在受到（关于杰克的）叙述性信息的干扰。也就是说，实验参与者更多地使用了主观和感性思维去解决一个本应是纯数学的问题。

我们的社会本能以多种形式成了现实生活中广泛决策行为的基础。关于这点的神经科学证据正在逐渐增多。[16] 我们是否可以借鉴耐斯及其同事使用的类似工具及理念，以揭示关于利己型从众和集体型从众的问题呢？为了解答这个问题，神经学家、实证心理学家和经济学家联手，探索一个全新的分支领域——神经经济学（neuroeconomics）。[17] 神经经济学研究的开展形式可以是多样的，有时经济学家提供理论支撑、模型及分析架构，神经学家据此构建他们的模型；有时神经学家向经济学家提供最新的工具，以对新颖的理论假设进行测试，这也是我们在从众问题研究上采用的经济学和神经学合作模式。

我和神经经济学家的第一次接触是在 2005 年费城的美国经济学会年会上。在此之前，和许多经济学家一样，在我对人们效仿他人这个问题进行思考时，大脑于我而言就是一个未知的黑匣子，而这个问题让我困扰不已。在我参加了神经经济学的研讨会后，我意识到也许神经经济学可以填补经济学关于从众和反从众理解上的空白。在与杰出的神经学家沃尔弗拉姆·舒尔茨（Wolfram Schultz）及他在剑桥大学生理学、发展与神经学院的团队交流之后，我们决定将神经学的技术、技巧和经济学的观点结合起来，研究从众的问题。

舒尔茨当时是全新学科神经经济学的先驱之一。他的研究兴趣在于我们如何学习，尤其是我们的奖励回路机制，如何使我们可以从犯下的错误中吸取教训。他的重要贡献包括奖励预测误差（reward prediction error）理论。[18] 这一理论假设和强化学习有关：普遍而言，当人类和其他动物将行为和奖励关联起来时，就会学着重复这个行为，动物是因为生理上获得的奖励而进行学习的。奖励预测误差理论和这一普遍观念相比，多了一层精妙之处：动物的学习行为并非由于它们从奖励中获得了直接刺激，而是因为他们在预测奖励中产生的误差。神经元接收到这些预测误差并释放出多巴胺神经递质（一种化学信息素）到大脑中负责奖励处理的部位。例如，当一只猴子无意压动一根杠杆，意外拿到了一块水果作为奖励，则多巴胺释放出积极的信号，鼓励这只猴子重复该动作。当它再次这么做的时候，又得到了奖励，这次它就没有第一次那么意外了。随着它越发精准地预测获得奖励的可能性，它的奖励预测误差越来越小，当预测误差接近零的时候，这只猴子对奖励的预测和实际接收到的奖励达到一致，学习过程就到此为止了。[19]

我们如何将这点和我们效仿他人及从众的决定关联起来呢？如我们已经看到的那样，从众可以被解释为社会学习的产物，而社会学习也是由奖励学习所驱动的。同苏黎世大学的克里斯托弗·布尔克（Christopher Burke）和菲利佩·托布勒（Philippe Tobler）一起，舒尔茨和我将经济学和神经科学的工具及研究成果引入神经经济学对于从众和社会学习的研究中。[20] 当人们跟随他人时，他们的神经奖励回馈系统会被激活，但是到底被激活的是哪个具体部位呢？是一般与逻辑思维相关的部位，还是一般与本能情感反馈相关的部位？

在第一个实验中，我们招募了剑桥附近当地社区的学生和一些成年人，让他们决定是否对一只股票进行投资。如果他们做出正确的选择，就会得到现金奖励。他们都拿到了一些帮助他们决策的信息，在实验的第一阶段，我们给他们提供了一些私有信息（一个股价的走势图），在实验的第二阶段，我们向他们展示了一个群体的选择：显示为四个头像，头像下面以打钩或打叉表示他们每人是否做出了购买股票的决定。[21] 我们也向实验参与者展示了四只黑猩猩的头像，为什么呢？一般而言，科学实验需要在可控的场景下展开，为了能够客观地测试实验的场景条件如何对行为产生影响，一个可控的实验需要一个可控的场景作为基准场景。对我们的这个 fMRI 实验而言，我们的可控基准场景需要与人类头像群体的场景类似，否则当我们向实验参与者展示群体投资选择这一社会信息时，我们监测到的参与者脑部活动就有可能是由于他们对于不同视觉刺激的反应造成的，而非因为我们在实验设计中希望看到的社会影响因素造成的（当然有头像会比没有头像产生更多的刺激效果）。黑猩猩是我们能想到的和人类头像最接近的了，但是我们的确必须假设我们的实验参与者不太会因为几只黑猩猩的投资决策而影响他们自己的决定。接下来，我们利用 fMRI 技术，扫描了实验参与者在处理信息和投资决策过程中的脑部活动情况。我们很想知道，当这些人在平衡私有信息和社会信息时，无论是从众的盲从者，还是反从众的叛逆者，他们的大脑里发生了什么，有哪些神经机制被激活了。

我们识别出了两个场景下的从众选择：第一个是当实验参与者看到大部分的人（展示的四个头像中的三个）选择购买时，旋即选择购买；第二个是当实验参与者在看到大部分人选择不购买时，旋即决定不购买。相反，我们也识别出了反从众的叛逆者选择场景，即当一个试验参与者在看到大部分人没有购买股票后选择购买，或者在看到大部分人购买后选择不购买。我们也通过在开始实验前让实验参与者填写个人生平的问卷及性格测试，来分析参与者的个性差别对实验的影响。图 4 显示了脑部扫描仪下的盲从者与叛逆者。

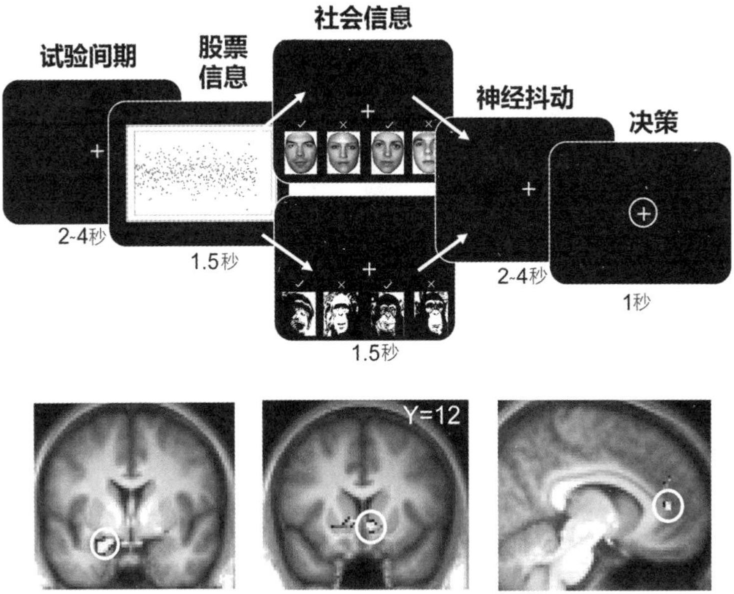

图 4 脑部扫描仪下的盲从者与叛逆者

注：图中分别显示了在杏仁核（amygdala）、前额叶皮质（prefrontal cortex）和前扣带皮层（anterior cingulate cortex）中的组织结构和脑部活动。

我们在实验参与者中看到了强烈的从众倾向性。他们效仿群体决策的频率远比他们随机决策的频率高。这点印证了来自各方的证据，显示人类有强烈的从众倾向，反从众则要罕见得多。我们作为盲从者的频率要远高于作为叛逆者的频率。为了弄清楚我们的实验参与者脑中发生了什么，我们将分析集中在主要与决策相关的大脑部位。杏仁核就是这样的部位之一，它是脑边缘系统的一部分（一系列和情感处理相关的大脑结构），是处理负面情绪（包括恐惧）的组织。另一个是腹侧纹状体（ventral striatum），一个负责奖励处理的脑组织部位，也是舒尔茨的奖励预测误差模型重点关注的脑部区域。最后，我们观察了前扣带皮层的活动情况，这是负责高级认知功能的脑部区域。有证据显示，前扣带皮层的角色有点像柏拉图比喻里的马车驭手，参与并解决神经冲突，包括在系统 2 的理性和系统 1 的感性相互竞争时进行调和。[22]

为了诠释被神经学家称作神经冲突的概念，我们可以看一下其他社会神经学的研究。一个关于社会冲突的经典神经经济学研究是由美国神经学家艾伦·桑菲（Alan Sanfey）、乔纳森·科恩（Jonathan Cohen）及其同事共同完成的。[23] 研究团队邀请了 19 个测试对象，要求他们玩最后通牒博弈游戏（ultimatum game）—— 一个被行为经济学家广为使用的实证游戏，以研究人们的社会倾向性，即人们展现自私或是慷慨一面的倾向性。[24] 与这个游戏的很多变体类似，桑菲及其同事将测试对象分为两组，给一名玩家（给予者）10 美元，并让他将 10 美元在自己和另一名玩家（回应者）之间进行分配。如果回应者接受给予者的分配，那么钱就会如是分配给两人，但是如果回应者拒绝给予者的分配，则两人都拿不到钱。那么对给予者而言，他面临的挑战就是找到回应者应该会接受的最小金额。如果就这么平铺直叙地看，标准的经济学应该预测，给予者分配给回应者 1 美元就够了，因为如果两名玩家都是理性并寻求自身利益最大化，那么回应者就不会拒绝 1 美元的分配，否则就拿不到钱，而相较于一无所有，一个理性的经济决策者永远都会倾向于多少有一点。然而，有悖于主流经济理论的是，许多最后通牒博弈的试验显示给予者都慷慨得令人惊讶，一般会给回应者分配接近总奖金 50% 的额度，而有些回应者会拒绝远多于 1 美元的分配建议。这被许多人诠释为是我们社会性本质的表现例证。我们展现慷慨的倾向性意味着给予者将倾向于给出一个“更加公平”的分配建议，这里的公平会定义为平分。当回应者确认给予者做出了不公平的分配建议时，他们会通过拒绝分配的方式来惩罚给予者，即便这个拒绝的决定将导致回应者自己也一无所有。

桑菲及其同事对实验中的回应者在判断自己受到不公正对待时会如何表现很感兴趣。他们对回应者的大脑进行了扫描，重点关注三个脑部区域：脑岛（insula）、前额叶皮质的部分区域和前扣带皮层。神经学家认为脑岛会在我们感受诸如厌恶这样的负面情绪时起作用。厌恶不仅可以理解为一种生理上的排斥（如我们闻到难闻气味时的感受），还有一层社会含义（如我们在受到不公正对待时的感受）。研究发现，这三个脑部区域都被明显地激活了。当给予者向回应者开出了远小于一半金额的分配建议时，脑岛的活动反映了回应者感到被欺骗而产生的社会性的厌恶情绪。这种情绪是如此强烈，以至于回应者倾向于以拒绝分配建议的方式惩罚给予者，哪怕这样做使回应者自己也一无所有。桑菲及其同事也推断前额叶皮质负责更加经济合理的选择。从纯粹的经济学角度看，获得很小的收益总好过什么都没有。这时前扣带皮层就扮演着仲裁者的角色，试图中和希望获得更多钱的认知欲望，以及当人们感到被背叛时，产生的如愤怒、不满这样的诱发报复行为的情感反应。

在我们的试验中，我们使用 fMRI 扫描以试图把握这些社会情感的不同层面，尤其是试图了解各类引导着我们做出从众或反叛决定的认知或情感回馈。在认知层面，联想到我们在第一章中介绍过的安德森和霍尔特的贝叶斯社会学习实验，我们假设我们的试验参与者由某种形式的利己型从众所驱动。安德森和霍尔特的实验结论证实了从众的盲从者利用了贝叶斯原理式的工具以调和私有信息和社会信息间的冲突。在我们的实验中，私有信息是通过股价走势图传递的客观证据，而社会信息则是通过人像或猩猩头像传递的群体选择。

我们研究了 fMRI 的扫描结果，并识别出脑部活动在实验的两个阶段里的明显区别。在一个阶段，参与者观察股价走势图（私有信息），而在第二阶段他们看到的是代表群体及群体选择的头像（社会信息）。当实验参与者看到群体选择的社会信息时，他们脑中的腹侧纹状体部位被更加强烈地激活（相较于他们没有看到这些社会信息时）。这个发现也和我们关于社会信息触发奖励学习的观点相吻合。非社会性的因素也很重要，尤其是不同参与者对于不同类型的股票的倾向性，参与者大致可分为两类：一类倾向于高平均股价的股票，另一类倾向于低平均股价的股票。为什么会有人倾向于股价低的股票呢？实验结束后的问答访谈显示，有些参与者认为价格低的股票的股价也许在未来会上扬。无论如何，两组参与者都期望投资能够带来回报，而他们在购买自己更倾向的股票类型时，脑中的腹侧纹状体被激活的程度更高。

实验参与者脑中其他部位的激活程度取决于他们是在扎堆从众，还是反其道而行之。当参与者选择从众时，他们脑中的杏仁核明显被激活，如上文中提到的，杏仁核这个部位是与处理诸如恐惧这样的负面情绪相关的。与这个发现相吻合的是关于从众和恐惧存在着一定关联的观点，也许当我们感到恐惧时，我们希望规避风险，因此更加有可能群聚和归顺于某一集体。我们也在做出反从众选择的叛逆者脑中发现了明显被激活的前扣带皮层部位。类似于桑菲及其同事对于他们的颅脑扫描结果的诠释，一种可能的解释是前扣带皮层正在协调神经冲突，腹侧纹状体的激活表现了我们对奖励回报的期望，杏仁核的激活表现了我们对和群体不一致相关的恐惧感，而前扣带皮层则是在协调这种神经冲突。

除了观察到一些情感的处理外，我们的实验还了解到人们如何回应社会信息及私有信息。我们的实验证据和从众的两个方面有关：第一，人们如何使用社会信息和私有信息；第二，当人们平衡社会信息和私有信息时，理智和情感是如何互动的。与我们的 fMRI 例证相吻合的观点是，客观认知与主观情感的因素共同作用，从而驱动我们做出加入群体的决定。与我们的发现有关的还有伦敦大学的三位神经经济学家——拉姆齐·拉法特（Ramsey Raafat）、尼克·蔡特（Nick Chater）、克里斯·弗里思（Chris Frith）的研究成果。他们将思想及信息的交互视作人类从众行为中的重要特征，并认为无意识的“自发性传染”（automatic contagion）与有意识的理性思考的互动促成了从众的这一交互特征。[25] 我们的实验也展示了理性经济影响同经济学家的利己从众理论的相互关系，以及与其他社会学家理论中由情感驱动的集体型从众之间的互动关系。我们如何将这些实验证据和卡尼曼的双系统理论结合起来呢？如果贝叶斯原理的解释完全正确，那么无论信息是社会共有的还是私有的，都不应有区别才对，无论如何我们都是用系统 2 的高阶认知功能对这些信息进行处理的。但如果真是这样，为何在人们考虑群体中的他人如何选择时，我们观察到了他们大脑中负责情感处理的区域被激活？同耐斯团队对“工程师 – 律师”实验 fMRI 扫描结果的诠释一样，如果贝叶斯原理的解释只是故事的一部分（并不代表是错的），那么在我们的实验中看到与感性、本能决策相关的大脑部位被激活也就不足为奇了。在从众的过程中，与情感处理相关的脑部位被激活，这一事实就说明，从众并非像许多经济学家声称的那样，仅是冷酷而平静的算计而已。

从众思维捷径[①]

如我们已经看到的，神经经济学的实验能够捕捉到情感和认知之间的互动，一如卡尼曼对于系统 1 和系统 2 思维模式的划分和论述一样。卡尼曼模型的另一个发现关乎决策的速度。如我们在前文中注意到的，系统 1 常占据主导地位，因为它需要耗费的认知精力更少。当我们选择从众时，难道是因为系统 2 思维模式的懈怠，致使我们寻求规避谨慎推理所需要的时间和精力，退而选择现成的、更快捷的决策技巧吗？如果是这样，那么从众就将不是可控且合理的选择了，仅是由系统 1 驱动的快捷的自发式反应。这又与卡尼曼的另一个理论关联了起来，即他称之为“启发法”或“思维捷径”的简单认知工具。也许在我们的从众实验中，我们就已经无意间观察到了这种可称作“从众思维捷径”的现象。[26]

这种从众思维捷径是如何实际运作的呢？我们选择从众仅是因为跟随他人更加便捷取巧，即便这么做有可能只是在重

---

① 从众思维捷径（heuristics），源自古希腊语 εὑρίσκω，指依据有限的知识在短时间内找到问题解决方案，由此不完整的信息就容易带来思维偏差或者心理学误区。心理学上的“启发法”指用于解释人们如何进行决策、调整和解决问题的简单有效的规则，通常用以处理复杂的问题和不完整的信息。本书根据语境译作启发法、捷思、思维捷径或心理捷径，也可以译作策略法、助发现法、启发力、捷思法。——译者注

复别人的错误罢了。试想，你需要买一台新的冰箱，并且你知道邻居刚刚花了大量的时间调研最值得购买的冰箱品牌。那么直接问他们的建议就好了，为何还要费神重复同样的调研工作呢？你的思维捷径即是问邻居的意见，这会帮助你节省时间和精力。然而思维捷径的问题是，虽然它快速便捷，并且常常效果不错，但有时（ 虽不总是这样）会导致系统性的错误，即行为经济学家和经济心理学家口中的“行为偏差”（behavioural biases）。当我们跟随他人时，我们可能是在借鉴宝贵的社会信息，也有可能只是在重复他人的错误而已。我们的邻居可能是凭一时冲动而买了冰箱，也许只是因为他们的邻居买了同一个牌子的冰箱，也许他们并没有仔细研究这台冰箱的产品细节。如果我们跟随他们做出购买决策，那么也许我们入手的只是一个次等货而已。

认知心理学家阿莫司·特沃斯基和丹尼尔·卡尼曼识别出了三大类的思维捷径及与其相关的偏差：可用性思维捷径（availability heuristic）、代表性思维捷径（representativeness heuristic）和锚定及调整思维捷径（anchoring / adjustment heuristic）。当我们借助可用性思维捷径法时，我们凭借对相关信息提取和回忆的便捷程度来判断某一事件发生的概率。当我们看到一群人聚在我们面前，这就是一个鲜明的信号。 这群人聚集在眼前，自是占据了我们当前的注意力和思绪，观察和模仿这群人可以帮助我们规避动用诸如回忆或算计这种耗费心神和时间的认知工具。当我们借助代表性思维捷径法时，我们将当前事件和过去发生的我们认为类似的事件与经历关联起来，以此作为判断当前事件发生概率的依据。这也会促使我们选择从众，因为我们会假设其他人的决策为我们提供了当前该如何选择的线索和建议。当我们借助锚定及调整思维捷径法时，如果我们将团体的共识作为社会参照基准点，那么从众就是显而易见的选择了。如我们刚才提到的，这可以节省我们的时间和精力，因为我们不需要每次都从头开始做新的决策。例如，如果我们需要买房或租房，我们或许会选择亲朋好友最近选中的地段。我们将他们提供的房价、地段便利程度、交通等信息作为参照点，并考虑自己的偏好，在这些参照点的基础上进行调整，以做出自己的选择。

心理学家格尔德·吉仁泽（Gerd Gigerenzer）和丹尼尔·戈尔茨坦（Daniel Goldstein）强调，使用这些思维捷径颇为合理，并不荒谬。我们将这些思维捷径融入我们的日常生活，来为自己节省时间和精力，如果没有它们，我们就得花费时间和精力去深入思考我们做的每一件事。对盲从者而言，模仿本身就是一种能够帮助我们在社会场景下更快、更高效地做出决策的认知捷径。[27] 我们可以更加有选择性地获取社会信息，规避烦琐费力的信息收集工作。购买冰箱是一个相对简单的选择，只需要一个能制冷制冻的机器罢了。对于更加复杂的购买选择，我们需要更多的帮助。例如，如果我们有几个亲朋好友近期买了新的手机或电脑，我们也许会利用从众思维捷径法来指导我们的购买决策。相较于抄袭邻居的冰箱选择，这也许是个更加明智的选择，因为绝大多数人都能轻易理解冰箱的基本功能，但是如果是手机和电脑，我们能找到的信息和选择会多到令人一头雾水。因此，也许这个时候观察我们认识的人的选择是个好主意。我们模仿他们的购买选择，是因为我们假设他们懂得更多，已经做过充分的调研，已经清楚哪个产品性能最好、哪个产品性价比最高，并且理解各式产品选择的所有深奥的技术细节。在购买手机或电脑这个问题上，我们自己无法做得更好，因此我们依赖于我们的从众思维捷径，将一个原本复杂、费时和令人困惑的决策过程变得更加快速和简单。从众帮助我们对抗选择困难和信息过载的问题，不然这些问题就有可能妨碍我们的决策。

这也引出了以下的问题：我们最初为何并且如何发展出了这种从众的倾向性呢？我们从众的本能来自哪里？它是否适应现代世界？这和人类百万年来进化出的本能有什么关系？演进生物学为我们提供了一些关键的思路，来解释人和动物的双思维系统在演进历程中源起何处；在资源匮乏的原始时代，我们的本能扮演了怎样重要的角色。从生物演进的维度来看，快速、自主和本能的系统 1 式思维决策模式更加古老，而与自省、审慎、认知努力相关的系统 2 思维模式的演进则是相对后期才开始的。

我们已经看到了若干种途径，依靠卡尼曼对于快速的系统1和缓慢的系统2的区分，从而调和在本书第一章和第二章中讨论的利己型从众及集体型从众。在此基础上，神经学家又提供了更多的证据，证明我们的从众选择隐含了认知和情感之间复杂的互动关系。我们不能非黑即白地对它们进行“理性”或“非理性”的归类，我们跟随他人的选择展现了逻辑决策、潜意识及感性因素的综合影响。

在当前全球化的世界里，快速互联这一特性对我们的日常生活产生了前所未有的影响。诸如社交媒体的技术将我们与数千英里外完全陌生的人紧密连接在一起。信息、货物及服务、食品和添加剂充斥着我们的生活，无处不在、信手拈来，只需轻按鼠标，就可以快速做出消费选择。当前这个新奇古怪的世界让我们可以尽情释放自己原始的模仿天性，将其海量地扩散。在爱彼迎、优步、易贝、猫途鹰，以及诸多比价网站上，我们可以收集并选择跟随其他用户评价中的社会信息，我们是否应该像相信老朋友那样相信这些网站上的评价呢？这个疑问旋即显示了广为传播的效仿行为的局限性，即当所有的交互都是匿名进行时，关于他人选择和想法的信息可以被操纵，以诱使我们跟随这些虚假伪造的信息。另一个令人担忧的衍生问题是，集体型从众可以很容易地盖过利己型从众，因为现代技术更加适合系统1式的快速思维。当我们所有的决策都可以快速做出时，也许缓慢而谨慎的系统2式思维就再无容身之处了。

我们暂时还没有探讨的是，这种强烈的从众倾向性的源头在哪里？我们可以在行为生态学中寻找证据，以证明我们和我们的动物表亲都有利己型从众和集体型从众的倾向性。我们也可以通过观察进化生物学和进化神经学的研究成果，更好地理解这些反馈方式是如何一步步演进形成的。我们会在下一章中就这些观点展开讨论。

第四章

动物的从众

从非洲平原到北极苔原，全球各地都有大量动物聚集在一起进行长途迁徙。这些动物群体几乎永远在行进之中，以躲避气候的季节性变迁，并寻找新的水源和食物。例如，角马就常常以多达百万只的规模，成群结队地往返于坦桑尼亚的塞伦盖蒂和肯尼亚的马赛马拉，为了跟随降雨和新鲜的草地而完成长达 1 800 英里（约 2 896.82 千米）的征程（见图 5）。对角马而言，固守在一个区域会承担饿死或渴死的风险，但是迁徙也同样危机四伏。角马需要穿过鳄鱼横行的水域，并面对其他危险。通过群聚，角马群可以中和这种威胁，群聚提供了庇护，增大了每一只个体角马存活的概率，并确保了种群的存续。[1]

与我们人类共享类似的群聚从众本能的动物种类多得惊人。为何我们和许多物种都进化出了如此强烈的与周围个体共生的关系呢？在本章中，我们将从行为生态学和进化生物学的角度，对这种我们和动物表亲共享的社会本能一探究竟，看看我们从动物王国可以学到什么。

图 5　迁徙中的角马

注：角马群聚在一起以确保在鳄鱼群中活下来。

猎豹与狼群

在上一章中，我们探讨了利己型从众和集体型从众的区别。就像我们和身边团体的互动会因我们性格及倾向性的不同而有所差异一样，其他动物的社会互动也是如此。动物有时会离群索居，有时则为了共同的利益群聚，而有时动物个体会为了群体和物种的利益而做出牺牲。

如果我们仔细观察猎豹和狼群的特性，就能发现与我们在本书第一章中提到的人类行为不同类型的某些类似比照。我们在第一章中看到，经济学家通常假设世上存在着这样一种崇尚个人主义、利己并自足的物种，即“经济人”。“经济人”无须依赖他人即可单独行动，因为协调他们行为的并非直接的社会互动，而是价格机制这只“看不见的手”。鉴于从众行为在动物王国，尤其在哺乳动物中无处不在，所以很难将任何动物类比为独立自足的“经济人”。雪豹可能是最为接近的例子了，现存野外的雪豹数量不足 9 000 只，且个个都离群索居，独自生活在崇山峻岭中，除了繁衍和捍卫领地以外，与自己物种的其他个体都极少来往。我们人类中极少有人能过着这般出世的生活。

复杂的经济学模型能够显示我们作为利己的个体，能从与他人的合作及协同中获得什么好处。我们可以从群体中获取经验知识、寻求安全庇护，或从与同伴的合作中获得一些实实在在的回报。这与利他主义没有任何关系，在利己型从众中，每个动物个体都通过与团体合作来优先最大化自身的需求和欲望，以确保得到对自身而言最好的结果。类似的合作在动物王国中也屡见不鲜，例如当独狼聚成狼群时，每只狼都会从这个群体联盟中获得好处。就像是我们在第一章中介绍的，卢梭书中关于狩猎牡鹿的例子一样，当狼群联合行动时也能够捕获更大型的猎物。

结合我们在第三章中讨论过的从众思维捷径的若干观点，一些行为生态学家已经证明，群体所表现出的张力和活力，其背后就是简单的思维捷径在发挥作用。生物和生态学家克里斯蒂娜·穆罗（Cristina Muro）及其研究团队开发了一个虚拟狼群追捕猎物的计算机模拟模型。虚拟的独狼掌握的唯一信息就是猎物和狼群中其他狼的位置。模拟测试包含两条基本规则：第一，独狼不得在狩猎过程中危及自己的生命，因此只能接近并在一个安全临界的距离包围猎物；第二，当所有狼都达到这个安全边界时，系统设置它们需要在这个安全距离上包围猎物并尽量远离其他的狼。穆罗及其团队发现，计算机模拟得出的狼群行为模式和现实世界中狼群的行为极为类似。此前的研究显示，森严的等级和复杂的沟通模式是确保狼群高效围猎的关键，但是穆罗的研究表明，高效围猎的秘诀可能并没有那么复杂。在合作中，狼群中的独狼使用简单的规则为自身牟利，但是也兼顾了狼群整体的利益。如果所有的独狼都能够有效地合作捕猎，那么每一只个体都会从中受益。[2] 这个经验对于利己型从众也同样适用，并支持了这样一种理念：人类的合作也应该基于简单的思维捷径和经验法则，以确保每个个体都能从与他人的合作中受益，并兼顾到团体整体的利益。

企鹅和蜥蜴的社会生活

利己型从众的行为并非只出现在哺乳动物或是群居狩猎的高等肉食动物身上。事实上，通过社会学习而选择从众的行为在动物世界司空见惯。[3] 正如经济学家认为我们通过观察他人来决定选择哪家餐馆一样，行为生态学家艾蒂安·当尚（Étienne

Danchin）及其团队提出，动物通过观察和模仿其他动物的行为，来收集觅食和寻偶场地的重要社会线索。[4]我们在序言中就描述过社会学习的例子：袋鼬从父母那里，或是通过观察其他袋鼬的行为，学会避免误食有毒的甘蔗蟾蜍。但是社会学习不仅限于有袋类动物或哺乳动物。

生活在南极的阿德利企鹅处于食物链的中部，它们以磷虾为食，但是同时自己又是海豹的捕猎对象。一只企鹅在捕猎的同时也面临着自己被捕食的风险。对个体企鹅而言，社会学习是最好的策略：每一只企鹅都站在岸边，观察其他企鹅是否跳入海中。最终，一只足够勇敢或者太饿的企鹅会涉险第一个跳进海里。其他的企鹅看着这只以身试险的勇士在水下觅食，然后判断它们是否也应该跳入海中。如果第一只企鹅没有被吃掉，那么大部队就会纷纷跟着跳入海中，这个集体的行为完全取决于第一只企鹅的命运。

我们一般认为，蜥蜴这样低等一些的动物也同样掌握了社会学习的窍门。一支由林肯大学的安娜·基什（Anna Kis）带领的国际研究团队对生活在澳洲沙漠里的鬃狮蜥进行了观察研究。通过观察同类的行为，鬃狮蜥可以学会通过打开一个活板门来获取食物，这可是一项相对而言较为复杂的认知任务。[5]就像企鹅和蜥蜴都通过参与社会学习而大快朵颐一样，人们在选择餐馆时也有类似的经历，即我们通过观察他人的选择来推断餐馆的质量。

愤怒的小鸟

利己型从众也能够提供安全庇护，我们跟着一大群行人一起，而不是单独穿过一条繁忙的马路就是一例。这种从众有两面性：相互效仿，结群聚集。我们可以在动物躲避捕食者的例子中看到这种两面性。伪装是最简单的以安全为目的的效仿行为。棕拟雀鲷，一种生活在印度－太平洋海域珊瑚礁附近的具备模仿能力的鱼，能够快速变换身体颜色，模拟附近的鱼并据此降低被捕食者发现的概率。[6] 这种行为本身并不是从众，但是当大量的个体聚集在一起时，整个鱼群会同步转换伪装色。当如此多的目标聚成一群，同进同退、一致行动时，捕食者很难将注意力集中在任何一只个体身上。行为生态学家将这称为稀释效应（dilution effect）。在一个大群体中，个体猎物受到捕食者的关注被稀释了，捕食者很难选定任何一个个体目标下手，因此在一个群体中，个体面对捕食者时变得不像落单时那么脆弱无助。

我们刚才已经看到，一群捕食者群聚可以更有效地捕猎，但是动物群聚结成同盟并不是仅仅为此，还可能是为了保护自己。当动物有意识地通力合作时，一群动物将能更有效地保护自己。以海岛猫鼬为例，它们常常轮流站岗放哨；[7] 红嘴鸥和其他海鸟会结成联盟，在发现危险时向其他海鸟示警，有时还会蜂拥而上一起攻击捕食者；[8] 甚至我的家猫霍布森都有过类似的经历，当它随我们搬到澳洲时，对澳洲的第一印象可不太愉快。霍布森被一只八哥盯上了，这只八哥随即又引来了五只鸟，排成阵型对霍布森发起“希区柯克式”[1]的轮番攻击，吓得霍布森只得躲进屋里。这只八哥可是组织了一次聪明得令人印象深刻的联合打击。

从众的奶牛

除了靠潜意识的影响力驱动我们结群入伙外，利己型从众还能带来更加实在和客观的好处。我们已经看到了很多合理的原因，解释人类和其他动物的群聚和从众行为，这些鼓励从众的动因显然有利于利己个体的存续，这可以解释为符合卡尼曼系统 2 慢式思维的审慎选择。

其他形式的从众就不能这么简单直观地用系统 2 思维或者个体生存概率来解释了，我们这里指的显然就是集体型从众。如我们在上一章中讨论过的，集体型从众似乎和卡尼曼系统 1 式思维更为贴合，受本能冲动和无意识的动因驱动。我们屈从于同伴压力，并从归属感中体味到虚无缥缈的精神满足，即便我们无法从群聚的行为中找到明确和客观的目的（至少从利己

① “希区柯克式”意指由阿尔弗雷德·希区柯克执导，于 1963 年上映的著名电影《鸟》中的场景。——译者注

的角度不行）。

如果让你在脑中勾勒一幅动物从众的场景，那么很有可能你会想到一群奶牛。奶牛是典型的从众型动物，但是它们并不是因为盲目愚蠢才选择群聚在一起的。奶牛是有森严社会等级的高级社会性动物。它们会在被迫同群体分开时显示出焦虑，也能同其他奶牛个体发展出紧密的关系，这种纽带关系和人类的友谊关系相差无几。在一项研究中，行为生态学家通过监测心跳和血液中皮质醇（压力荷尔蒙）的含量来观察奶牛在两个场景下的压力水平：当它们和一只陌生奶牛关在同一个牛栏里时，与当它们同“最要好的朋友”关在同一个牛栏里时的不同之处。结果表明，奶牛在与“最要好的朋友”待在一起时，压力水平要低得多。[9] 这一现象适用于大部分的哺乳动物，与人类一样，许多哺乳动物在与彼此熟悉的个体待在一起时，会感觉压力较小和满足感更强。

进化的影响力

关于从众的神秘之处，其中之一就是为何一些个体会选择从众和效仿这种对自身并无明显好处的行为。进化生物学能够帮助我们理解这种反常现象，因为这一学科的关注点不是动物个体或某个族群。当一切事关更为宏大的进化法则时，利己的个体就只不过是微不足道的参与者而已。无论从众是有意识且自利的，还是无意识且集体性的，它之所以进化而来，其目标还是最大化种群整体的——而非个体的——存续概率。

我们可以从查尔斯·达尔文1859年的巨著《物种起源》开始，尝试理解动物王国中的社会本能（及反社会的本能）是如何一步步演化而来的。不同的物种演化出了各异的特质，赋予它们适应性优势以帮助它们在各自的自然栖息地繁衍兴旺。如果它们能够存活得够久直至繁衍下一代，那么整个种群存续的概率也就更大一些。但是，如果环境发生了改变，那么一些物种就会因为缺乏针对新环境的适应性优势而灭亡。

进化生物学家以达尔文的物竞天择理论为基础，探索在面对环境限制和阻碍时，我们的外向性行为是以何种方式进化的。如果我们的行为是在很久之前就演化形成的，那么我们对自己的行为方式时常感到困惑也就不足为奇了。为了更好地了解驱动我们行为的因素，我们可以先对两个概念进行区分，即近因（proximate cause）和远因（distal cause）。近因是决定我们日常决策的激励和驱动因素，我们偏好某些食物，因为这些食物能够更为有效地刺激我们负责处理奖励感知的生理系统。远因则是从进化的角度诠释我们行为的根本动机，展现了人类这一物种在进化过程中为了生存而做出的努力。为了解释近因和远因的区别，我们可以来看一下糖的例子。我们中的许多人都会摄入过量的糖分，因为糖能给我们带来满足感。摄入的糖分会带来生理上的变化，触发我们体内获得奖励和愉悦的生理信号，而一旦我们的身体捕捉到这种信号，意识到某样事物能给我们带来奖励回馈，我们就可能想要得到更多，这就是我们过度摄入糖分的近因解释。至于远因，那就和我们当下日常的身体反应没有关系了，而是一种数百万年来人类通过进化所获得的古老机能。人类随着进化变得渴求甜食，因为甜食可以帮助人类在食物匮乏的原始时代获得足够的养分。能够享用和有效消化成熟果实，这激励我们去寻找原始环境中稀缺的高热量食物来源。我们也进化出了将这些热量转化为脂肪并储备下来的能力，因为在原始环境中，人类也许需要等待很长时间才能找到新的有营养的食物来果腹。那些喜欢摄入糖分以带来愉悦感的人更有可能享用甜食、积累脂肪，并且在饥荒来临时存活下来并繁衍下一代。这种古老的机能就是我们热爱糖分的远因解释了。

适应性优势是如何在人类和动物的行为中展现出来的呢？利己型从众和集体型从众都可以用进化的逻辑和机制加以解释，这种机制曾经起到了增大我们生存概率的作用，并且有可能仍然发挥着类似的功用。[10] 从众是适应性优势的一种表现形式，并且有其远因的解释。这些远因对近因产生了促进和固化的作用，而这些近因则不知不觉成了我们至今关于从众的分析基础。

在现代，我们学着将从众和奖励回报关联起来，有意识或无意识地因为受到鼓舞而跟随他人，因为这一行为在某些方式上让我们感到心满意足。利己型从众之所以有奖励回报，是因为它能够给予我们想要的东西；而集体型从众给予我们的是更加隐性的、更加无意识但同样重要的心理满足感。绝大多数人都享受和朋友、家人在一起的时光，都觉得归属于某类团体更令人开心。我们倾向于追随他人，并享受相应的集体支撑和庇护。无论是受利己之心还是更加无意识的奖励回馈因素驱动，这些都是利己型从众和集体型从众的近因解释。

人类的祖先需要在恶劣的原始环境中生存下来，而远因解释就展现了集体在这一过程中的价值。无论是利己型的还是集体型的，从众都是一个自古传承、已经融入我们血液，并且至今我们仍在使用的策略。通过观察和效仿他人，人类的祖先发展出了搜寻食物、躲避捕食者和寻找配偶的最佳策略。[11] 人类的祖先适应着环境，将从众作为提高生存概率的策略之一，并将这种从众的本能在繁衍时传给下一代，从众本能因而也就得以延续演进。

这一生物进化的视角也表明，适应性优势是利己型从众和集体型从众间相通的一点。从进化的视角来看，这两种从众都兼具增大族群和整体种群生存概率，以及帮助个体的功用。借助进化性优势的视角，我们意识到最终可以在集体型从众和利己型从众之间找到共识，对人类而言两种从众的形式都反映了人类的社会本能及倾向性。人类进化出了社会性以及对暴力感到反感的共性（但显然并非所有人都是这样），因为这样一来，人类祖先的小部族可以保持社会结构的稳定，以便能够更好地存活下来。一致趋同性在我们社会本能和从众倾向性的演化过程中起到了重要的作用，但是在当今这个社交媒体泛滥的时代，这种一致趋同性因为过度的（人和人之间的）连接而被滥用，被过度放大，远远超出了在原始环境中符合生物进化逻辑的范畴。

自我牺牲的黏菌

在进化生物学中，自我牺牲的个体对物种而言并非不可或缺，它们将被剥夺复制自身基因的机会。我们或许以为合作和自我牺牲的现象只会出现在高等的动物物种中，并且在人类身上达到了极致。事实上，合作和自我牺牲的现象在相对原始的生命形态［如一种具有社会性的变形虫盘基网柄菌（Dictyostelium discoideum，黏菌的一种）］中也同样存在。虽然基因型不同（即拥有不同的基因组合），但不同的黏菌细胞之间会彼此合作。这并不常见，因为大部分的多细胞组织都是由基因型一致的细胞组成的，从进化的角度这更加合理，从适者生存的角度看，同一基因型的细胞彼此间无须争夺资源，因为无论哪个细胞存活下来，该基因型都能够得以存续。基因的存续才是重中之重，而非个体细胞的存续。黏菌的不寻常之处在于，即便不共享同样的基因型，彼此之间也能够进行合作，因此某一基因型细胞的存活是以另一基因型细胞的消亡为代价的。[12]

黏菌间的合作是如何实现的呢？进化生物学家保罗·B. 雷

尼（Paul B. Rainey）对盘基网柄菌进行了研究，并发展出了黏菌如何及为何协同合作的有趣理论。黏菌生活在土壤中，依靠食用腐烂树叶和动物粪便中的细菌存活。在有利的环境中，每个个体细胞都发展出单细胞变形虫的身体构造，随机游走吞噬细菌。但是有的时候环境变得恶劣，养分变得稀缺，这时细胞就会释放出化学信号素，诱发变形的过程。细胞个体会聚集在一起，形成一个类似蛞蝓的多细胞体。其间，一部分单细胞变形虫会变形成为蛞蝓的柄细胞，而其他单细胞变形虫会变形成为柄细胞末梢的孢子，释放到环境中，以在环境条件转好时重获新生。然而柄细胞就没有那么幸运了，它们会萎缩并死去。其中的奥妙在于，为何一个单细胞结构会牺牲自己繁衍的机会，变形成为一个多细胞体的柄细胞，这可以说是进化概念中的死路一条。这些柄细胞的基因型可能会随着柄细胞的死亡而灭亡，因为这些单体细胞没有任何繁衍的机会。如果恶劣的环境只是暂时的，那么维持单细胞变形虫的个体状态对每一个黏菌细胞而言都意味着更大的生存概率。雷尼的推测是，单细胞的黏菌在进化的过程中形成了风险权衡的机制，如果它们和其他黏菌聚合起来，就有可能变成柄细胞，但是如果它们足够幸运，则有可能变形成为多细胞体蛞蝓体内能够通过孢子释放而得以繁衍的部分。雷尼认为，自我牺牲的黏菌细胞只是不走运罢了。[13] 某些黏菌成为赢家，而另外一些则是倒霉的失败者。这样看来，也许我们和黏菌的相似之处要比我们想象中多。

黏菌的例子表明，有时合作的出现并非出于动物个体的利益，而是为了物种延续。如我们在第一章中探讨过的，蚂蚁也是一种高度协作的物种，展现出了与人类利己型从众类似的行为，并且也参与社会学习。经济学家阿郎·基尔曼（Alan Kirman）的研究兴趣之一是动物的社会行为同经济理论间的关联。他借鉴了昆虫学家的一个观察结论，即蚂蚁在采集食物时并不会在不同食物源间平均分配精力。为了诠释这一现象，基尔曼发展出了一种社会学习的“蚂蚁模型”。基尔曼认为，蚂蚁的效仿行为是它们招募行为的展现形式。一只蚂蚁发现了一个新的食物源，进而通过交换化学信息素的方式将这一信息传递给其他蚂蚁，这样一来蚂蚁大军就会无视其他食物源，被募集而来采集这一特定食物源。对蚁群而言，集中采集某一食物源是有好处的，因为这样的合作采集过程将更加高效。最终当第一个食物源被采集殆尽时，蚂蚁大军就会转战下一个食物源，这种社会协作确保整个蚁群得以存续。显然，这种对个体蚂蚁而言反常的行为，从确保整个蚁群存续的角度就说得通了。[14]

社会性动物

高级的社会性和社会功能在动物王国中并不少见。生物学家爱德华·威尔逊（Edward Wilson）就为我们描述了一些具有高度社会化组织特性的真社会性（eusocial）动物的社会行为范例。真社会性可见于众多物种中，包括蚂蚁、蜜蜂、黄蜂、白蚁和裸鼹鼠。[15] 真社会性的概念与另一个概念有关，即群体优先于个体。真社会性动物有复杂的社会意识，并且在种群内共享着高度发达的合作本能。真社会性动物实行“亲属选择”（kin selection），个体会以自己的存活概率为代价，增大其近亲繁衍后代的成功率。在更为广泛的真社会性动物的社会组织架构中，利他主义有着巨大的影响力。真社会动物间会形成强烈的配对关系，有时甚至是“一夫一妻”的单一配偶关系；它们会同伴侣或其他成年同伴共同抚养后代；真社会性动物的社会由多个世代的个体叠加构成，而在这些社会架构中存在着针对不同任务的劳动分工，有时这种劳动分工是以个体成员的繁殖可能性为代价的（工蜂即是广为人知的一例）。[16] 每一个动物个体没有独立的目标，而整个社会的运作就好似一个单一的动物体。

从社会科学的角度看，真社会性是一个令人着迷的概念。它将我们的思绪带回了本书第二章中一些暴众和集体型从众的描述，包括心理学家古斯塔夫·勒庞极富影响力的著作。在书中，勒庞用了一个生物学的类比来描述暴众。他解释道，一群暴众就好比一个人体。暴众群体里的个体就像是身体中的细胞一样，自己并没有独立的生命。对勒庞而言，暴众（心理群体）就好比：

> 一个由异质成分组成的暂时现象，当他们结合在一起

> 时，就像因为结合成一种新的存在而构成一个生命体的细胞一样，会表现出一些特点，他们与单个细胞所具有的特点大不相同。[17]

勒庞的理念展示了一种将心理学和生物学与群居从众的解释关联起来的途径。将暴众聚集起来的心理动因，可以和观察到的真社会性动物的行为关联起来，因为单体的真社会性动物没有独立的个体身份，一如身体中的个体细胞无法单独存活一样。真社会性的概念也可以用来诠释集体型从众和利己型从众之间的区别。集体型从众并不总是符合个体动物的利益，但是从群体的角度来看，则是运作得当的做法。

传授知识的虎鲸

如我们在前文看到的，群聚以寻求安全庇护是一个利己型的选择。但是动物选择群聚的原因可不仅是利己，从整个群体的角度来看，确保个体动物的安全也能够提高整个群体存活的概率。这样一来，集体型从众就压倒了每个动物的个体性。大群动物所展现出来的特性通常是无法从个体的角度加以诠释的。如同第二章中提到的勒庞的人类暴众，整个群体和个体的集合是两码事。角马的例子就可以很好地印证这一点，单个角马生性胆怯，但是多达百万只的角马聚集成群，则会发出震耳欲聋的声响[18]，整个角马群合为一体，聚成一股令人恐惧的强大力量。

社会性的哺乳动物也为我们展示了两个复杂社会性行为的例子：传授知识和文化分享。以虎鲸为例：虎鲸一生都聚成小群，和家人一同生活。但同人类一样，雌性虎鲸到了中年便会失去生育能力。从进化的角度来看这仍是个谜，因为从演化的角度如何解释雌性虎鲸在失去生育能力后还能存活如此之久？国际行为生态学家组成的研究团队认为，失去生育能力的虎鲸也许能够帮助我们更好地理解人类的停经行为。直到近代，停经都被认为仅是现代公共卫生和医疗技术进步带来的、无法解释的人为产物。

虎鲸群是典型的母系社会。一支广受关注的虎鲸群是生活在萨利希海（加拿大南部和美国北部西海岸附近的一片海域）的 J 群，其族长是一只叫作“老祖母”的雌性虎鲸（编号 J2）。1967 年肯·鲍尔科姆（Ken Balcomb）博士首次拍摄到“老祖母”，自那之后她就一直被一队行为生态学家追踪研究。它是人类已知最长寿的虎鲸，当它 2016 年去世时，人们相信它或许已经有 100 岁高龄了。直到生命的最后一刻，它都显得非常健康，事实上它显得比很多年轻的雄性虎鲸状态都要好。它也许是在 30～40 岁时产下了最后一只幼崽，而且可以肯定的是，在它生命最后的 40 个年头里，它从未被观测到同它自己的幼鲸在一起。

行为生态学家相信，像“老祖母”这样在失去生育能力后仍然活了很久的虎鲸，在虎鲸社会里扮演着一系列至关重要的角色。一个通行的理论是“祖母假设”，一个用以解释为何人类女性在失去生育能力后仍然如此长寿的观点：较年长且自己没有幼子需要抚养的女性，能够帮助年轻的女性抚育后代，从而增大整个群体存活的概率。例如，有证据显示，有祖母照顾的孩子更有可能存活得更久。[19]

从社会学习的视角也能解释得通，这种解释和一些经济学家的利己型从众和社会学习模型相吻合，但又略有不同。年长的雌性虎鲸掌握着关于族群社会和周遭环境的重要知识，它们会将这些知识传授给年轻的虎鲸，帮助它们学会如何在海域中寻路觅食。这种信息的共享不仅限于年轻虎鲸观察年长虎鲸的行为。行为生态学家将“传授”定义为一个个体付出一定的代价来将知识传递给其他个体。[20]传授远比学习复杂，进行学习仅须一个个体观察另一个个体，而被观察的动物个体是被动的，并没有动力甚至都可能没有注意到其他动物在通过观察它们的行为进行学习；传授则是有意识的协作过程，“老师”和“学生”都主动地参与这个进程，共享信息和知识。行为生态学家还注意到，传授意味着一定程度的自我牺牲，“老师”在这个过程中承担了“机会成本”，即当它们在传授时，也就放弃了将这些时间和精力用在自己身上的机会，牺牲自己的利益以帮助其他个体。“老师”作为个体或许从中得不到任何好处，但是它们能够帮助整个群体，也就是能帮助整个种群。因此，从演化的角度来看，传授知识有着重要的社会意义。传授知识显然是“老祖母”在它的后半生致力追求的，在捕猎三文鱼时会有一队虎鲸跟在“老祖母”后面，当“老祖母”发现有年轻虎鲸偏离它设定的路线时，它会用尾巴拍水以警示那些年轻虎鲸跟上队伍，显然这是一个不同个体间互动的过程。

年长虎鲸在传授知识和社会支撑中扮演的角色是复杂而微妙的。研究员注意到，“老祖母”和它儿子的关系尤为紧密。雄性虎鲸的寿命远短于雌性虎鲸，雌性虎鲸一般能活过 80 岁，而雄性虎鲸则只能活到约 30 岁。同“老祖母”一样，J 群中其他的年长雌性虎鲸也会花很多时间与成年的儿子——而非女儿——待在一起。它们会和自己的儿子分食三文鱼，但从不和自己的女儿这么做。这也许反映了某种生态学形式的成本 – 收益分析，即确保雄性子嗣的存续所需的成本低于确保雌性子嗣存续所需的成本，因为雄性会和其他虎鲸群的雌性交配，之后这只雄性的幼崽的抚养负担就是由其他的虎鲸群来承担，因此给雄性虎鲸子嗣更优的待遇就合情合理了。如果雄性子嗣存活得足够久，那么它交配的概率就更高，当它的幼崽出生时，这些幼崽将不会是这只雄性虎鲸所在的鲸群的累赘和负担。反之，如果雌性子嗣存活并繁衍，那么整个鲸群就需要承担养育其幼崽的负担。研究员的精算分析显示，母亲还健在的雄性虎鲸能够活得比没有母亲陪伴的雄性虎鲸久得多，一旦雌性虎鲸母亲死去，那么其雄性子嗣的死亡率会升高八倍之多，而如果是雌性子嗣，母亲死去带来的影响就小得多。

动物的文化

文化是另一个由我们的从众本能驱动的现象，且存在于人类之外的许多社会性动物物种中。一些我们通过进化习得的策略实则反映了在漫长进化中文化的演进结果。[21]

社会生物学家理查德·道金斯致力于将达尔文的进化理论引入社会学范畴，并在1976年出版了开创性的著作《自私的基因》。在该书中，道金斯断言，达尔文的理论不仅适用于基因层面，在社会中同样适用。模因（memes）① 可类比为人类社会的基因，通过诸如语言等方式在人类中传递的观念，它是构成我们社会互动的重要基本单元，是通过一个称作模因式传播（memetic contagion）的过程，在文化和社会中被复制的观念及惯例。[22] 因此，盲从者在这个过程中就尤为重要。虽然道金斯的观点在现代科学家中备受争议[23]，而我们的命运在多大程度上取决于社会构建及我们的基因组合，在社会生物学和进化心

---

① 模因这个词最初由理查德·道金斯在《自私的基因》中提出 。根据《牛津英语词典》，meme 被定义为："文化的基本单位，通过非遗传的方式，特别是模仿而得到传递。"最早将 meme 译成汉语的是翻译家卢允中和张岱云，音译为"觅母"。此外，有人采用音译法，将 meme 译成"媒密""媒母""幂母""密母""摹母""弥母""米姆""秘姆"等；也有人采用意译法，将 meme 译成"理念因子""模仿因子""文化基因""思想基因"等。在现有译名中，"模因"较为流行。哲学家朱志方 1998 年将 meme 译为"模因"。——译者注

理学上也有待讨论，但是对于达尔文物竞天择法则同样适用于社会环境这一点还是有着基本的共识的。

文化传统的形成将社区和社会凝聚起来，而文化一致性则帮助物种实现存续。从众在文化传播的过程中扮演了至关重要的角色，而反过来文化又塑造了社会惯例，固化了动物的从众及效仿的本能。文化惯例也构成了叛逆者所反抗的社会架构。我们已在包括鲸鱼和海豚在内的多个物种中观察到了文化惯例的存在。[24] 行为生态学家已经发现，黑猩猩群体间会根据地域的不同而形成当地的蚂蚁采食传统，有些黑猩猩会用小棍子一次性收集几只蚂蚁，然后从棍子上将蚂蚁舔食掉；其他一些黑猩猩会用一根长棍子，等着许多蚂蚁爬上来，然后用手将棍子上的蚂蚁全部捋进嘴里吃掉。[25] 行为生态学家相信，这些不同的食用蚂蚁的方式代表了不同的黑猩猩文化。[26]

圣安德鲁斯大学的心理学家安德鲁·怀特恩（Andrew Whiten）设计了一个实验，以测试文化惯例是否会在猴群内传播。他和同事观察研究了生活在南非夸祖鲁–纳塔尔省的 109 只绿长尾猴。在实验的第一阶段，猴子被分为两群，分别被喂以染有不同颜色的玉米，一群猴子吃的是掺有苦叶子的粉色玉米和正常的蓝色玉米，另一群猴子吃的则正好相反，是掺有苦叶子的蓝色玉米和正常的粉色玉米。自然第一群猴子倾向于吃蓝色玉米，第二群猴子倾向于吃粉色玉米。为了了解猴子是否会彼此学习，研究员观察了其后出生在猴群中的 27 只幼猴。这些幼猴没有尝过任何掺着苦叶子的玉米，研究员喂给他们的粉色玉米和蓝色玉米都是正常的。因此对幼猴而言，它们应该没有理由偏好任何一种玉米，因为对它们而言，粉色的玉米和蓝色的玉米味道都没问题。即便如此，两个猴群中的幼猴还是模仿了母亲的行为，都倾向于仅吃一种颜色的玉米。

至此，所有的结果都和我们已经探讨过的社会学习模型保持一致。但是接下来，研究员有了别的发现。10只后来长大的公猴从一个猴群迁到了另一个猴群，有些公猴在只吃粉色玉米的猴群中长大，现在来到了只吃蓝色玉米的猴群中，反之亦然。这些迁徙的公猴很快适应和掌握了它们新群体的文化惯例，并且将它们的倾向性从一种颜色的玉米转变到了另一种颜色。这些猴子没有尝过掺有苦叶子的玉米，它们的母亲也没有教它们去规避某一种特定颜色的玉米，并没有明显的客观原因促使这些猴子改变他们的玉米颜色倾向，唯一的影响因素就是它们身边其他猴子施加的社会影响力。研究员将猴子的这种为和新群体保持一致而进行的转变归因于文化惯例的影响。另一个类似的现象是在座头鲸群里观察到的，鲸鱼会效仿其他同伴的（其实并非更加有效的）捕食习惯和策略。[27]

文化差异也存在于其他“低等”物种中。为了以更加可控的方式评估文化差异的影响力，行为生态学家研究了一种叫作黄仿石鲈（French grunt）的鱼类的迁徙洄游路径及鱼群动态。在不同鱼群中观察到的集群行为会延续这些鱼的一生。为了理解背后的原因，研究员将鱼群中的一只鱼安放到一个新环境中的另一个鱼群中。这条新入群的鱼利用社会学习的能力，很快就适应了新的鱼群，接受了新鱼群的觅食场所和洄游路径的传统。更有意思的是，这个实验也让科学家排除了觅食传统是由自然环境或基因结构决定的可能性。当一条鱼被安放到新的环境，但是不给它机会去观察新鱼群中同类的行为时，它们并没有接受新鱼群的觅食传统，而是发展出了自己特有的觅食习惯。[28] 研究员的结论是，效仿行为并非简单地对不同环境中可用资源特性给予反馈的动物本能，而是一种社会传统，与人类其他社会惯例和传统类似，并且由同样类型的效仿和从众行为所驱动。

人类从众的进化历程

如我们在前文中看到的，进化生物学展示了我们和其他动物所共有的社会本能。如果利己型从众和集体型从众有一样的适应性优势，那么它们二者之间的主要区别是什么呢？进化神经学为我们提供了可能的解释，并能够向我们展示人类的社会本能，包括我们的从众本能，是如何一步步进化而来的。

现代人类，即智人（Homo Sapiens）在距今大约 20 万年前演化而来，其特征包括同其他四指相对的拇指及直立的体态，也包括大容量的大脑。根据一些神经学家的观点，我们的社会本能是随着我们大脑的进化同步形成的，而有些生物学家将我们的社会本能的形成归功于我们高度发达的社会性，这一点和其他哺乳动物类似。[29] 进化神经学家将我们的大脑划分成三个区域，每个区域代表着我们在进化历程中的不同阶段。脑干是我们爬虫脑的残留，边缘系统是我们古哺乳动物脑的残留，而大脑的新皮层（前额叶皮质是其组成部分之一）则是现代类人新哺乳动物脑的残留。[30] 这种划分模式也存在争议，有些神经学家认为这种以进化阶段对大脑进行划分的方式将问题过于简单化了。但是，这种简单观念有力地显示，我们的行为反映了我们的原始本能反馈和更高级反馈之间的互动，而各种反馈都是由对应不同演进历程的不同脑神经区域所驱动的。

这与从众的关系是什么呢？从蜥蜴到猿猴，更加原始和初级的大脑区域在动物中是很常见的，这部分脑区域关联着更加原始本能的情感反应，包括一些系统 1 式的快速思维反应，也许这些远古的冲动和某些驱动集体型从众的无意识激励因素有关。而更深入与理性的思维（包括与高阶认知功能和社会性功能相关的）集中在新皮层的大脑区域是在之后，伴随着系统 2 式慢思维的演化才进化出来的。这部分大脑区域或可解释利己型从众的倾向性。如果是这样，那么利己型从众和集体型从众可能就是适应性优势在不同进化阶段发展出的不同形式，也许他们都是类似的生存策略，被我们演化而来的合作本能所触发，使我们天生就倾向于群聚从众和模仿他人。[31]

温驯的重要性

我们已经看到诸如黏菌这样的“低等”生物是如何自我牺牲的，但是人类为何发展出这样的自我牺牲的本能呢？我们在上一章中提到了赫伯特·西蒙在思维捷径理论中的贡献，他也同样致力于解释为何某些人和其他人相比自我牺牲的意愿更强。西蒙认为我们可以利用自我牺牲的现象更好地理解社会本能的演化过程，他假定当团队中包含利他、循规蹈矩且易受团体压力影响的个体时，这一社会团队的运行将更为顺畅。他构建了一个数学模型，以展示这些利他主义者从进化的角度看是有裨益和价值的，如果在人口中没有一定基本比例的利他主义者存在，我们人类这一物种是无法存续下来的。

西蒙是如何解释他的论断的呢？他首先勾勒出了一个他称之为“温驯程度”（docility）的性格特质，这一特质存在于所有的愿意自我牺牲、循规蹈矩的个体之中。温驯的个体对社会影响力的接受度极高，他们的高情商意味着他们可以快速从社会信息中学习。温驯程度是某种形式上的社会思维捷径，一种和我们在上一章中讨论过的从众思维捷径相关的快速决策机制。温驯的个体无须获得直接的证据就会对很多事情深信不疑，而这一点使他们可以快速和轻易地吸收社会信息。有人也许会说，这些温驯的人会很容易被一些虚伪和不守规则的人利用，从而促成暴政专制和压迫。西蒙要更为乐观一些，他坚持认为，团体想要在恶劣的环境中存活下来，温驯的人起到的作用也许是至关重要的。这些温驯的、循规蹈矩的个体的存在，实是提高人类生存适应性的一种优势。[32]

西蒙这个温驯程度的概念有意思的地方在于，温驯是不符合利己个体的个体利益的。也许这些温驯的个人很擅长处理社会信息，但他们这么做不是为了自己的利益。温驯程度这一概念暗示存在着一些心理学特质，由它们扮演了确保社会物种存续的角色。西蒙的温驯程度模型显示，人类和其他哺乳动物一样，都进化成了高度社会性的物种，来自进化神经学的一些真知灼见可以就这点给予一些诠释和支撑。

心智理论

我们高度进化的社会本能，包括我们效仿和从众的倾向性，都与心智理论（theory of mind）有关。所谓心智力，就是我们对于他人信念、感受和行动推演的能力。当我们的大脑处理社会信息时，帮助构建我们反应的不仅是我们观察他人获得的直接经验，还有依靠感同身受和发挥想象力而形成的情感回馈。神经学家发现，当我们设想他人——尤其是和我们亲近的人的经历时——我们的神经反馈和我们真正自己经历同样情景时的神经反馈很类似。经过进化的同理心能帮助作为社会性动物的我们理解和分享情感。

神经学的研究显示，这些同感共鸣的产生动用了自动情感处理的神经回路，这些神经回路在进化的历程中形成已久。神经学家塔尼亚·辛格（Tania Singer）与她在伦敦大学学院韦尔科姆神经科学成像系的同事就进行了这样的研究。辛格及其团队邀请了 16 对二十几岁的情侣来到实验室参与一个移情实验。研究团队使用 fMRI 颅脑扫描仪记录参与者的脑部神经反应情况，所有实验参与者都先受到轻微的电击，接着女性参与者被要求看着她们的情侣被电击。研究员发现，女性参与者在自己被电击以及观看她们的情侣被电击时，脑部负责疼痛的神经回路都被激活了。[33] 一个可以解释这种现象的原因是，我们已经进化到可以对我们亲友所遭受的痛苦进行情感的回应。这也行使了一种学习的功能，在对他人的不适产生共鸣的过程中，我们可以预测如果我们自己被置于同样的情境下的结果。[34] 我们的神经回馈模拟了如果我们经受和眼前的人经受同样的痛苦时的神经反应情况。研究员推测，这种移情动用了如脑岛这样的脑部区域负责的自主情感处理机制。脑岛作为大脑中较为原始的组成部分，负责处理众多不同“效价”（valenced）的情感，包括积极的“好情绪”和消极的“坏情绪”。负效价情绪包括恐惧、厌恶和悲伤，正效价情绪则包括信任、爱和快乐。

这些行为是如何与我们从众和反叛本能的进化联系起来的呢？如我们在前一章中看到的，神经学证据显示，从众选择或许是反映了一种系统 1 快思维模式和系统 2 慢思维模式间的互动。当我们的效仿本能受到心智理论的力量驱动时，系统 1 和系统 2

或许也产生了互动。[35] 诸如同理心这样的社会情感在其中起到了一定作用，我们想象自己处于他人的位置上，这让我们可以理解他人的想法和感受。例如，一个好的老师会将自己假想成他的学生，设身处地的思考困扰学生的是什么？也许老师汲取他们以前做学生时的经历，然后依据这些经历有针对性地授课。心智理论也能为我们自己所用，这种“心智化”（mentalising）的过程能够帮助我们应对信息不清晰或不完整的场景。例如，当在高速公路上开车时，我们自保的本能促使我们尽一切可能避免交通事故。我们会动用包括心智力在内的高阶社会性功能，假想我们是其他的驾驶员，预判他们会做出的决策，以避免车祸。

我们的社会本能——如心智力——是如何与我们的神经功能关联起来的呢？神经学家识别出了我们大脑中的一个叫作布罗德曼 10 区（Brodmann area 10）的特殊区域，负责我们心智化他人信念和行为的能力。当人们在参与需要涉及信任、合作和惩罚的游戏时，可以观察到布罗德曼 10 区被明显激活，而这部分脑区域的缺陷和自闭症的形成有关。自闭症可以被视作和心智力障碍相关的神经发展紊乱，罹患自闭症类疾病［包括罹患阿斯伯格综合征（一种轻度的自闭症）］的孩子都在理解情绪线索和社会暗示上有困难。[36] 这些患有轻度自闭症的人似乎都有较高的内腹侧前额叶皮层激活程度，也许这意味着患有自闭症的人意识到他们同理心的能力有限，因此会花费更多的认知精力以尝试弥补这种不足。

猴子的镜子

心智理论可以解释为何人类和猴子都进化出了共同的效仿他人的本能。是什么驱动了这些高阶社会性功能呢？越来越多的神经学家开始研究脑部结构是如何驱动社会性动物进化出高阶社会性功能的。当我们效仿他人时，心理层面的活动是怎样的呢？一些神经学的研究利用经颅磁刺激技术，通过暂时性的磁刺激激活特定脑部区域，已经能够识别出与同理他人痛苦感受相关的运动反应。[37] 其他一些经济学家则在人类、猴子、猿、鲸鱼、海豚和大象的脑中都发现了一种叫作纺锤体神经元（von Economo neurons 或 spindle neurons）的特殊神经元，被认为和人类及其他高等哺乳动物的社会能力有关联。[38] 在灵长类动物身上进行的单神经元实验已经找到了类似的关联我们效仿本能的神经元——镜像神经元（mirror neurons）。在这些单神经元的实验中，电极被植入单个神经元中以测量流经这个神经元的电生理脉冲的强度。如果脉冲强度大则可以推断该神经元在活跃运作。镜像神经元见于灵长类动物大脑的前运动区，与前额叶皮层相比这是比较原始的脑部区域，也不受灵长类动物的有意识控制。当一只猴子看到另一只猴子的行为，如抓一根香蕉，那么第一只猴子（观察者）的镜像神经元被激活的方式和它自己抓到了一根香蕉没什么区别。[39]

在人类和猴子身上都进化出了镜像神经元的系统，也就是镜像系统，但是这个系统的功能仍然是个谜。通过模拟他人的行为，也许我们可以间接地理解盲从者的情绪和行动。这可以帮助我们预测驱动他人的动因，然后我们可以利用这一信息去优化自己的决策。但是由于单细胞实验的侵入性很强，因此想要得到人类镜像系统活动的直接证据很难。如果我们可以从对灵长类动物进行的实验进行推导，认为人类的效仿反映了与我们在猴子身上检测到的相同的镜像过程，那么我们或可将其与从众行为关联起来。在人类身上，由镜像系统促成的效仿学习或许同复杂的社会学习过程相关联，而相关社会学习又和诸如语音和文化等现象有关。[40] 鉴于社会学习是我们对利己型从众做出的重要诠释之一，镜像系统或许也能从社会学习的角度对从众进行解释。

社交媒体世界的“硫化处理”

如我们在本章中看到的，许多我们的盲从者行为都是进化的产物，在主宰我们当今生活的现代科技被发明之前数千年就已经形成。[41] 这些进化而来的行为帮助我们在原始狩猎－采集时代的小社会团体环境中生存下来。它们也帮助我们更有效地学习，因为在小群体中观察和监督同伴的行为对个体而言是更为容易的。诸如冲动这样的情感帮助我们在基本资源匮乏的艰苦自然环境中生存下来。快速的行为对于避免挨饿是至关重要的，因此大脑中的边缘系统进化得能够鼓励冲动性的情感回馈，这也包括冲动性的集体型从众行为。

效仿使好的点子和重要的信息能够快速地在盲从者群体间进行传播。[42] 在情感的层面也能观察到类似的现象。在猴子和人类群体中，情感都能被快速地传递。一起号啕大哭的孩子，以及在灾难场景下的成年人都是情感传播的例子。悼念者的情感，如我们在序言中提到的戴安娜王妃去世后，在白金汉宫外集结悼念的群众，则又是另一个情感如何在群体内传播的例子。这些具有传染性的情绪也许是重要的生存机制。情绪是由系统1思维模式控制的，我们处理情绪的速度很快，而情绪的传播不受我们意识控制，在群体内不自主地扩散。情绪的波浪能够快速席卷整个团体，向每个个体发出信号，例如指使个体一同逃跑或战斗。这么一来，情绪的传播能够确保无须任何单一个体进行任何有意识的协调，即实现快速的无意识反应，在紧急的情景下确保动物的生存。神经学家拉姆齐·拉法特及其同事认为，社会传播——尤其是情感传播——或许有着进化层面的价值，因为它们允许情感迅速地波及整个盲从者群体，从而巩固社会惯例。[43]

我们原始进化而来的效仿和跟随的本能会成为问题吗？在简单的狩猎者－采集者社会中，个人利益和集体利益间产生分歧的可能性较小，任何表现出越轨行为的个体都会马上被识别、放逐或除名。然而，随着人类历史的演进和文明的进步，个人利益和社会利益已经产生了分歧，而 20—21 世纪的科技崛起，尤其是与计算机化及全球化相关的技术发展，实际是加剧了这种分歧。虽然从进化历史的维度上看，它们都是在一毫秒之间就发生了，但对我们的日常生活却有深远的影响。我们的确还未能有机会改变我们的行为，包括我们的从众倾向性，以适应诸如市场、政府这样的现代建制，以及诸如货币和电脑这样的现代人造产物。

神经学家乔纳森·科恩对于我们进化而来的本能和现代世界之前的冲突矛盾持乐观态度。社会影响力对我们大脑的进化很重要，当我们生活在更小的团体中时，互动重复的频率更高，随着我们社会本能的演进，我们发展出了针对自私和剥削行为的强烈情感回应，以起到保护自己的作用。科恩的观点是，本能反应的进化是带有目的性的，即便这一目的在当今已经不存在了，我们进化而来的行为和我们当今这个以科技为导向的世界之间，在表征上的格格不入也许并不像我们想象的那样具有毁灭性。这是因为我们的大脑是经过“硫化处理”的，一如使用硫黄对橡胶进行硫化处理，从而增加其硬度和韧性。根据科恩的理论，经过“硫化处理”的人类大脑进化成了一个各式机制的同盟，大部分的机制相互合作，但有时也相互竞争。我们大脑前额叶皮质的进化使我们拥有一定的韧性，可在一系列决策相关的领域中调和情绪的力量。[44]

利己型从众和集体型从众的远因或是相似的，但是其近因由在进化历程的不同时点上发展而来的不同神经机制所驱动。进化生物学的研究帮助我们看到，从众并不是为了单个个体的利益而演化至今的；从对社会性动物的分析中我们可以看到，自我牺牲是一个许多物种都会使用的提高物种生存概率的机制。

这些影响因素如何在我们的现代社会施加作用呢？相较于智人刚刚进化而来的远古时期，在今天，某个个人或是一小撮人的毁灭性选择可能会带来的影响将是翻天覆地的。在原始社会，部落冲突所带来的人员伤亡是有限的。在今天，将某一个团体的利益置于其他团体利益之上，释放自我牺牲的本能——如同我们在恐怖主义的例子中看到的——可能会导致针对我们整个物种的灾难性的巨大后果。极端的例子是，拥有包括核武器在内的远程攻击武器的国家为了自己内团体的利益，有能力进行大规模的杀伤和毁灭。从经济发展的角度看，全球化在帮助某些团体积聚财富的同时，也带来了众多遍布其他团体的贫穷和不平等。

在一个被技术充斥的世界里，我们进化而来的从众本能能够导致恶劣的结果。新的发明帮助我们建立了全球性的虚拟社交网络，省却了老式的社交成本和需要留心的弊端，然而最近曝光某些网站有违道德操守，滥用个人信息的丑闻或许会使情况再度发生改变。社交媒体使盲从者之间进行快速的信息传播成为可能，因此至少从理论上讲，我们现在能够更好地了解世界上每时每刻正在发生什么，但是我们的这些连接是否过度了呢？也许我们与世界上的其他人的广泛连接放大了我们盲从者与叛逆者天性中的阴暗面？借由社交媒体得以汇集和散播的虚假新闻和网络流氓行为，因为我们的模仿天性而以极快的速度扩散。考虑到现代科技带来的人与人之间错综复杂的互联关系，这些行为的影响结果可能是巨大的。时至今日，从众和反从众的蕴意有哪些呢？为了阐明这些矛盾张力如何在现代世界展开和运作，我们将在下一章分析盲从者与叛逆者特质的多样性，以及它们在日常生活中的冲突。

第五章

标新立异者

至此，我们已经看到了很多例子，显示我们的生活以不同的方式由成规和效仿所主导。标新立异者和叛逆者绝大多数时候都是少数派，他们一般有不同寻常的特质，有时还会显得奇怪甚至危险。然而，我们之中还是有很多人被标新立异者所吸引，也许是因为我们认为他们具有一些我们自身性格和特质中欠缺的东西，又或者我们意识到一群盲从者无法自己找到方向，因此我们需要叛逆者来领导。即便如此，我们需要确保叛逆者仅占少数，否则就会招致混乱。

我们在第二章中介绍过社会心理学家和精神分析学家威廉·赖希关于暴众心理学的观点，他揭示了标新立异者的精神精髓，以及我们对于标新立异者的一些矛盾态度。赖希在政治上很激进，他在 1928 年加入了奥地利共产党，宣扬包括性解放和大幅提高穷人社会境遇在内的大规模社会变革。他的观念饱受争议，并且在很多人看来是古怪和不当的。他的私生活也颠沛纷杂，在一些圈子中他因为宣扬自由性爱（据称他杜撰了“性革命”这个名词）而臭名昭著。最令他恶名远扬的是他宣称性高潮是社会问题及心理问题的良方和解药，甚至离谱到发明了一个类似壁柜的旨在促进性高潮体验的“性高潮能量储备仪”。这种储备仪有各种型号和样式，从绒毯织边式样到蛋形式样不等［电影爱好者可能还记得在1973年伍迪·艾伦执导的科幻喜剧《傻瓜大闹科学城》中出现的“性高潮诱导器”，就是对赖希发明的揶揄恶搞］。

与很多标新立异者一样，赖希的职业生涯也像过山车一般跌宕起伏。作为一个出色的心理医生和精神分析学家，他在早年就成功跻身于维也纳精神分析学界的核心圈，还作为弗洛伊德诊所的副主管任职过一段时间。赖希早期对从众心理学及其特性进行分析的作品也很有影响力，启发了包括弗洛伊德女儿安娜在内的新一代精神分析学家。他甚至还说服了一些重要人物参与他古怪的生命力疗法和理论测试。甚至在与赖希详谈之后，阿尔伯特·爱因斯坦都被说服参与了一些关于生命力的实验。但是，赖希宣扬的富有争议的理疗技巧，包括原始疗法（primal therapy）和利用按摩释放压力的植物性疗法（vegetotherapy），招致了同行和媒体的批评。从20世纪40年代开始，赖希不得不自费发表许多乖僻的理论著作。之后在麦卡锡主义时代对共产党人的监视和驱逐的大环境下，赖希特立独行的人生惨淡收场，在60多岁时，他因为被指控违反了一项不得兜售他的“性高潮能量储备仪”的禁令而锒铛入狱。[1]

不管是备受赞誉还是饱受指责，赖希特立独行的观念在很长一段时间里至少是被包容了的。对很多像赖希这样的标新立异者而言，一旦他们的观念无法和大众的认知、想法与信仰互补，一旦他们的观点与时代主流观念相比差异过大，他们的境遇恐怕就会急转直下。当标新立异者的观念在大众看来已经和现实完全脱节时，大众接受度的天平就会偏向反对他们的一侧。问题是，这个转折点并不一定是由一个主流共识所决定的，这点在赖希的例子里也得到了验证。控制公众观念的既得利益永远是寻求阻止反叛的标新立异者，或群体认定是危险的个体发声。在当今的社会，社交媒体的帮助使这些既得利益者广泛而快速地散播情感充沛的信息的能力大大增强。

即便如此，多数人还是经常极度不信任和无法容忍标新立异者。例如，关于婚姻、家庭和家庭生活的社会惯例通常是僵化的传统。今天，当许多女性希望做出一些和传统不符的选择时，还是需要承受声誉受损、被家庭或社会排斥、监禁隔离、心理或生理伤害甚至威胁到生命的诸多风险。当记者乌帕萨那·乔汗（Upsana Chauhan）希望自由选择婚姻时，她文字记录下的父母对她的暴力威胁就是这样的例子。出生于印度哈里亚纳邦的乌帕萨那·乔汗爱上了另一个种姓阶级的男人，当她告诉父母自己想要嫁给这个男人时，父母的第一反应是威胁要杀了那个男人，他们将乌帕萨那·乔汗软禁在家中，直至她说服父母，她不会没有他们的祝福就擅自结婚。[2] 乌帕萨那·乔汗比许多有类似经历的女孩儿都要幸运，因为最终她的父母和社区同意支持她的婚姻。而其他有类似经历的叛逆者都终生被视作社会的弃儿，甚至面临更糟糕的境遇。[3]

这种争斗就是一例，展现了我们被标新立异者激发出的矛盾情感，我们或许会对他们的动机和方式表示忧虑，也许无法理解他们传递的理念，但是与此同时又被他们深深吸引。标新立异者的独特性毫无疑问是有趣的，事实上我们中的很多人都可以称自己是“新奇事物爱好者”（novophiles），至少从原则上讲我们喜欢新颖、与众不同和独特的东西。新的想法是有价值的，而常常就是标新立异者有足够的勇气推陈出新。如约翰·梅纳德·凯恩斯观察到的：“困难并不在于新想法本身，而在于如何摆脱旧想法，对我们大多数人而言，这些旧想法渗入了我们思维的每一个角落。”[4]

插图画家威廉·希思·罗宾逊（William Heath Robinson）正是抓住了我们对不寻常事物的喜爱，在他的画中呈现了不少荒诞的玩意儿，其中一些还和赖希的“性高潮壁橱”有些类似。他的发明都有些异想天开、疯癫古怪，时而只是靠绳子绑着勉强拼凑在一起。他的其中一个点子是叫“肉疣椅”的复杂装置（见图6），设计用来拔出头上长的肉疣；另一个是用来收集复活节彩蛋的“复合运动机”。他还设想了一个用尤克里里杀死苍蝇的装置。[5]“希思·罗宾逊”还作为一个形容词被收录进了英语词典，形容杂乱无章、牵强地拼凑在一起的东西。[6]但是他的设计不仅是为了逗乐，他早期的插图作品是有意针对和讽刺德国的政治宣传，并期望为身陷第一次世界大战战场的协约国军队士兵加油打气；他后期的作品则是轻讽当时所谓“专家”的癖好和官僚主义作风的插科打诨，而他设计的机器则是对两次

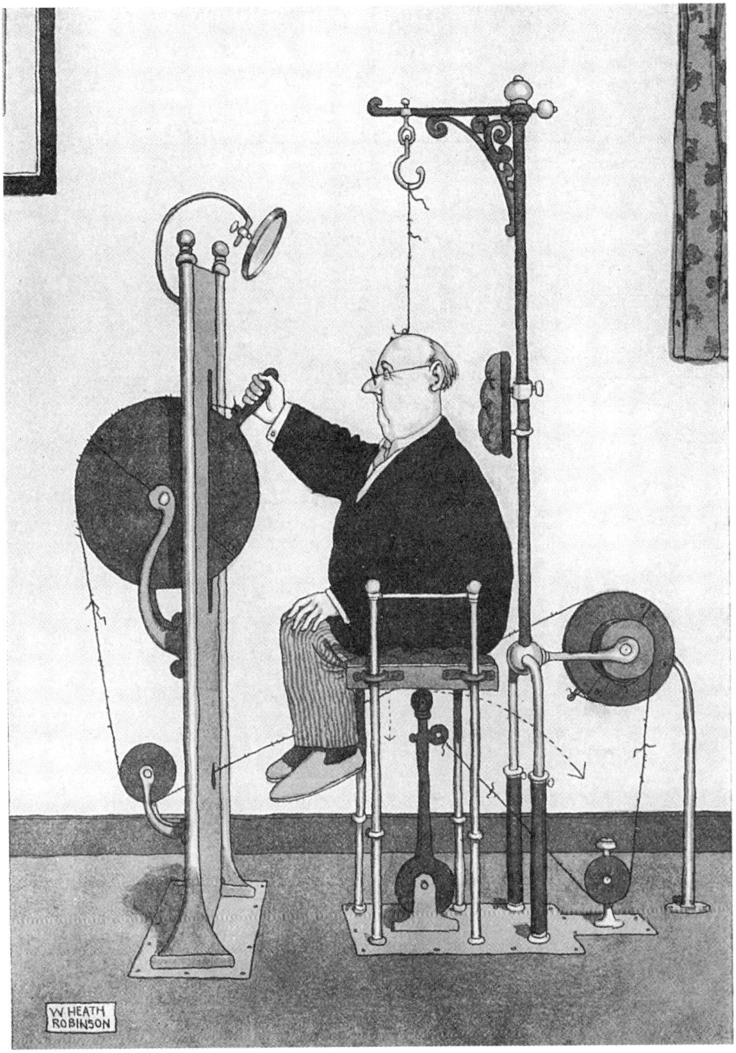

图6 标新立异的想法：一个“希思·罗宾逊”式的“肉疣椅”

世界大战之间错综复杂的官僚系统和架构的暗讽。只要能被集体主观理念所接受，并得到恰当的评价，那些标新立异甚至看似疯狂的想法也是能发挥社会性和政治性功用的。有时候，我们需要多一些这样的想法，以中和在我们生活方方面面都过度占据主导地位的从众惯例和行为。我们希望看到叛逆者对权威和建制发起挑战，我们赞赏叛逆者的独立思考精神，正是他们的理念吸引和启发了我们的想象力和乐观精神。

为何做一个标新立异者

那么是什么激励着标新立异者呢？是什么驱动他们冒着不受社会认可的风险，依旧我行我素呢？为何我们中的一部分人选择了这条标新立异的道路，而另一些人则对之避而不及呢？就如同激发我们顺从本性的社会影响力一样，叛逆者的行为也是由一系列复杂的经济、社会和心理学影响力所驱动的。在第四章中，我们探索了盲从者的一些行为特质，有时他们受利己心的驱动，有时则受到某种集体意识的驱动。不管怎样，个体盲从者是因为各式各样的原因才选择了随群从众，其中很多原因是和他们自己的利益及（提高）他们在充满不确定性的世界的生存概率相关。乍看之下，似乎叛逆者比盲从者更让人感到费解，而且可以肯定的是，关于叛逆者和标新立异者的研究文献的数量要少得多，但实际上，驱动叛逆者反叛选择的动因和影响盲从者的动因惊人地相似。盲从者之所以成为盲从者，部分归因于加入群体所带来的经济激励，而追求这种激励符合我们的个人利益。叛逆者同样是由个人利益所驱动的，他们利用社会信息，建立自己的声誉，并在风险和回报之间寻求平衡，这与利己型从众如出一辙。同样，标新立异者也有强化他们个人优势的动力，但其表现形式则是与群体背道而驰。他们同样也是在权衡经济激励，只不过是决定（与群体）相反的行事轨迹。他们的偏好使他们更有可能选择叛逆和反对。与有意识的个人主义动因并存的，还有类似集体型从众中无意识驱动的激励因素，叛逆通常并不是理性计算收益的结果，而是受到了包括认知偏差、个性和情感在内的心理因素的影响和驱动，这点我们很快就会看到。

标新立异者及信息

我们可以从经济学家的利己型从众模型出发，开始我们关于标新立异行为的驱动因素的讨论。这些经济学模型显示，盲从者与叛逆者本质上并无区别，都是理性地追求最大化自身利益，只不过在权衡之后做出了不同的选择罢了。

最典型的经济模型就能够很好地把握标新立异者和叛逆者的一些特质。如果信息是有效的，而不确定性有限，那么各自为政、我行我素就是符合经济效应的行为。如果我们的选择和决策是受控于无形的市场力量及其他建制，那么牺牲自身利益也不会给他人带来任何帮助。但是我们并不是生活在这样的世界，在我们的世界，信息效率低下，不确定性无处不在，而市场无效的情况也举目皆是。

如我们在第一章的餐馆选择案例中看到的，从众经济模型关注私有信息和社会信息之间的权衡。经济学家认为我们会使用数学原理——尤其是贝叶斯定理——来平衡处理不同类型的信息。当我们在两家餐馆间进行选择时，我们或许有一些私有信息，例如一个朋友的推荐，也会有一些社会信息，例如一间餐馆高朋满座而另一间空无一人。一间餐馆里的食客越多，我们选择这间餐馆的可能性就越大，但如果是一个叛逆者，他又会如何选择呢？

在这个简单的餐馆选择场景中，私有信息和社会信息是被一视同仁地对待的。不同的信息就好似信号，我们接收到了一个私人信号（一个美食评论或是一个朋友的推荐），以及多个社会信号（有多少个人在就餐，就有多少个社会信号，这里我们假设每个人都是基于合理的理由选择了这间餐馆）。对大部分人而言，为数众多的社会信号将会压过单个的私人信号，而叛逆者更有可能给予他们自己的私人信号更多的权重。有些叛逆者对自己的决策能力非常有信心，不太关注他人的做法。相较于容易被他人说服的普通人，叛逆者会淡化他人选择中隐含的社会信息的重要性，而更多地关注自己的私人信号。

如果把这些因素也考虑在内，那么从众经济学模型也能用来研究标新立异者。1998 年，发明从众模型的戴维·赫什莱佛及其博士生罗伯特·挪亚（Robert Noah）为了能界定标新立异者和叛逆者的行为，将“错配”（misfits）的概念引入了从众模型。他们主张，利己型从众会因为“错配”而受到干扰，而如果从众的群体选择了错误的方向，那么这种干扰就是一件好事。取决于“错配”的种类，它可以在社会进步和改善社会福利方面扮演重要的积极作用。[7] 在赫什莱佛和挪亚看来，不倾向于随波直流、人云亦云的人也分好几种，“新来的”人或许因为加入时间过短，无法有效收集或使用社会信息，或者出于某些原因被集体排除在外，从而未能有机会观察群体的行为；“先知”掌握着更优的私有信息（并且自己很清楚这一点），因此不太会受到他人行动的影响；“过分自信的傻瓜”则是那些并未掌握更优质信息但自以为是的家伙，狂妄并错误地将自己的判断置于群体行为反映的社会信息之上；最后还有“反叛者”，他们对收益的理解与他人不同，或许他们能从反叛行为本身获得某些行为的满足感，因此就更有可能淡化他人选择中隐含的社会信息。[8]

问题是，所有的这些类型的叛逆者——“新来的”“先知”“傻瓜”“反叛者”，其反从众的表现行为是一样的。仅通过观察，我们无法对这些类别进行区别。虽然出于完全不同的原因，但是他们的表现形式都是跟群体对着干。其中一些人成为叛逆者的原因对我们不适用甚至对我们是有误导性的，我们如何知道是否适用呢？问题就在于并没有清晰的解决方案，一个不够笃定的群体或许希望更多地借鉴“先知”选择中隐含的信息，而淡化“新来的”及“傻瓜”行为的影响。我们或许想要对叛逆者有更多的了解，以判断他们是否值得信赖，是否真的能“未卜先知”。如果某个“先知”真的比他人更加睿智，那么他可以通过积攒成功经验而建立自己的好名声。至于效仿“反叛者”是否是个好主意，就要因人而异了，我们也许会因为想要效仿他们的独立个性而模仿他们。这就是我们自相矛盾的地方：我们享受与众不同的感觉，但是又不想落单。我们可能缺乏足够的自信成为一个孤独的叛逆者，但是如果有“反叛者”愿意领头，我们或许能被鼓动着加入一小撮叛逆者的行列。

标新立异的风险

大多数标新立异者共有的一个明显特质是，对于盲从者而言避之不及的风险，他们承担起来却津津有味。这在金融行业的逆市交易者身上最为明显，在金融业内，逆市交易是惯用的套路。[9] 从电影《华尔街》中狂妄自大、为了获利而不顾他人死活的戈登·盖柯（Gordon Gekko），到 2015 年根据真实故事改编的传记电影《大空头》中，在逐利的同时多少还有点儿良知的逆市交易员，好莱坞已经亦真亦假地塑造了很多知名的形象。一小撮行家在金融危机爆发前做空了在 20 世纪 90 年代和 2000

年初美国次级房贷市场繁荣时创造出的住房抵押贷款证券。在泡沫破裂之前，他们受尽奚落和驳斥，但是最终事实证明，他们的判断是正确的，他们对客观证据的合理分析揭示了美国次级房贷市场的脆弱不堪，他们也凭借这一先见之明大赚了一笔。但是一般而言，逆市交易的人在持异议时承担的风险非常大，例如当市场上的其他人都在看跌某一金融资产时，如果选择看涨买入就意味着极大的风险。他们不仅可能输掉一大笔钱，还有可能名声扫地。那为何这些人还要选择承担逆市的风险呢？答案是因为对能够赌赢市场的投机者而言，潜在的回报收益也是巨大的。盲从者与叛逆者面对的风险都与一个经济学模型相关，即美国经济学家道格拉斯·伯恩海姆的一致性模型。他论证了一个理论，即一致性对关注身份地位的利己个体而言是有价值的，但对其他一些人而言，叛逆的价值更大。伯恩海姆认为，标新立异者有别于盲从者之处，在于前者享受其作为叛逆者的角色，以及前者剑走偏锋的倾向性，这从他们打破常规时甘愿承担巨大风险就显而易见。[10]

想理解风险是如何运作的，我们首先需要了解经济学家如何界定冒险行为。经济学家就风险这一课题进行了大量的研究，而作为主流经济理论的基础之一——效用理论普遍被认为可以诠释和指导风险决策。“效用”是经济学家指代愉悦感和满足感的术语，如果我们觉得某事某物是有用的（在这里对有用的定义可以是非常宽泛的），那么我们就能从中获得效用。根据主流经济理论最简化的定义，我们希望能为自己谋取尽可能多的福利，因而试图从所有购买和享用的东西中获得最多的效用。

期望效用理论（expected utility theory）则又引入了运气的成分。[11] 我们并不能确定之后到底会发生什么，因此转而考虑不同场景发生的相对可能性，并据此形成对于未来结果的预期。当我们买彩票时，我们会在赢得大奖的期望和不赢得大奖的期望之间进行权衡，如果我们理性地构建自己的预期，那么我们会知道，中大奖的可能性非常渺茫，什么也捞不到的可能性非常大（不然那些卖彩票的盈利机构如何赚钱呢？）。

为了理解人们对于风险的不同态度，经济学家将我们在得到更多喜欢的东西时的效用变化情况同期望关联起来。老话说得好，好东西多了就没意思了，某一样东西我们拥有得越多，获得更多时的额外愉快感就越少。例如，如果我们吃了一根巧克力棒，在吃第二根时我们可能还是津津有味，但是吃第三根时就不见得了。如果我们已经吃了十根巧克力棒，那么我们再吃第十一根时就不太可能还会有满足感。这诠释了边际效用递减（diminishing marginal utility）的经济学原理：随着我们每多吃一根巧克力棒，我们的（边际）效用都是在递减的。一根巧克力棒都吃不到或是吃下过多的巧克力棒，这两种极端的场景都不会给我们带来额外的效用，我们更倾向的是一个折中的结果（也许五根左右是个好选择）。

经济学家假设对绝大多数人而言，这个边际效用递减的原理也同样适用于金钱，而这就和风险挂钩了。在经济学理论中，当需要选择是拿到固定的 10 美元，还是赌一把有 10% 的概率拿到 100 美元但有 90% 的概率拿不到钱时，一个风险规避的人会选择不赌博。这是因为相较于极端的结果，风险规避型的人更倾向于中庸的选择。如果有可能赢 100 美元的代价是需要承担什么也拿不到的风险，那么这个赢 100 美元的机会对他们就没有吸引力，他们会为了避免损失而放弃赢得大奖的机会。而风险喜好型的人的态度则恰好相反，金钱对他们而言边际效用递增，拥有的钱越多，他们就越想得到更多，因此他们更乐于就极端的场景下注。他们也许会因此失去一切，但是当他们赌对了的时候，他们从中获得的额外效用也会放大。

我们可以将这些关于期望效用和风险的理论应用到对寻求风险的标新立异者的分析中。墨守成规的人倾向于中庸，因为与平均水平保持一致意味着即便没有大的收益，也不会有大的损失。另外，因循守旧会让叛逆者觉得索然无味，而追逐极端则会让他们满足感大增，因为与众不同所意味的风险让他们颇为受用。群聚从众所带来的平庸的满足感让他们避之不及，即便代价是失去一切，他们也希望在与众不同的抉择上赌一把。

战胜群体

标新立异者的冒险也和他们想要胜过其他人的欲望相关联，

有时赢者会尽占金钱、掌声或名誉，留给第二名的奖励则所剩无几，甚至一无所有。为了击败所有人，标新立异者时常愿意付出个人或金钱上的投入，承受极端的风险。发明和创新就能够很好地诠释成为第一的重要性，复制其他科研发现的研究工作很少能得到认可。虽说能避免犯下前人试验中的错误也是科研工作原创性的体现，这些后来的科研工作者也不太可能会受到什么关注。想要发表这些反面例证也困难重重，因为科学期刊都倾向于刊载原创和正向的研究结论，而不太待见指出其他研究者原创性发现中疏漏的研究报告。

战胜群体也事关声誉。声誉对标新立异者而言不可谓不重要，但是他们构建声誉的策略是独特的。如我们在第一章中看到的，盲从者的声誉较为稳固，因为他们能确保当自己犯错时，许多盲从者也会犯同样的错误。标新立异者对声誉的理念则不尽相同，他们不会过多考虑他们作为叛逆者的声誉，因此当众人皆错，唯独他们正确时，他们能够有更可观的回馈收获，也可以说他们的声誉就是建立在与众不同之上。正如效仿他人的行为可以起到保护声誉的作用，开创出新颖而具有原创性的理念也可以起到提振声誉的作用。便签条的发明者艾伦·阿姆朗（Alan Amron）展现了声誉对于先驱者的重要性。在他与 3M 公司（明尼苏达矿务及制造业公司）的诉讼之争中，他对于 3M 公司宣称发明了便签条的说法的关注程度丝毫不亚于 4 亿美元和解费。他说：“我只希望他们（3M 公司）能够承认我才是便签条的发明人，不要再声称他们是发明人……只要还有一天他们声称发明了便签条，就是对我声誉的损害，就是诽谤。”艾伦·阿姆朗生活在一个社会化的世界里，因此作为产品的发明者而受到的承认对他的声誉和自尊而言至关重要。[12]

期望效用理论只能够解释反从众和冒险之间的部分关联。跳出传统经济学的范畴，行为经济学家和经济心理学家都已指出了期望效用理论的不足之处，其中最有名的是心理学家丹尼尔·卡尼曼和阿莫司·特沃斯基在论述展望理论（prospect theory）的背景时提出的观点。[13] 卡尼曼和特沃斯基通过一些实验证实，人们对于风险的态度是会发生改变的，而并非像期望效用理论假设的那样始终维持稳定状态。[14] 期望效用理论学家假设人们的风险偏好稳定不变，如果某人是风险厌恶型，那么他就始终厌恶风险，简单对可选项进行重构将不会导致他们改变主意。与这个假设相左的是卡尼曼和特沃斯基提供的证据，他们指出我们对风险的偏好会受到选择呈现方式的影响，这里需要重点提到的是他们提出的损失规避（loss aversion）概念。对一个期望效用学家而言，让一个人在赢 10 美元和不赢钱之间选择，同让他在输 10 美元和不输钱之间选择，本质上是一回事。但是卡尼曼和特沃斯基的实验显示，事实上若我们在赢钱和输钱中做出了不同的决策，我们的风险偏好也会发生变化。相较于赢 10 美元，我们对于输掉 10 美元更加在意。卡尼曼和特沃斯基言简意赅地总结道：“损失比获利更让人在意。”[15] 这如何帮助我们理解盲从者与叛逆者之间的区别呢？相较于冒险带来的潜在好处，盲从者更加关注的是如果选择反叛可能会失去的东西。如我们在上一章中看到的，在利己型从众中，每个个体都能够收集信息，寻求安全庇护和权利，保全他们的声誉，并规避不遵守准则的后果（社会排斥和放逐）。盲从者会担心反抗可能带来的损失，而叛逆者则对此不太在意，叛逆者可能会主动与群体划清界限，或反而因为不遵守社会惯例和等级制度的冒险而感到更加快乐。这种现象同卡尼曼和特沃斯基的风险心理学分析——而非传统经济学家的期望效用理论——更加吻合。[16]

其他的偏差也许是由社会比较驱动的，从而诱发了叛逆者的回应。一个由哈佛大学及耶鲁大学经济学家团队进行的外场实验测试了社会比较对于员工储蓄退休金的影响。研究员向受测试的员工提供了其同事退休金储蓄相关决策的信息，出人意料的是，在知晓了其他人（更加）充裕的退休金账户储蓄额后，低收入员工的退休金账户储蓄额反而降低了。研究员将这种行为解释为一种叛逆者式的“对抗反应”。相对收入较低的员工不想关注会凸显他们同更富裕的同事之间差距的社会比较信息。对低收入员工而言，这些更富裕的同事的养老金账户储蓄决策信息无疑是在提醒他们，自己不如前者，因此他们也就选择抗拒效仿这些富裕同事的行为。[17]

标新立异者的思维模式

我们对于风险的不同态度也和我们的性格，以及包括年龄、性别、受教育程度等在内的人口特征因素有关。无论是实验例证还是坊间传闻，都证实叛逆者的特质符合我们的预期：在标准的性格测试中体现为较低的风险厌恶程度、较低的顺从度和更加乐观的性格。商业社会中的标新立异者也部分展现出了这类特质。商业领袖和公司首席执行官通常都应选择引领而非跟随，有证据显示，企业首席执行官的风险承受能力更高，组建团队的能力更强，并拥有积极乐观的态度。[18] 具体到个人层面，商业领袖一般都有独特的品质和特性，而这些特质中不少都并非有标新立异和反社会的倾向性，这会让一些人觉得魅力十足，但也免不了招致其他人的反感。创业型的标新立异者也并非那么受欢迎，以史蒂夫·乔布斯这个极端成功的创业者为例，同他有过共事经历的人对他的性格有着极为不同的诠释，有些人觉得他能给他人带来灵感，其他人觉得他难以相处、固执己见。乔布斯的传记作者之一，卡伦·布卢门撒尔（Karen Blumenthal）曾说，乔布斯是一个思维方式与众不同的人。[19] 他就是一个典型的标新立异者。

是什么驱动了他标新立异的行为呢？这些性格背后的心理学解释是什么？在第三章，我们探讨了不同的思维模式如何诠释盲从者的不同性格特质，当我们决定要效仿他人时，有时是符合卡尼曼系统 2 慢思维模式的刻意为之；有时则是符合卡尼曼系统 1 快思维模式的更加直观、无意识和出于本性的行为。[20]这些观念同样也适用于叛逆者和标新立异者。有些标新立异者会动用系统 1 式的思维模式，热衷于冒险、跟着感觉走、做出些新奇而完全不同的事情，并对此乐此不疲。[21]这些系统 1 式的影响因素会结合系统 2 的思维模式共同发挥作用，标新立异者在发展新的理念和发明创造时也需要努力和深入思考。标新立异者也许会有意识地刻意承担风险并着眼未来，因为他们相信今天承受的风险长远来看会得到回报。对成功的标新立异者而言，是可以在当期的风险和未来的回报之间找到一个平衡点的。在发展新颖的理念和策略时，标新立异者与生俱来的冒险精神和谨慎的思考相互平衡。

如果标新立异者的行为是由系统 1 和系统 2 之间情感和认知的互动所驱动的，那么传统经济学中关于期望效用的理论就值得商榷了，神经学中的“回报”概念能够更好地把握标新立异者的实质。关于风险与回报的神经学文献很多，其中有很多证据能证明，多巴胺回路参与处理了从冒险行为中获得回报的机制。这些回报包括我们对饥渴和其他基本欲望的满足，在现代社会的行为中也包括暴饮暴食和嗑药。回报机制涉及了一系列复杂的神经机构，与基础本能的情感回馈及高阶的认知决策都有关。类似的系统 1 和系统 2 互动也存在于叛逆者的决策中，无论我们选择从众与否，都是在权衡获得回报和进行冒险时的感受，有些人能够享受冒险的过程和感觉，有些人则不然。也许盲从者与叛逆者的区别主要就在于后者能够比前者更加发自肺腑地享受冒险的过程和感觉。

此外还有一个微妙之处：如我们在第三章中看到的，从众的神经经济学研究呈现了一些有趣的神经学数据，显示叛逆者在做出反从众决策时，大脑中负责回报奖励处理的区域被激活。前扣带皮层会因为叛逆的选择而被激活，如我们在第三章中提到的，这是一个和高阶认知功能相关的脑部区域，因此或许这说明叛逆者是在动用认知精力，有意识地抑制他们根深蒂固的从众冲动。与这点相吻合的是另一个理论假设：标新立异者在冒险做出叛逆选择时，并非像赌徒那样因一时冲动而为之。[22]

我们为何需要标新立异者

从标新立异者个人的角度而言，他们选择反叛的动机是明确的，但是对整体社会而言，他们的行为也有重要的蕴意。标新立异者可以为世界带来外部受益性（external benefits），虽然他们独立思考，但这不妨碍他们有对社会有益的欲望，如希望有所建树、启发他人或做一个有用的人的欲望。标新立异者能够带来新颖的思路和方法，有时这种思维的独立性是能够与群体的需要和选择和睦共处的。

有些标新立异者对我们生活的影响，部分是通过左右观念的天平而实现的。卡斯·桑斯坦对统一和异见之间的权衡进行了研究：我们大部分人都会选择循规蹈矩作为最合理的行为策略，但对整个社会而言，一味地循规蹈矩会将整个社会导向歧途，铸下大错。循规蹈矩时常意味着信息的不足，但由于人们并不总是会坦诚地分享他们的所信所知（人们对于顺从的需要会加剧这种不坦诚的现象），因此由社会学习驱动的循规蹈矩本意虽好，但是会将已有的问题不断累积放大。桑斯坦解释道，广泛的循规蹈矩会激化这种信息缺口的问题，并鼓励隐瞒信息的投机行为。社会机制可以部分解决这个问题，当民主机制运作良好时，诸如媒体和立法等机制能够帮助确保我们识别真相，但是这些机制并不总是运作良好，在这种情况下，叛逆的持异议者就扮演着十分重要的角色，尤其是在人云亦云的社交媒体上更是如此。标新立异者将更加坦诚和透明，因为他们并不那么在意他人对自己的异议会做何回应，社会恰恰需要这些持异议者随时能够承受来自社会的压力。[23] 标新立异者也在挑战传统和保存私有信息方面发挥了重要的社会功用，他们能确保这些私有信息不会被一群循规蹈矩、寻求社会认同的盲从者的声音所淹没，标新立异者和叛逆者能够帮助确保这些重要的信息、观念和原则不会被社会遗忘。

标新立异的持异议者在很多方面都改善了我们的社会及政治生活，但是他们也会带来混乱和困惑，甚至毁灭。一些我们称作持异议者的人也许本身就有自己的政治诉求。无论是好是坏，不同类型的标新立异者都在以各种方式改变着我们的世界。从发明家到揭发者，我们可以通过观察一些特定的标新立异者类型，更好地了解他们的价值和作用。

发明家

“疯狂”发明家是最典型的标新立异者。他们采用横向思维，并不太执拗于已有的做法，这些天资和能力都使他们能够进行真正有用的发明。他们会给自己设定智力、机械工艺、商业等范畴的挑战，然后靠着内在的动力激励着自己解决这些问题。他们并非总是和群体背道而驰，只是更多独立于群体之外行事而已。

现代文明的特征之一便是发明家和企业家的各式合作关系。[24]我们日常生活中享受的便利——从电、铁路、抗生素、电脑和因特网到开瓶器及拉链——都要归功于标新立异的发明家、工程师、化学家、物理学家、计算机科学家、生物学家和医学家。历史学家加文·韦特曼（Gavin Weightman）对一些现代发明有着精彩的论述，他解释了许多我们已经视作理所当然的发明创造，在迎来破茧而出的重要时刻之前，在长达数年甚至数十年的时间里是如何不断酝酿的。这是因为有时这些灵光突现的业余发明家暂时缺乏适当的技术和知识，以将产品推广上市。[25]但可以肯定的是，如果没有各种各样的标新立异者挺身而出，认定我们需要更新颖和不同的产品，那么这些大幅改善了我们生活的发明创造就不可能存在。

反叛者

反叛者是标新立异者世界的超级巨星，数千年来他们的反叛行径不是被赋词歌颂，就是被恶语中伤。从苏格拉底和伽利略，到马丁·路德·金和纳尔逊·曼德拉，在人类的历史中，我们的哲学、宗教和政治生活都是被反叛者不断推动向前的。显然，反叛者也有其他标新立异者都有的独立精神，但是和发明家及创业者不同，他们并不是被产生新观念的欲望所驱动的，而恰恰是致力于与旧观念进行斗争。鉴于反叛者存在的理由即是与他人的对立、与群体的对峙以及与传统的反抗，他们行动的力量也取决于是否存在一个可以反对的“现状”。对盲从者而言是参照基准点的“现状”，对反叛者而言无疑就是一个反向参照基准点。他们借用“现状”识别出他们不想要做的事情或不想成为的人。[26] 因此，虽然驱动反叛者的是一种与群体背道而驰的欲望，但它并不是独立于群体而存在的。成功的反叛领袖需要有敏锐的社会智慧和对周边群体情感的洞察力。从这个角度看，他们和盲从者一样依赖于群体，只不过依赖的方式不一样罢了。如果没有一个关注、支持和跟随他们的群体，反叛者将失去方向、不知所措，其反叛成功的希望也颇为渺茫。

我们需要反叛者，因为他们有能力改变世界，有时候这种改变是积极的。这些叛逆和标新立异的思想家、活动家和革命家不仅有欲望成就非凡的建树，或许更重要的是他们尝试改变人们生活的意愿和能力。我们或许会从自己独特的视角出发，评判某些反叛者是好是坏、是否误入歧途，但是许多反叛者内心恐怕还是认为自己的事业是正确而合理的。反叛者的价值是根本性的，因为他们逼迫群体回归和达到卡斯·桑斯坦所识别出的统一和异见之间的重要平衡。

历史上最为知名的反叛者都深谙自己与追随他们的盲从者之间的共生关系。阿根廷的共产党革命领袖和民族英雄切·格瓦拉也许是20世纪反叛者最典型的代表，在他身上展现了我们在本章中讨论过的所有标新立异者的特质。他的革命战友费尔南多·巴拉尔（Fernando Barral）是这样形容切·格瓦拉的："（他）极度自信，做决策时完全独立。他非常有活力，不知疲倦并且不同寻常……他身上最引人注目的是他绝对无所畏惧。"[27] 但是切·格瓦拉同样意识到，对他反抗拉美资本主义政府的事业而言，他的战友和他一样重要。切·格瓦拉的自述显示，他具有极高的社会智慧，从下面这段他描述自己作为游击队军医时，对战友的情感影响力，我们就可以略窥一二：

> 在游击战早期阶段，随队军医必须时刻跟着战友……他必须担负起令人筋疲力尽而时常让人心碎的职责：照顾受伤的战友，但手边却没有能够救助他们的必要药品。在这个阶段，军医对其他战友和他们的斗志有着最大的影响

力，因为对一个正在经受痛苦的人而言，如果是来自一个能够感受到他们痛苦的人，哪怕一小片阿司匹林也意义非凡。在这个阶段，军医必须完全认同革命的理念，因为他说的话对战友们的影响力比任何人都大。[28]

切·格瓦拉的社会智慧能帮助他理解是什么在激励和驱动着他人，他如何能确保战友的忠诚，以及统一为革命事业奋斗的战线。即便如此，他从未成为群体的一部分，即便是在他最无私地照料伤病员时，切·格瓦拉脑中所想的也是如何施加他的个人影响力从而领导群体，而非跟随群体。

反叛者并不一定得是著名的革命战士，也能在社会和政治变革中扮演重要的角色。有时，看起来微不足道的反叛行为有巨大的政治影响。虽然时尚常被认为是昙花一现、无足轻重，但是在历史上，时尚宣言曾在政治和社会变革中发挥过重要的作用，在女性权利的斗争中更是如此。1818 年出生在美国的阿梅莉亚·布卢默（Amelia Bloomer）就反抗过当时束缚女性身体的着装潮流。作为“解放束缚运动”的领袖和在女权运动中具有重要影响力的人物，她宣扬不同于当时主导女性着装风尚的紧身胸衣。当女权主义运动家伊丽莎白·米勒（Elizabeth Miller）发明了女性灯笼裤，旨在给予女性更多的活动自由和更健康的生活方式时，布卢默积极地推广灯笼裤，并最终推出了以她自己的名字命名的布卢默灯笼裤。布卢默灯笼裤不仅成了当时女性更加舒适的着装选择，也成了女权运动的一个象征。就像很多标新立异的想法和发明一样，布卢默灯笼裤最终不再流行，但是推动它成名的根本理念——女性也应能享有更加便利和舒适的生活——却经久不衰，并陪伴见证了一系列为女性赋权的重要政治及社会变革。[29]

揭发者

揭发者是另一类有能力积极改变世界的标新立异者。但和反叛者不同，揭发者是不情愿的标新立异者。他们并不创造，但是他们的确能够将其他人都希望掩盖的问题公之于众。他们有其他标新立异者共有的自主个性，然而和有着天生、无法抑制的反叛本能的反叛者不同，揭发者更像命运的人质。他们有足够独立的思维和原则，有意愿揭发他人的不法行为，但是在实践时常常犹豫不决。在其他一些情况中，许多揭发者都乐于混迹于人群中，他们的告密行为时常是匿名和不公开的，因为他们从理性的角度害怕公然反叛带来的后果，虽然他们的这些自我牺牲行为能够显著地改善他人的福祉。

揭发者对于挑战企业腐败、大大小小的政治僭越、不当和危险行医及暴力性侵等现象都至关重要。他们是催生金融、法律和医疗系统变革的不可或缺的催化剂。然而，社会对于揭发者的态度时常是矛盾的，这部分反映出了一种短视，因为告密的价值需要很长时间才能看清，但媒体、政客和社会整体都只着眼于眼前，也就不想看到揭发者引发的丑闻和风波。

我们回应标新立异者的消极方式告诉我们，打压不同的声音会对社会福祉造成负面的影响。在所有类型的标新立异者中，揭发者最为脆弱，因为社会并不待见他们提出的异议，因而他们时常因为自己揭发行为和不同观点而遭受严厉的惩戒。社会认同在这个时候体现出了一种短视性，每每在风口浪尖上时，我们会草率地认定揭发者都只是毫无忠诚可言的莽汉。2003 年，联合国武器核查员大卫・凯利（David Kelly）以匿名的方式向英国报纸记者私下爆料，他并不认为其负责巡检的伊拉克实验场所如当时英美官方口径声称的那样，用于制造生化武器。[30] 据称是在非自愿的前提下，他被作为信息来源公开援引，用以驳斥伊拉克拥有大规模杀伤性武器的指控。[31] 很快他就死于非命，虽然官方鉴定他是死于自杀，但是其死因还是一直存疑。[32] 凯利为他的揭发行为付出了沉重的代价。

遗憾的是，大卫・凯利的遭遇并不罕见。在近年就有多例占据头版头条、令人高度关注的揭发事件。有些国家已经开始意识到诋毁揭发者会带来的长期后果，并且陆续出台新的法案和制度以保护揭发者的权益。[33] 我们需要能够鼓励揭发者挺身而出的激励政策，并且需要保护那些因为揭发而受到影响且脆弱无援的人，例如设定监管机制以确保这些人不会受到不公正的惩罚。以近年来最为著名的朱利安・阿桑奇和爱德华・斯诺登为例，媒体已经捧红了一小撮揭发者，两人的事迹都被制作成了纪录片，好莱坞也将他们的事迹拍成电影。但是成名了的揭发者是否真的在揭发不当行为呢？在这一点上，东躲西藏的斯诺登似乎要比功成名就的阿桑奇更靠谱一些。

然而，即便有了这些保护揭发者的措施，这些人说出的话可都是覆水难收，其后果也很难估量，因此相关法条的具体实施还是困难重重。此外，揭发者揭发的罪行一般都是若干人的共同所为，这些人，从主犯到从犯，大多都有着销毁犯罪证据的动机和机会。当缺乏足够证据时，相关法律等监管部门也无法精准地识别出应承担责任之人的身份，而揭发者自己也将难以自圆其说，无法证实自己故事的可靠性。

我们在之前就已经看到，尤其是在当今这个过度关联的世界，从众行为隐含着很多负面的影响。标新立异者的存在是有价值的，他们能够为我们带来新的观念和创新，同时也能部分地抑制我们效仿的倾向性，从这个角度看标新立异者对我们很重要，因为他们可以抵消从众的负面影响。然而要想让标新立异者揭竿而起，对抗从众的群体，我们还需要为他们准备额外的激励，以鼓励他们承担风险，这样一来，问题就变成如何确认这些反抗是正当的。可我们如何找到大家都能认同的政策去激励“好的反抗”，劝阻“不好的反抗”呢？考虑到在我们复杂的现代社会中，人们连“好”和“坏”的定义都很难达成共识，找到合适的政策就更困难了。包括自由公正的媒体在内的民主机制能够帮助作为公民的我们，以鉴别反叛者和其他有能力改变我们生活的标新立异者是“好”还是“坏”。虽然在世界上的大部分地区，仍然没有媒体自由或民主体制可言。

标新立异者在经济中也扮演着特殊的角色，这主要归功于创业者和发明家这两类人。我们在本章已对发明家有了一些了解，但在市场环境下，发明家和创业者都面临着特殊的限制。他们都或可从发明创造或在建立公司的过程中找到满足感作为努力的回报，但是这些尝试往往花费不菲，为这些创业或发明尝试找到融资总是困难重重，这一点对刚成立或规模尚小的公司而言尤其如此。一方面是苦苦寻求融资的创业者，一方面金融市场每天都吞吐着数以万亿计的资金，如何能将创业者同这些资金对接起来呢？守护着这些全球金融财富的人是创业者需要面对的第一道屏障，这对我们盲从者与叛逆者而言可是一个全新的问题，我们如何能确保这些金融投机者会有效地将资金投到有最好创意、能够创造就业和商业成功的创业者及发明家身上呢？这就是我们在下一章中会重点讨论的问题。

第六章

创业者与投机者

经济学家兼政治家约翰·梅纳德·凯恩斯生前可是一个生活丰富多彩并令人着迷的人物。[1]他对经济理论的深入研究首先要归功于他接受过英国最好的教育：从伊顿公学毕业后，他又以出色的成绩在剑桥大学国王学院完成了本科的学业。然而，他对投机者和创业者近乎本能的理解，展现的不仅仅是他学术上的天分和深厚的知识储备。凯恩斯在理解金融市场交易员的心理方面有得天独厚的优势，因为他自己就是一个公认的极为成功的交易员（虽然他也有个别令人印象深刻的失败案例）。一件也许是杜撰的逸事是，在剑桥大学期间，凯恩斯有一次买入远期合同看涨谷物，到了合同交割的时候，他还没有机会卖出实物，因此他被迫将这些谷子暂存在了国王学院的学院礼堂中。[2]不管怎样，凯恩斯别具一格的金融交易技巧帮助他取得了巨大的成功，作为国王学院财务主管，在做管理学院捐赠基金的工作期间，他的投资回报业绩比同期市场平均回报率高出约 8%。他的投资成功秘诀之一就是专注股票这一资产类别，并辅以精心的个股挑选。[3]此外，凯恩斯对于创业的理解也颇为深刻。在 1936 年的巨作《就业、利息和货币通论》的第十二章中，他对于驱动创业者投身事业的心理活动有精彩的论述，尤其关注不确定性是如何使这些创业者踌躇不前的。

凯恩斯可能是20世纪最伟大的经济学家。他的天才部分反映在其对现实商业世界极其真实和直观的把握上；对创业者及投机者如何被经济和社会因素所驱动的洞察，以及对创业者及投机者之间的共生关系如何在宏观经济中发挥作用的理解，创业者需要资金投入以建立企业，而快速周转的金融市场有能力及时向企业提供所需的资金。凯恩斯经久不衰的理论则解释了2007—2008年的全球金融危机和其他时期的金融市场动荡，即在一个充满不确定性的世界里，当我们墨守成规的本性左右了我们的金融决策时，金融危机也就不是什么稀罕事了。[4]这类危机的影响是深远的，如果没有政府干预，企业和资金之间的所谓互动是无法有效提供经济发展所需要的就业和生产力的。

在研究盲从者与叛逆者的社会互动如何促进或阻碍商业投资和融资行为的经济学家中，凯恩斯可谓是第一人。如今，金融市场已经历了重大的变革，包括算法交易在内的现代技术的兴起意味着金融市场交易的复杂程度已显著提升。任何一个交易员的决策都可能导致剧烈的市场波动，因为为数众多的交易员几乎瞬间就可以做出跟风交易的决策。但不管怎样，凯恩斯的精彩分析论述仍蕴含着经久不衰的关于驱动投机者和创业者如何成为商业社会中的盲从者与叛逆者的深刻洞见。

以凯恩斯的分析为出发点，我们可以看到，盲从者与叛逆者之间的互动对商业社会的影响与其对我们生活其他方方面面的影响并无二致。成功的创业者是否更有可能是独树一帜的叛逆者？为何投机者更有可能是盲从者？盲从者与叛逆者是如何在整体经济中互动的？在本章中，我们将会讨论盲从者与叛逆者为了追逐利益和商业机会而回应社会影响因素的方式和原因，并通过这些讨论尝试回答以上的三个问题。

货币公约

对于投机者和创业者之间社会互动的分析将以货币为出发点。货币将投机者和创业者捆绑起来，但捆绑的方式可能会令人意外。一般而言，谈到钱的时候我们的本性里都有着盲从者的一面，即我们都遵循着某种货币公约。[5]

这种货币公约是如何运作的呢？纸币和硬币这些货币的具体表现形式对我们有意义的前提是，作为经济学家所谓的“交换单位”，群体中的其他人愿意接受它们。也就是说，我们可以用货币来换取其他物品，而我们的雇主可以支付我们货币以换取我们的劳动力。货币也有其他的价值，包括它作为计量单位的功用，会计师利用货币作为计算个体损益、收入、税负等的计量单位。在宏观经济层面，统计部门使用货币度量国家收入和产出值。所有这些之所以成为可能，是因为我们发展出了使用货币进行经济和金融交易的社会公约。我们到处挥舞着其实一文不值的纸片和金属，很少花精力去思考这些都是为何及如何运作的。一个访问地球的火星人恐怕会对于我们赋予这些纸片和金属的价值颇为费解，让其可能更难理解的是，我们只需要将一个塑料片在一个铁盒子上刷一下，就可以拿走成车的货物和日用品。我们大部分人的工资都是以电子方式支付的，我们甚至都不会实实在在地看到我们劳动的所得，我们仅是跟随这个被称作货币的社会公约，因为每个人都这么做，并且央行和政府会对其背书。

在现代社会，货币公约已经非常复杂，复杂到也许我们已经忘记了货币最本质的功用，即它能够通过推动生产和就业而盘活经济活动的功能。近年来，计算机在全球的普及促成了创新金融科技的诞生，新的电子货币和虚拟货币应运而生。其中要数比特币最为有名，它并不具有传统货币的属性，但是可以在某些场景下取代传统货币。人们因为投机套利的空间而购买比特币，但是至少理论上来说，它也可以作为交换和计量的单位，虽然到现在为止，我们大部分人可能都还没有在经济交易中使用过它。在比特币形成属于它自己的公约并被广泛接受前，它和其他虚拟货币恐怕仅是做投机之用的新鲜事物而已。[6] 其他传统货币的替代品可以在小范围的社区内被接纳使用，一些城市和乡镇已经尝试引入新的区域性货币，例如布里斯托尔镑（Bristol pound）和布里克斯顿镑（Brixton pound）。[7] 归根结底，这些社区性的货币公约是对由政府和央行把控的传统货币公约的增补，如果布里克斯顿镑不能以某种方式直接或间接地兑换成英镑，那恐怕愿意用它的人也就寥寥无几了。因此总体而言，货币还是一种依赖于盲从者而得以存续的公约，无论我们用的是什么货币，它运行的前提一定是群体中有足够多的人将它视为一种交换单位。

尽管如此，我们的货币公约可一点儿也不随便。虽然货币越发看不见摸不着，但它仍然是一个聪明有用的工具。即便是老式的货币也是具有经济效益的发明创造。在货币之前，我们使用的是笨拙不堪的物物交易，其隐含的交易及搜寻成本非常高。换句话说，以物换物是一件极不方便且耗时耗力的差事，尤其是当我们需要交换的东西非常特别且复杂时。打个比方，试想你想要买一台新电脑，在一个物物交易的世界里，你首先需要找到一个有新电脑并且愿意出售的人，然后用某样他想要从你这里购买的东西来交换。在互联网出现之前，交通和运输的成本限制意味着你只能同你的邻居和附近你认识的人交易。即便你可以找到某个当地人想出手一台电脑，你也得保证你正好有他需要的东西，这种情况发生的概率已经不大，而你们彼此能够看中对方货物的可能性就更小了。但是在货币流通的世界，你可以到商店去，把货币支付给商店店主以换取一台他们的电脑，而店主可以拿着你支付的货币去购买其他的东西。这就解释了为何一个由遵守货币公约的盲从者组成的经济能大获成功。

郁金香热

如果说货币是一种社会公约，那么货币作为交换和计量单位成功运作的前提是，它被相当比例的盲从者所承认和支持。然而随着时间的推移，货币也变得没那么简单了，它发展成了一种以钱生钱的渠道，市场围绕着针对货币和其他资产的交易得以演进，而那些效仿他人的投机者就混迹于这个市场中。相对而言，金融资产变得越发同质性，套用经济学家的术语即是变得“可相互替代”。这使金融市场具备了流动性，可以快速周转，并且至少表面上看起来运作顺畅。投机者纷纷投身于这个金融生态系统之中，鲁莽冲动地快进快出着，试图从交易套利机会中分到一杯羹。

历史告诉我们，投资者群体是推动金融市场和诱发金融不稳定性的重要力量。[8] 诚然，投机现象是金融市场亘古不变的特征。[9] 纵观历史，打破稳定的投机性风潮和狂热早已不是什么新鲜事了，在近代更是几乎每 10 年就会爆发一次，从 18 世纪的南海泡沫、1929 年的华尔街大萧条、1997 年的亚洲金融危机、20 世纪 90 年代和 2000 年初的互联网泡沫，到 2007—2008 年的次贷危机，以及期间一系列的房地产市场泡沫破灭，均是如此。金融从众现象是人类社会本性的重要产物，而从众本身则是滋生投机性泡沫的天然温床。

历史上最为生动多彩的投机狂潮案例之一，便是曾在欧洲发生的郁金香热。在1637年的一段时间里，投资者对郁金香球茎无比狂热，虽然我们并不清楚是什么诱发了这次风潮。在那之前，郁金香从土耳其引入欧洲已有近一个世纪的时间了，有证据显示郁金香在此之前就已经颇受欢迎，被人们视作一种罕见而富有异域风情的花种。但是很快这种兴趣就膨胀成了一种极端的投机狂热，交易商争先恐后地涌入球茎市场，以追逐巨大的投机获利机会。一些罕见的郁金香球茎的价格飙升了约60倍。在泡沫极盛时，一种名为“永远的奥古斯都”的罕见郁金香球茎品种被以1 000弗罗林（florin）的价格成交，不管怎么算，这笔钱都够买一栋小洋楼、一小支舰队或者3 000只猪了。这次郁金香热泡沫的破裂也像它的兴起一样壮观，到了1637年的2月，大部分的球茎都几乎一文不值，郁金香交易市场也荡然无存，那些稍晚才加入狂潮、还未能脱手套现的投机者则都赔得倾家荡产。[10]

郁金香热着实让人印象深刻，也许是因为它揭示了一些本质的东西，暴露了我们的生活是如何被本能而无意识的因素所驱动的。小扬·勃鲁盖尔（Jan Brueghel the Younger）在他的“猴戏画”名作《郁金香狂热之讽》（见图7）中将郁金香交易商都刻画成了人形的猴子，暗讽投机狂热原始而有害的一面。勃鲁盖尔的猴子暗喻一针见血，直击的是驱动我们从众本能的某种张力，而这种张力无论是在金融市场，还是在我们的日常生活中都挥之不去、如影随形。

图7　1640年前后，小扬·勃鲁盖尔完成的“猴戏画”名作《郁金香狂热之讽》

理性的泡沫

你也许会认为郁金香热是非理性投机泡沫的终极表现形式。诚然，从群体或者宏观经济的角度来看，它带来了不稳定并且拖累了生产效率。但是，有些经济学家宣称，郁金香热是完全符合理性选择规律的，他们认为理性的投机泡沫是投机者审慎选择最佳获利方式的必然结果。对这些经济学家而言，投机的泡沫就是理性的泡沫。

这种观点不无道理。如果你是一个郁金香交易商，在看到他人赚得盆满钵满后，你会理智地判断，跟随其他交易商买进郁金香球茎是明智之举。甚至如果你有 1 000 弗罗林，你也许会考虑买一颗球茎而不是一栋房子，如果你认定你可以将这颗球茎以 1 100 弗罗林的价格转手卖给下一个人。以令人咋舌的价格买进某样东西并不愚蠢，前提是你有把握能够将这东西很快以更高的价格转手卖给其他人。这颗球茎真实的内在价值是多少已不再重要（即便你有本事能弄明白一颗球茎的内在价值是什么）。[11] 创造了这次郁金香狂热的郁金香交易商只不过是在权衡下一刻泡沫持续或破灭的可能性罢了，因为只要泡沫持续一天，花巨资买入球茎就是理智的选择，因为转天卖出就能大赚一笔。

是什么驱使这些投机者这般扎堆呢？乍看之下，这些投机从众的例子似乎是推翻了支撑主流经济和金融理论的两个相互关联的基础理论假设。第一个是被经济学家称作理性预期假说（rational expectations hypothesis）[12] 的理论假设，与我们在第一章中介绍的“经济人”假设类似，经济学家假想人们——尤其是金融交易员们——都是聪明和理性的。交易员必须首先确定一个资产的价值，然后才会决策是否买入该资产。他们尽可能精确地形成对一个资产未来价值的预期，例如判断如果在几年后将其卖出时的价值。这个预期必须能反映出该资产的基本面价值，即某人永久持有该资产时，该资产对于这个人的价值。我们可以用几个例子来说明这个基本面价值的概念。对一个物业业主而言，其持有的房产的基本面价值就是他在有生之年将这幢房子出租而能收到的所有房租之和，或是如果选择自住而在有生之年自己能省下的所有房租之和。对在伦敦、纽约、利雅得或上海股票交易所挂牌上市的公司的股票而言，假若股息分红规模始终和该公司的净利润规模走势保持一致，那么该股票的基本面价值就是该公司作为上市公司存续期间所有股息分红的折现总和。根据主流金融理论，当交易员做出某个资产未来价值几何的预判时，该预期应是与该资产的基本面价值保持一致的。

为了把握投机者的行为，理性预期假说还需要辅以第二个主流经济学和金融学假设：有效市场假说（efficient markets hypothesis）。[13] 这是一个关于金融资产（股票或郁金香球茎）价格在面对新信息时变动情况的假说，它认为如果金融市场的运作有效，那么资产的价格就应该完全反映可获得的所有信息。公司的股价应是随着该公司未来业绩表现的信息同步波动的，无论这些信息是好还是坏。2010 年 4 月，深水地平线（Deepwater Horizon）石油泄漏事件发生后，英国石油公司的股价波动就展现了在坏消息面前，投机者如何对公司未来盈利预期进行调整，以及随之产生的股价变化。一系列建造和操作相关的问题导致位于墨西哥湾的深水地平线油井发生井喷，将数以百万桶的原油泄漏进了海中，对环境、野生动物和地方经济带来了灾难性的后果。石油泄漏的消息一出，投资者很快判断英国石油公司未来利润的很大一部分将用于支付和解赔偿，因此他们迅速卖出公司股票，到了2010年6月，英国石油公司的股价相较于事故发生前已经跌去了超过50%。

经济学家还假设投机者的行为彼此完全独立，相互之间不共享信息，即不考虑社会学习的可能性，也只关注于他们自身的利益。这些高度理性的“经济人”不会犯系统性的错误，并且能够高效地利用他们所能获取的所有信息。在这样的世界，交易员的套利交易操作将会抹平所有该资产市场价格和基本面价值之间的差异。例如，如果交易员意识到英国石油公司股票的基本面价值已经降低，但是相对而言其股票市场价格仍然过高，那么他们就会卖出该股票。接着供给关系的市场力量就会起作用，随着许多交易员都同样卖出该股票，股票的价格就会持续走低，直至和其基本面价值持平为止，因此套利空间不会持续存在。

有效市场假说和理性预期假说的问题在于，它们都蕴含着对市场和人的极端设想。经济学家很清楚，只有在不存在任何市场失灵时，市场才能顺畅运转，但是包括信息不完整和不确定性限制在内的重大市场失灵是金融市场根深蒂固、不可避免的现象。尤其是在一个充斥着不确定性的世界里，一个普通人怎么可能了解他需要知道的所购资产价值的所有信息？人们对于预测每天汽油价格的走势都感到吃力，更别说要预测那些奇异和深奥的资产的价格在未来一段时间的走势了。

像郁金香热这样的案例显示，类似的预测并不像主流经济学理论设想的那样简单轻巧。但这并不表示我们就没有任何理由选择跟随其他投机者。如果你身处郁金香泡沫的鼎盛时期，对你而言最好的获利策略也许就是追随其他投机者快速买入，但是前提是你得确保也追随他们快速地抛售和退出市场。我们在第三章中介绍的从众思维捷径在指引这些投机者买进卖出决策时起了重要的作用。如我们之前看到的，思维捷径使我们能够快速决策，而无须详尽地收集所有的潜在信息。反之，我们可以借用从众思维捷径法，模仿他人的行为，假设他们已经做过足够的调研，了解了我们决策需要知道的所有信息。但是在金融市场中运用从众思维捷径的问题时，这些市场都复杂得多，远非少数人之间的简单互动所能决定的。尤其是在当今这个全球化、烦琐复杂的金融系统中，从众思维捷径可以触发蔓延至整个金融及宏观经济体系的系统性危机，关于这一点，2007—2008 年的美国次贷危机就是很好的例证。货币流动性充裕、交易便利，也就导致错误会被轻易地复制和放大。想要对此有更深刻的理解，我们可以先来回顾一下约翰·梅纳德·凯恩斯的理论。

凯恩斯论投机者

凯恩斯有一系列关于投机交易员的见解，其中一部分为经济学家对从众现象的解释做了理论铺垫[14]，其他的更多是着眼于社会心理学的影响力（凯恩斯也是分析社会影响力驱动金融市场和宏观经济的先驱之一）。他的研究重点是社会惯例如何影响交易行为，在存在不确定性时，社会惯例会鼓励投机者跟随他人的信念和行为，具体表现为投机者会效仿他人进行投机决策。[15] 但是，凯恩斯并不认为社会惯例是非理性的。从他 1921 年的早期作品《概率论》到他的著作《就业、利息和货币通论》，凯恩斯的理论始终是，社会惯例是一个能够帮助我们在多个备选项之间进行概率判断的有用工具。在一个充斥着不确定性的世界里，对于资产价格的预期是动荡不定的，因为没有人能预判下一步会发生什么。在这种困惑之中，大家都认同的社会通行的理念至少能够提供一个（尽管时常是不稳定的）信念的支点，帮助我们不再那么焦虑。[16] 凯恩斯笔下的投机者都是追逐着短线回报，通过快速买进或卖出金融资产获利。他们的关注点是他们在一天、一周和一个月的时间段内能够以怎样的价格卖出所持有的资产。随着当今科技创新使高频交易成为可能，他们关注的买卖周期甚至可以以毫秒计。如果投机者在所处的市场中需要快进快出，那么他们高度关注他人之所想也就理所当然了，因为他们也许会需要在很短的时间内将所持有的资产卖给其他人，这也就解释了为何他们会跟从社会惯例，在做出自己的决策前首先审度他人的行为。

从众和社会学习

进一步分析，我们可以看到凯恩斯关注于金融投资者为何如此痴迷于他人所想所做的三个主要原因：社会学习、声誉以及凯恩斯所谓的“选美比赛”。在金融市场中，效仿决定了我们是否会购买某一金融资产，以及我们会以怎样的价格购买该资产。我们选择购买某资产，并不一定是因为我们更加了解它的增值潜力，而可能是因为我们看到他人买入该资产，进而假设他们掌握了我们不知道的信息。很多时候，人们选择从众就是因为他们认为群体中的其他人掌握了更多的信息。凯恩斯假定在金融市场中也是如此，当存在不确定性时，投机者意识到自己的无知，并用效仿他人来应对。投机者借用其他投机者购买决策的社会信息来确定自己的选择，而这种趋势在信息缺失和不确定性普遍存在时更甚。[17] 我们出售的决策则是部分受所接收到的信息的影响，部分取决于群体中其他人的行为。这就和第一章中介绍的贝叶斯式的利己型从众社会学习模型关联起来了，当社会信息相较于私有信息占主导地位时，我们会成为盲从者群体的一分子，共同进退，投机者会在这个贝叶斯式的过程中进行缜密的逻辑推理论证。而凯恩斯的分析的不同之处在于，他更多地将注意力放在了社会和心理学动机的分析而非数学推导论证上。

个体受这些信息影响的程度因人而异，相较于业余投机者，专业投资人士所应用的独特的投资策略就能证明这一点。[18]业余投机者更倾向于模仿，但是随着他们掌握的知识和私有信息越来越多，他们对于他人决策中传递的社会信号的依赖性也就越来越小。相比之下，专业投机者从众的倾向性更小，因为他们自己掌握着大量的私有信息和专业知识。另一个例子是资本市场上的少数金融大鳄，他们几乎完全无视社会影响，而是利用在很多其他投机者看来是过于冒险和特立独行的交易策略进行投资获利。例如，乔治·索罗斯和沃伦·巴菲特这样的著名投资人就是遵循着他们独特的投资策略获得了巨大的成功。因此，投机者并不全是盲从者，时而会有一小撮投机者可以凭借专业知识和技巧，利用逆市交易的投资策略获得成功。

经济学家理查德·托波尔（Richard Topol）构建了一个通用的模型，以把握投机者从纯粹效仿他人，到完全独立决策的一系列行为。在托波尔的模型中，投机者需要权衡他们掌握的其他交易者的估值预期信息，从而判断自己为购买同一资产所愿意支付的价格。所有投机者在模型中都有两组信息，首先是他们认为这一资产的公允价格，其次是其他交易者能够接受的该资产的买进或卖出的价格。根据这些投机者对于自己的判断的信心大小，他们在决策时对这两组信息分别分配的权重也相应会有所不同。当盲从者类型的投机者对自己的判断没有信心时，他们会将注意力集中在其他交易者对该资产支付的价格上，而完全忽略自己对价格的判断。就如同在贝叶斯社会学习模型中，社会信息占主导地位一样，这种场景中从众的倾向也会压倒个人的判断。在另一种极端场景中，叛逆型的投机者会选择无视其他投机者给出的价格，将决策注意力完全放在自己的判断上。接着，托波尔的模型回归到了主流“经济人”模型，假设这些投机者会理性和独立地构建自己的决策，无视其他投机者群体的行为。[19] 这样一来，从基于理性预期和有效金融市场假设的标准经济学模型，到假设投机者完全沉迷于他人所想所为的纯粹从众模型，托波尔的模型就涵盖了各种范畴。

声 誉

如我们已经看到的，保全声誉是人们选择从众和效仿他人的另一个理由。约翰·梅纳德·凯恩斯就曾经敏锐地观察到，循规守旧地犯错好过另辟蹊径地取得成功。这点也能用来解释金融市场的某些惯例，如果一个交易员的同僚们都在交易中损失了 1 美元，那么即便他在交易中亏损了 1 美元也应能保住饭碗。但是当其他人都没有损失时，如果某个交易员交易亏损了 1 美元，那他恐怕就得另谋出路了。

凯恩斯的理念已被现代经济学理论所吸收，以那些投资不同金融产品组合的投资基金为例，基金经理的决策判断就受到了凯恩斯的观点的影响。投资基金经理的工作即说服客户相信他们的投资决策是合理明智的。有时，基金经理业绩不佳并非决策失误所致，而仅是因为市场自身就存在着不可预见性，而基金经理缺乏足够的先见之明。考虑到市场的这种不可预见性，基金经理会将自己的投资表现与在类似市场的投资同僚的业绩进行比照，并以这种和同僚的比较作为建立自己行业声誉的基础。这种基准参照和同僚比较会导致交易员将注意力转向完全不同的目标和激励之上，随着他们越发受到鼓动与他人进行比照，会导致他们越发地趋于跟随他人，而无视自己所拥有的可能更加可靠的私有信息。[20]

经济学家戴维·沙尔夫斯泰因（David Scharfstein）和杰里米·斯坦（Jeremy Stein）借用这些理论，分析了基金经理决策时的从众现象，并将金融从众现象解释为基金经理尝试构建自身声誉的结果。[21] 投资基金的经理需要努力尝试说服投资人对他们的基金进行投资，卖出他们的基金产品。问题是，潜在投资人一般都更加关注短期的回报，而非长期的收益。金融市场的波动性意味着短期的基金业绩表现并不一定能够忠实反映基金经理的投资能力。当金融市场中的资产价格短期内整体上扬时，仅是顺势买入并不意味着做出该决策的基金经理有非凡的天赋，也不意味他能够确保未来的持续投资获利。同样，如果潜在客户并非专业人士，对该领域相对陌生，那么基金经理就没有明确的动机去关注一些客户无论如何都无法理解的烦琐的业绩指标。相反，他们会将自身的声誉建立在与同僚的比较之上。这样，无论是借由口口相传，还是通过社交媒体渠道，他人的推荐都将是基金经理吸引新客户和留住老客户的有力武器。

选美比赛

另一个驱动金融从众的因素是投机者想要猜测他人所想的尝试。当我们需要决定以怎样的价格购买某一资产时，尤其是当我们想要很快转手再卖出该资产时，他人愿意为这一资产支付的价格就是我们决策购买价格的重要支撑和参照点了。他人的购买意愿决定了我们未来选择出售时能卖出的价钱。凯恩斯用“选美比赛”来比喻这一现象。[22] 他假想了一个由某报纸组办的选美比赛，读者需要在一组美女的照片中选出优胜者，但是评判标准并不是他们个人的看法，而是他们觉得其他读者认为最美的照片。凯恩斯认为这个过程和金融投机类似，投机者以看似咋舌的高价买入某些股票，并不是因为他们认为这些资产值这个价，而是因为这些投机者相信其他人会愿意为该资产支付类似的价格。

投机者对于他人观点的关注在一定程度上是合理的。归根结底，投机者买卖资产就是为了赚取利润，他们希望能够在所处的高流动性的市场中快速脱手持有的资产，因此他们需要能够匹配得上周围其他交易员对该资产的价格预期。投机者可没有足够的耐心，等到自己对该资产基本面价值的预期和另一个交易员完全一致时再进行出售。因此，个体投机者认定，他们自己的判断和信念基本不重要，对他们而言，更加重要的是了解其他人愿意支付的价格。其他人觉得他人愿意支付的价格是多少？其他人觉得他人觉得他人愿意支付的价格是多少？其他人觉得他人觉得他人觉得他人愿意支付的价格是多少？依次递推、循环往复。凯恩斯认为，随着每一个人都开始关心其他人认为其他所有人到底在怎么想，金融市场将不再是建立在人们对不同资产价值走势的细致分析之上了。在一个快速流动的金融市场中，能够帮助投机者赚钱的不再是对某一资产基本面价值相关事实的细致论证，而是预测其他投机者是怎么想的。

现代经济学家在他们的迭代推理（iterated reasoning）理论中借用了凯恩斯的选美比喻。我们就某一集体性的判断（如一只股票的价格）构建自身之信念的过程实际上是彼此之间的迭代循环。例如，试想我要尝试预测A君关于某一只股票价格的判断，而此时A君正在试图弄清B君对这只股票价格的判断，同时C君也在试图了解D君对这只股票价格的判断，以此类推。对我而言，需要搞清楚的就是A君所认定的B君所认定的C君所认定的D君对这只股票价格的判断。要想搞清楚群体作为一个整体对该只股票价格的判断，需要耗费的精力可着实不少。我们转而会（明智地）决定，不值得花费这么多的精力，只需要效仿另一个人，支付和他一样的价格就好了。更重要的是，既然没有人对（公允）价格的问题进行深入的分析思考，那我们对此进行深入思考也是徒劳。相反，简单地效仿达到的效果可能会好得多。

关于金融领域“选美比赛”的实验已经证实，许多人并不擅长思考和处理迭代思维链条较长的问题。部分相关的实验分析对象是一些我们认为应该对金融有着较深理解的人，如公司总裁和《金融时报》的读者，但即便是这些公司总裁，他们也不会在“选美比赛”的游戏测试中进行较深入的思考。[23] 对于那些真的按着我们刚提到的思维链条逐步思考的人，他们中的大部分人也就是考虑到“D 君”的判断，就止步不前了。他们之所以不再继续往下思考，并非一定是因为没有足够的思辨能力，而是可能做出了一个策略性的选择不再继续深究，因为他们猜想其他人也不会想得更深入了，而他们需要做的仅是想他人之所想而已。

问题就在于，一个所有人都只关注他人之所想的世界无异是滋生金融不稳定性的温床，这也是凯恩斯的基本理论的观点之一。值得强调的是，对个体投机者而言，这不是一个愚蠢的策略。如果投机者仅是想赚些快钱，那至少从他们自身的角度看，关注群体的行为和支付的价格就不失为一个明智的选择。然而，从集体、社会或宏观经济的角度来看，当这种过度关注他人之所想的行为在一个复杂的金融系统中叠加累积起来时，金融市场就变成了一个金融灾难孵化器。没有任何个体投机者有动机去弄清资产在中长期会实际实现的真实价值，而如果没有人去关注资产真实价值的问题，那么我们就无法确保资金会流向生产力和效率最高的企业及项目。一如凯恩斯指出的：

> 如投机仅为企业洪流中之些许波澜，则无伤大雅。但如这波澜被卷入投机的旋涡之中，如一国之资本发展变为赌博游戏之副产品，情形未免就严峻了。[24]

这种对他人观点和信念的过度关注会使金融市场失去稳定性。当我们愿意为某一金融资产支付的价格与我们对该资产基本面价值的自身判断相去甚远时，整个群体的判断终究会变得缺乏根基、脆弱不堪，而那些短视、缺乏耐心的投机者尤其会放大这种不确定性，因为他们只想着快进快出，从交易中捞一笔而已。

情感从众

至此，我们的关注点都是从经济学的角度诠释投机者受到社会影响的倾向性。个体间的区别，尤其是个性的区别，将会部分决定该个体身上是盲从者还是叛逆者的一面占主导地位。如我们在上文中看到的，社会学习模型显示，在私有信息和社会信息之间的权衡将会决定一个业余投机者是否更有可能选择从众，而一个掌握充分信息的职业投机者更有可能选择叛逆的策略。此外，包括心理和情感在内的，更加主观的因素同样也会驱动金融从众行为。例如，冲动就是驱动从众行为的重要因素之一，而且如果说从众是一种自发而本能的反应，则冲动或许还和进化本能息息相关。另外，一些社会性的性格特质或许也与从众行为有关，金融交易员的顺从性和外向性的心理度量指标很有可能是与他们从众的倾向性程度成正比的，虽然这种相关性的程度大小取决于这些交易员是否是职业玩家。性格特质也会决定一个交易员受情感因素左右的程度，而情感在人们的金融决策中扮演着重要的角色。如果考虑到许多金融决策都包含着冒险的成分，而冒险行为本身则多半是受到感情所左右的，那么这点就尤为明显了。金融分析师越发开始意识到，这些生物性的、内在而本能的刺激反馈机制之于他们工作的影响。而其中首要的，自然就是贪婪、期望、恐惧这些基本的人类情感了。[25]

外部事件，甚至是天气，也会造成一定的影响。一些经济学研究者就宣称，资本市场的表现会受到季节性的情绪变化的影响。例如，马克·卡姆斯特拉（Mark Kamstra）及其同事的研究显示，市场交易表现会在冬季较为低迷，并将这个现象归因于季节性的情绪失调。[26] 戴维·赫什莱佛和泰勒·沙姆韦（Tyler Shumway）的研究也显示，全球各地股票交易市场的走势和当地日照时间存在正相关性。[27] 位于佐治亚州盖恩斯维尔的社会经济学基金会（Socionomics Foundation）的研究员认为，包括金融从众在内的一切经济和金融不稳状态，都可以用社会情绪的波动来解释。也许这也并非令人意外，因为社会情绪对我们生活的方方面面都有影响，音乐、时尚、建筑和文学等领域的风潮趋势都是由社会情绪来推动的。[28] 将以上这些观点综合起来，我们可以说，在各个市场和经济体中不断变换的情绪推动了整体社会情绪的形成，而后者又驱动了金融市场中的从众行为。

金融从众：认知、情感和神经科学

郁金香热案例中的交易商是否如凯恩斯提到的“选美比赛”理念一样，理性地选择支付高价，期望着下一刻就能以更高的价格转手卖给下家？还是说他们都被一种类似于毒瘾发作的激情所左右，兴奋得忘乎所以？类似于郁金香热的投机狂潮在多大程度上是理性的，又在多大程度上是感性的？这一点经济学家还是无法达成共识。[29] 我们可以回到第三章中介绍的卡尼曼二分式的理论体系，即系统 1 快思维和系统 2 慢思维，以及两者之间的分工协作，以尝试调和这种感性和理性之间显而易见的冲突。如果我们能就一点达成共识，即决策都是由不止一种决策系统做出的，那么经济学家传统观念中对于何为理性、何为非理性的区分就变得多余了。投机既非理性，也非不理性，而更有可能是系统 1 和系统 2 复杂互动的产物。

事实上，凯恩斯已经预见到：经济和金融决策可能反映了不同思维系统之间的互动。他捕捉到的是理性和情感的互动，即我们理性的一面同我们异想天开的感性的一面的互动：

> 但是我们不应由此就下结论，以为一切都受非理性的心理所支配。正相反，（我们对于未来的信心）往往很稳定，即便是当其不稳定时，也有其他因素发挥稳定作用。我们只是要提醒自己，如果今日之决策可以影响未来，则这种决策（不论是个人的、政治的或经济的）不能完全依据严格的冷静盘算（事实上也没有方法做此种算计）。社会之所以周转不息，就是因为我们有一种内在驱动力。理智则在各种可能性之中，尽力设法挑选，在可以计算之处，也计算一下；但在需要原动力之处，理智不能不依赖想象、情绪或机缘。[30]

我们如何才能度量这种不同思维模式之间的互动关系，以分析情感和金融从众之间的关系呢？如我们在第三章中看到的，传统经济学分析中，关于人们决策的可观测数据是相对容易获取的，全球范围内有许多大型数据库记录资产的交易量和成交价格信息。这些数据库虽然记录下了真实的决策信息，却无法记录在这些决策背后的认知及情感的互动情况。但是，随着神经科学技术的进步，监测和捕捉金融交易员决策背后的影响因素变得越发便捷了。

如我们在第三章中介绍的，神经科学家将金融决策和神经学的证据关联起来，以证明金钱会触发的奖励处理相关神经机制和在寻求食物、性和毒品时会激活的神经系统是相同的。在其中一项研究中，研究员监测了专业衍生品交易员在进行高风险博弈时的精神反馈状态。这些交易员表现出了高度亢奋的症状，包括心跳加速、肌肉紧张、血压升高、呼吸急促及体温升高。更有经验的交易员则一般能够更好地控制他们的情绪。[31]在另一项研究中，研究员专门检测了脑损伤病人的脑部部分神经区域，包括杏仁核和脑岛在内的和情感处理相关的部位。脑部情感处理神经回路受损的病人有更加强烈的意愿冒险将钱投在博彩之中。这些人也比其他实验测试对象在赌博中赚到了更多的钱，也许是因为他们受到情感因素影响的程度更低，减少了冲动决策所带来的问题。在上文中，我们探讨了为何投机者会倾向于短视地看待他们的买卖决策，过度关注转瞬即逝的日间价格波动。再考虑到我们此前讨论过的损失厌恶的情况，对亏损的恐惧辅以这种短视，贯穿了他们的交易行为。曾获得诺贝尔奖的行为经济学家理查德·塞勒及其同僚什洛莫·贝纳茨（Shlomo Benartzi）对这种短视和损失延误现象做了深入的研究，识别出金融投资决策中的一个异常现象：短视性损失厌恶（myopic loss aversion）。当投机者既过分关注短期发展，又过分关注亏损的可能时，就会产生这种所谓短视性损失厌恶的偏好，进而会造成股权类风险资产（如公司股票）和债权类低风险资产（如政府或企业发行的债券）之间配置比例的失衡。为什么会存在失衡呢？当金融市场运作良好时，我们会预期投机者买入更高收益的资产，但是由于受到短视性损失厌恶的影响，投机者会过分担忧购买股票会带来潜在的亏损，因此不会选择持有足够的股权类资产，也就无法合理最大化他们的投资收益。相反，他们会不恰当地持有过多的低收益债券类资产。两个资产类别之间的风险加权收益套利空间始终存在，所以交易员也就无法最大化他们的获利。[32]

我们在本章中探讨的社会影响因素会强化投机者的情感回馈，在金融市场中这表现为社会惯例诱使投机者信他人之所信、为他人之所为。相较于处理定量的、数理的信息，处理情感便捷得多，这使情感可以更快地在群体中扩散蔓延，从而导致金融不稳定性被放大。以此为依据，一些经济学家将市场泡沫的生成和破灭形容为情感躁郁症。早在 20 世纪 80 年代和 90 年代（远在 2007—2008 年金融危机前），美国经济学家海曼·明斯基就指出，投机狂热的陶醉感能够快速地在企业家、投资人和银行家群体中蔓延，发酵促成大兴土木和金融泡沫的现象。但就是因为泡沫天生具有不稳定性，很快就会破灭，紧接着人们就会开始恐慌，而这种恐慌也具有传染性。随着负面的不稳定情绪占据主导，经济和金融体系很快就会陷入危机，随之而来的就是过度的悲观情绪，以及泡沫破裂后对风险的极度规避。我们在下文还会展开讨论，明斯基的分析预测了衰退和萧条将在风险、焦虑和恐惧交织的完美社会风暴后形成。[33] 结合心理学研究的最新证据，明斯基的分析显示了风险、情感和从众之间的互动会加剧恐惧感，并触发社会恐慌。处于恐慌状态的个人会将这种恐慌带给整个群体。[34]

创业型的标新立异者

我们在第五章中讨论了不同类型的标新立异者，在这些甘冒风险尝试新奇理念的人中，对经济能起到推动作用的主要有两类：发明家和创业者。发明家是一类典型的标新立异者，而他们的发明创造则是依靠另一类标新立异者——创业者，方可被商业社会所接纳。创业者愿意承担风险，尝试将发明转化为创新，进而转化为可市场化推广的产品或服务。著名的经济学家约瑟夫·熊彼特就从众及效仿如何带动经济中的创新及企业家精神曾发表过精辟见解。对熊彼特而言，富有创新精神的创业者都是英雄，他们是成功的资本主义经济的支撑命脉，当他们引入新的商业创意时，就会吸引一大批盲从者进行模仿。一开始，许多盲从者都会从新的创新中获利，但是当盲从者的群体越来越大时，利润最终会消失，而整体经济就会趋于下行。[35]

另一段关于标新立异的创业者精神的论述来自约翰·梅纳德·凯恩斯的《就业、利息和货币通论》：

> 最后，长线投资者固然最能促进社会利益，但……此种人所受非议最多，因为他们在一般人眼中一定是怪僻、不守成规、过分胆大妄为。如彼幸而成功，一般人更说他是鲁莽胆大；如彼在短期间不幸而不成功……则一般人不

会对他有多少怜悯与同情。[36]

凯恩斯也强调了创业者天生的远见。短期的影响力并不能帮助创业者做出好的决策，尤其是考虑到优秀的商业创意能带来的回报并不能在短时间内就显现出来。凯恩斯观察到，由于未来存在太多不确定性，创业者不太可能有能力测算出他们的创业项目的收益前景，因而他们必须是前瞻且天性乐观的。创业者意识到创造利润需要时间，因此他们通常比那些金融投机者更有耐心，在创新型的行业中更是如此。脸书、Instagram（照片墙）和推特都是这样的创新型业务的代表，它们也都并非一夜之间就产生了经营收入和利润，但它们的创始人都有足够的远见，能够预见到他们的公司假以时日可以达到的状态。在 20 世纪 90 年代的互联网泡沫中，许多企业都没能存活下来，虽然它们的创始人也是同样富有远见的标新立异者，只不过生不逢时或者产品不够好而已。

未来的不确定性会限制标新立异的创业者的有效决策，但是他们的从众倾向性比大多数的投机者都要小。创业很多时候都不是和会计一起计算未来可能的利润是多少，这是因为预测未来本身就是一件难事，那些相关计算需要的信息根本就不存在。创业者并非期望在快进快出的市场的短期波动中捞一笔就跑，诸如社会学习、声誉、“选美比赛”这样的因素对创业者的影响要比对投机者的影响小得多。创业者都着眼长远，因此他们身边其他人的短视的观点对他们而言没什么意义。相较于总是在寻求共识的投机者，创业者一般而言受到从众的负面影响的可能性较小。相反，创业者会依赖于他们自己内心的驱动力，并且对未来抱有乐观的态度。

社会影响对创业者而言并非没有任何意义，只不过他们受影响的方式有所不同。达龙·阿西莫格鲁（Daron Acemoglu）在他的信号提取（signal extraction）模型中，从创业型投资者的角度对社会信息进行了分析论证。创业者从宏观经济数据中提取信号，例如固定资产投资（在机器、厂房等资产上的资金投入）的数据，从而推导这组整体口径数据中隐含的其他创业者的决策，这帮助每一个个体商业决策者对某一具体情况进行判断，例如判断是否应对一个新的企业进行投资。如我们此前在利己型从众模型的宏观经济推论中看到的，整体口径的信息能够帮助个体创业者推断其他创业者的行为。[37] 通过观察分析整体口径的数据，创业者可以提取他们新业务未来成功可能性的信号。

创业者的情感

创业者有远见并不代表他们就不受心理因素的影响。一个近期的关于非洲小微企业的研究表明，主动出击、目标明确的创始人所具备的心理特质比传统的商科教育更能确保企业的优异表现。[38] 另一个创业者所具备的特质是，他们都是行动派，并且有强烈的欲望另辟蹊径，这也展现了叛逆者的天性。当创业者把一个创意引入市场时，激励他们的不仅是能够赚取的利润，而且是他们能从创建公司的过程中获得的心理满足感。在处事时他们有更强烈的独树一帜的倾向，并且更有可能受到直觉和其他情感及心理因素的影响。凯恩斯是如此刻画创业型的标新立异者的：

> 也许大多数我们善意的决定都只能归因于“动物精神”（animal spirits），一种对行动的自发的渴望，其结果都是要经年累月才会完全凸显出来的……[39]

动物精神的概念可以追溯到我们在第三章中第一次介绍的古希腊医师盖伦，以及他的四气说理论。在发展动物精神的概念时，盖伦遵循了另一位著名的古希腊医师和哲学家——希波克拉底的人体四液学说。四液学说认为，我们的行为举止是由体内的四种体液所驱动的，每一种体液都和自然界的一种基本元素有关——黑胆汁属土，血液属气，痰属水，黄胆汁属火。盖伦进一步发展了希波克拉底的理论体系，将每一种体液和不同的性情联系起来：黑胆汁是忧郁、血液是乐观、痰是冷静、黄胆汁是易怒。[40] 与这些体液及性情相关的，是盖伦所推广的动物精神的概念，可以理解为和神经递质（neurotransmitters，一种在我们体内辅助确保神经系统正常运作的化学信息素）相类似。对凯恩斯而言，动物精神是一种归纳界定创业者乐观天性的方式。他发现“投资的实现有赖于有足够多的个人充满热心、积极乐观、以建立一番事业为安身立命之道”。[41] 从现代医学的角度看来，盖伦的理论似乎有些天真幼稚，但如我们稍后会看到的，凯恩斯用动物精神来解释创业者在投资创新时的乐观态度，这一理论如今已经成了现代行为经济学的研究重点之一。

生态体系：盲从者与叛逆者的共生

不难看出，创业者是整个经济的重要成员，他们带来产品、创造就业，不太在意其他人的想法。相比之下，投机者对经济的意义就不那么明显了，因为他们不会生产任何有价值的实物。那么我们为何还需要这些投机者呢？因为他们是创业者赖以成功的金融市场的必然产物，对任何想要建立或者维持初创企业的创业者而言，金融流动性都很重要，快速周转的金融市场能够帮助创业者为自己的新企业迅速找到融资。在现代金融市场出现之前，如果创业者希望投资创建一个新的企业，他们只能自掏腰包或者去银行寻求支持。有了股票市场之后，他们可以更加便捷地获得资金支持。也就是说，创业者需要金融市场，而金融市场需要投机者以保持资金的流动性，出于这个原因，创业者和投机者发展出了共生关系。

凯恩斯在《就业、利息和货币通论》中也解释了金融市场中的投机行为和创业者的需求之间的关系。凯恩斯认为，至少是从纯粹赚钱的角度看，如果一个人能从股票市场买到某个公司的股票，那就没有必要去创建一家同样的公司。因此，上市公司的市场价值应与创业者投资建立新企业的激励挂钩才对，个体的投机者和创业者想要单方面地协调资金的供给，并将资金匹配到新设企业都很困难，因此也就有了金融市场存在的意义。

投机者的行为会对创业者的事业产生怎样的影响呢？乔治·阿克洛夫和罗伯特·希勒在他们的《动物精神》一书中进一步探究了情感和凯恩斯的动物精神的概念之间的关联，以解释在创业者与投机者之间的互动中，经济学和社会心理学的因素是如何相辅相成的。阿克洛夫和希勒对动物精神的定义比凯恩斯更宽泛一些，不仅包括驱动创业者的心理影响因素，还包括一系列扭曲经济和金融市场的心理影响因素。[42] 在阿克洛夫和希勒看来，叙事是其中一个尤为强大的心理驱动因素，他们认为社会性叙事能够解释一系列不同类型的市场（例如房地产市场）中的金融从众现象。在购房者看来，他们都跟风投身于房地产泡沫之中，（错误地）相信房价永远不会下跌。他们之所以会有这样的信念，是因为传统的主流叙事借由政客和政策制定者之口或是通过新闻报道口口相传，宣称房价只会上涨不会下跌。阿克洛夫和希勒认为，就是这些天真的故事和民间的智慧导致了 20 世纪 90 年代和 2000 年以后全球范围内的房价过度上涨。[43]充满误导性的共识加速了泡沫的形成，并使最终到来的后果变得越发严重。此外还有那些鼓励买入房产及相关资产的不当激励政策，尤其是金融交易员可观的奖金与这些资产的购买行为挂钩时，情况就愈加恶化了。应该对金融从众现象负责的不仅有彼此效仿的投机者之间的互动，还有其他那些未能挑战和质疑这些毫无依据的交易行为的金融市场参与者，包括金融监管机构、信用评级机构、政客、经济学家，甚至记者。[44]

这让我们回想起了在本章中介绍过的海曼·明斯基的理论。明斯基同样也分析了创业者和投机者在经济体系内的互动。如果人们和企业都较为乐观，那么一种欣欣向荣的喜悦感就会充斥整个宏观经济，创业者都希望投资兴办企业，银行家会倾向于以低利率借出充裕的资金，投机者在这个环境中也会如鱼得水。随着泡沫的发酵，对于厂房设备的需求也会增加，而建筑行业也会因为这种日益增长的，对更新、更大的建筑和基础设施建设的需求而越发繁荣。然而，经济和金融体系都是无法永远保持这种上行走势的。很快，随着民众、企业和银行纷纷开始意识到泡沫时期积累的债务水平不可持续时，紧张和裂痕就会显现了。过分膨胀的信心和乐观会被信心不足和悲观情绪所取代，与泡沫发酵时的情况如出一辙，关于前景不容乐观的风言风语不胫而走、尽人皆知。口口相传辅以错误的直觉，在资产价格的下行中助长了从众行为和动荡的蔓延。[45] 2007—2008

年的全球金融危机以及次级抵押贷款的崩盘就是鲜明有力的例证，当叙事扭曲了经济与金融生态体系中创业创新和投机行为之间的微妙平衡时，其所能带来的力量是毁灭性的，其对创业创新、生产和就业的影响也是深远的。

把控投机，鼓励创业

如我们之前看到的，效仿的投机者能够以多种方式对现代经济造成深远的影响，致使其失去稳定。一般而言，创业者是经济的英雄。当今的金融市场的计算机化、全球化和过度互联导致金融动荡的蔓延速度大增。一如英国经济学家保罗·奥默罗德（Paul Ormerod）指出的，某种类似于蝴蝶效应的混沌系统会占据主导地位[46]，一小撮投机者会带来巨大的不稳定性，不仅影响金融系统，也会妨碍经济生产和就业。以 2015 年芝加哥商品交易所的闪崩事件为例，个体的行为可以被夸张地放大，直至在全球范围内产生恶劣的影响。交易员纳温德·辛格·萨劳（Navinder Singh Sarao）于 2017 年被法院判定利用“幌骗交易”（spoof-trading）的方式操纵金融市场获利。他首先下单假装大额看跌某股票，将股价压低，诱使其他投机者也竞相跟风看跌，下单卖出。萨劳接着就以新的低价买进该股票，并取消此前他自己的卖单，以此重新带动股价上扬。他在自己人为营造出的低价位买进，而后反转自己的“幌骗交易”卖单提振股价并以高价卖出，靠着这种手段赚了大钱，而这一切操作都仅是通过他父母位于伦敦西郊豪恩斯洛区家中卧室里的一台电脑完成的。在全球化、计算机化和深度互联的金融市场中，一个人就可以通过操纵投机者群体造成巨大的经济损失。

从进化生物学的角度看，从众的本性应该全然不适用于现代金融市场才对。如果金融投机不过是一种机制化的博彩行为，那么也许我们原始的快思维本能并不能够适应现代世界中全球化、计算机化的金融体系和诸如算法交易的复杂的现代金融创新。由快思维模式驱动的从众行为是否会让金融系统更加脆弱呢？答案是肯定的，因为如果交易员的奖励都和短期效益挂钩，那么所有投机者的物质激励及下意识的本能都会不约而同地鼓励冲动的交易行为。如果金融市场中的大规模从众反映的是固有的情感回应所具有的压倒性影响，则会导致过度的金融不稳定性，那么这种适应性的错配就不值得鼓励。

归根结底，从众有优点也有缺点，放在宏观经济中看也是如此。部分投机行为是有益的，因为他们将金融资源导向商业投机机会、初创项目及创造就业。在某些特定的场景下，群体的智慧和集体的决策会比个体的意见更加准确。我们在第二章中介绍过的孔多塞群体智慧假设认定，个体会理性和客观地做出决策，不受心理和情感因素的影响。然而，这个独立性的假设恰恰点出了金融从众和金融不稳定中存在的问题。个体交易员的决策绝非独立的，交易员之间仰赖于彼此的判断，使用同样的信息进行决策。这对宏观经济和创业者而言都有着严重的负面影响。无论如何，政策的调控对于约束金融从众行为是很有必要的，可以确保后者扬其所长、避其所短。

那么政府应该如何干预现代经济投机行为，鼓励人们进行创业呢？这种干预又应该多深入才合适？在 2007—2008 年金融危机后的今天，政客、政府和国际组织都还未能就这个关键问题给出答案。一旦我们可以更好地理解触发金融从众行为的根源，我们就能够更好地把控金融不确定性及其影响深远的经济后果。有人建议利用政策工具减缓金融市场的流通速度，而有些国家通过将面向大众客户的商业银行业务同风险和不稳定性最大的投资银行业务分离，有效地降低了金融不确定性对宏观经济的影响。如果这一举措能够得到广泛推行，那么就可以限制投机市场波动和利率上调对消费者和企业造成的影响，并允许更多的可供借贷资金流入非公行业。此外，被称作“托宾税”（tobin tax）的金融交易税可以遏制因过度从众和其他非稳因素影响而过热的市场。现在存在的问题是，如果该税种想要真正发挥功效，则必须全球统一实行，以防止资本全部逃入避税天堂。

假设金融市场从众是一种冲动的情感回应，如果我们能够找到一种方法，在交易员过于感情用事时，“中止”他们的决策，那么缺乏稳定性的投机行为就会得到抑制。另一个威力更大的方案则是重新设计企业治理结构和机构的安排。金融服务公司已经出台政策，以确保能够更加有效地监督交易员的行为，这包括更加审慎的汇报机制和团队架构，以确保任何一个个体交易员的行为都更加可控，更少受感情因素影响，限制违法交易员的操作空间。政策制定者也意识到，从众行为和社会影响会为金融市场和宏观经济注入不稳定性，并纷纷探索解决这一问题的方法。英国的金融行为监管局正在开展研究工作，试图理解并改善在资管行业中（尤其在机构投资人中）存在的金融从众及团体迷思的问题；[47] 美国证监会也进行了类似的尝试。如果负责督导大型投资机构的监督委员会的组建和运行能够更加有效，以降低缺乏事实依据的共识的影响，那么就能够对导致创业项目和金融市场动荡的从众行为起到约束作用。

对于投机者和创业者行为的审视帮助我们了解到，盲从者与叛逆者之间的复杂互动实是我们经济和金融市场的特点之一。投机者同时是盲从者的概率更大，而创业者则更有可能是叛逆者。然而，有时一个投机者也会打破常规，借助成功的冒险行为放大自己的投机回报，而创业者也会通过成功模仿他人的创新，发展出属于自己的新商业模式和商业策略。但需要指出的是，盲从者与叛逆者并非只会在经济领域内互动，在科研、政治和宗教等关乎我们生活的方方面面，都存在类似的互动。我们在本书最后两章中将对此进行讨论。

第七章

从众的专家

2009 年，一个叫作特雷弗・乌尔里克（Trevor Ulrich）的婴儿突然死亡。尸检发现了脑部的瘀血和头皮的瘀伤，在缺乏目击证人的情况下，特雷弗的保姆盖尔・多布森（Gail Dobson）被指控犯有谋杀罪。在法庭上，法院指定的医师遵循当时被广为接受的专业理念，作证表示特雷弗死于“婴儿摇晃综合征”（shaken baby syndrome），一种因为被剧烈摇晃（也许是为了泄愤）而受到的伤害。法院的最终判决有过反复，但是在本书定稿时，多布森已经被判定犯有虐童罪和谋杀罪。[1]

这一裁决是基于 1974 年由儿科医师约翰・卡菲（John Caffey）首次确诊的病例：他发现当婴儿被剧烈摇晃时，会出现一系列症状，包括脑部水肿、颅内出血和眼底出血[2]，而特雷弗有所有这些症状。然而在特雷弗案裁定后，医学界的观点开始转变。从 2001 年起，在美国就有很多“婴儿摇晃综合征”的裁定被逐一推翻。2009 年，美国儿科学会宣称，针对相关一系列症状的诱因还有待进一步研究，并且建议医生改用“虐待性头部创伤”（abusive head trauma）这一术语来替代“婴儿摇晃综合征”。在他推翻针对一名被定重罪的两个孩子的母亲的判决时，一名法官在裁决的结语中写道，“婴儿摇晃综合征”更像是一种宗教信仰，而非科学的命题。[3] 即便是有无辜的人因此被误判，也不意味着很多成功的判决就缺乏公正。但这还是说明，法院在诠释证据时需要更小心些。

与此同时，英国一位医生瓦尼·斯奎尔（Waney Squier）则卷入了另一起争端中。在她早期作为专业证人为英国司法机关虐童案件作证时，始终认可一系列症状和“婴儿摇晃综合征”的关联性，但是她逐渐改变了自己的看法，转而接受了一种少数派的观点，即这些伤势也可能是由婴幼儿自己造成的。她前后反转的专业观点备受争议，2010 年英国国家警察改进机构向英国医学总会提出抗辩，认为斯奎尔医生的专业意见因为她对科学证据的主观诠释而被曲解。在对斯奎尔医生进行传唤后，英国执业医师法庭在 2016 年 3 月做出裁定，因斯奎尔医生取证不实，剥夺她作为法庭专业证人的资质。[4]

斯奎尔医生的许多同僚和朋友都认为她受到了不公正的对待[5]，一批律师和科学家于 2016 年在一封给英国《卫报》的公开信上写道：

> 每一个时代都有一些近乎宗教式的正统观念。但历史的必然则是，其中某些人们曾经坚信不疑的观念有朝一日可能会成为滑稽的笑柄……然而，斯奎尔医生的例子延续了一个令人困扰的模式，即权威机构对于那些未能循规蹈矩的人施以重惩……这是现代科学的悲剧，21 世纪的审讯竟然会剥夺一个医生质疑主流观点的自由。[6]

斯奎尔医生再也不能作为专业证人出庭作证了，出于这个原因，一些专家现在也不再愿意出庭作证。另一名对“婴儿摇晃综合征”持保留意见的医生，艾琳·舍姆伯格（Irene Scheimberg）告诉 BBC（英国广播公司）的晚间新闻节目，由于害怕会落到同样的境地，她将不再为法院提供专家意见。[7]

事后来看，斯奎尔医生为了表达己见，承担了似乎极端的风险。虽然她的非主流观点得到了为数众多的专家的认可，但她为此所付出的代价是巨大的。也许现在想就孰对孰错下定论还为时尚早，但在英国医学总会看来，斯奎尔操纵和歪曲了事实。客观而言，关于“婴儿摇晃综合征”这个问题仍然存在争议，专家还是众说纷纭，考虑到这一点，斯奎尔博士如此公开地驳斥现行主流观点，也许是有欠考量的。作为一个经济学家，我无法判断任何一方论点在科学上的合理性，但是斯奎尔医生绝不是因为持有不同于主流专家观点的看法而遭到排挤的个例。只有时间能告诉我们，她是否最终会得以平反。

令人欣慰的是，甘愿以身犯险的科学家有朝一日也可能会迎来柳暗花明的一天。澳大利亚医学家巴里·马歇尔（Barry Marshall）因为在自己身上进行幽门螺旋杆菌试验而闻名于世。他和同事罗宾·沃伦（Robin Warren）怀疑幽门螺旋杆菌是罹患胃溃疡的罪魁祸首，但是苦于没有简便的方法对这个假设进行验证，而故意向人体注入幽门螺旋杆菌显然有违医学道德准则。最初，他们的这个理论备受嘲讽，因为根据当时的主流观点，胃溃疡是由于营养不良、胃酸过剩和压力过大引起的。[8]这取决于你怎么看，你可以称赞他勇敢，也可以指责他鲁莽，总之马歇尔自己服下了可致命剂量的幽门螺旋杆菌。病症随即而来，但是在服用了抗生素后他很快就痊愈了。[9]试验是成功的，佐以实验证据他成功地证明了胃溃疡发病的原因、症状和治疗方法之间的关联性。[10]现如今，专家的普遍共识是幽门螺旋杆菌就是胃溃疡发病的罪魁祸首，而抗生素则是已知对付胃溃疡的最佳治疗方法。[11]考虑到大约 2% 的胃溃疡病例会病变为胃癌，这可谓是 20 世纪最伟大的医学突破之一。[12]某些估算显示，马歇尔和沃伦的发现拯救了成千上万人的生命，而二人也实至名归地在 2005 年被授予了诺贝尔生理学或医学奖。

对于异见的怀疑主义并非新生事物。1633 年，伽利略因为支持哥白尼的日心学说而被判定为异端分子。相较于早前托勒密的太阳及其他星球围绕地球转动的地心说模型，在日心说模型中，地球及其他太阳系星球围绕太阳转动。今天，如果我们试图挑战已经成为主流共识的哥白尼日心学说，或是宣称地球是平的，只会自取其辱。科学进步已经为这些问题找到了答案，但这一过程是激烈的甚至是血腥的。[13]伽利略和上文的例子已经说明，持异见的专家时常会成为最为恶毒的攻击目标。是什么引导专家群体在错误的研究方向上越走越远？又是什么激励了持异见的专家与群体的一致观点对着干？一系列复杂的社会及个体影响因素、刺激及激励因素形成互动，都在其中发挥了作用。

容易犯错的专家

我们每天的日常生活中都充斥着各式专家的意见和判断。专业记者和媒体评论员告诉我们如何解读最新的政治及经济新闻，医学专家诊断病情并对症下药，专业技工负责检修我们的汽车和热水器并告诉我们何时需要更换，专业美发师说服我们尝试新的发型，气象预测专家建议我们是否选择出行或是否要带把雨伞。无论是好是坏，专家意见对我们都有巨大的影响，仅考虑一下那些可能是决定生死的流行病学专家的专业意见，他们的意见决定了我们能否使用某些药物和疫苗；又或是想一想上文中提到的法院判决，专家证人提供的证据所带来的重要影响。有时专家是对的，但有时他们也会犯错，无论是哪种情况，我们都无法确信甚至假定他们的专业意见就是毫无偏颇、完全基于客观证据的全面分析。

现如今，有许多人都对专家及专业意见持保留态度。尤其是在当今这个由不足为信的小道花边消息及社交媒体新闻主导的社会，专家时常是被猛烈抨击的对象。但是我们这种对专家的不信任也不是历史上第一次出现了，况且也不见得是坏事。曾经提倡前脑叶白质切除术和冷水疗法的江湖术士（medical quackery），[14] 现在则摇身一变，成了诸多非传统疗法、手术及营养学领域风尚的代言人，一旦有足够的名人背书，这种信任会导致严重的后果，如造成众多因治疗导致的疾病。社会影响因素在引导人们选择某一种疗法时也会发挥作用，因为人们选择该疗法仅是基于对该疗法推荐者的信任。[15] 当然，如果我们自己并非专业人士，那么几乎可以肯定的是，我们总会有要选择信任专家意见的时候。

有充分的证据表明，我们之于专家意见的态度和反馈至多是将信将疑，而这种困惑通常会因为某些“科学新闻报道”过于草率的甄选标准而被放大。我们对专家的期望有些自相矛盾：我们希望专家意见能够独到创新，但与此同时我们又希望看到专家之间的意见能彼此印证，方能安心。从经济走向到天气预报，我们总是马后炮式地对这些预测中非主流的观点持批判态度。

迈克尔·戈夫（Michael Gove）议员因为他的论断而毁誉参半。在英国2016年的欧盟公投的辩论阶段，他在英国天空新闻台的节目上发言，驳斥包括英国国家统计署和英国财政研究所的专家在内的主流经济学家的观点，认为脱欧不会对英国造成严重的经济后果，同时表示“人民已受够了所谓的专家意见”。当然这可能是对戈夫议员原话的断章取义，他的原话是，“这个国家的人民已经受够了那些以首字母缩写组合冠名的机构的专家。这些专家总是说他们胸有成竹、自有分寸，但是又一错再错”。[16] 无论如何，在这次采访，以及后续访谈节目、线上线下媒体报道中，他反对专家的观念清晰无疑。在当年6月公投临近时，《每日电讯报》议会专栏作家迈克尔·迪肯（Michael

Deacon）发表了一篇精妙的讽文，将戈尔议员似是而非的论断推上了舆论的风口浪尖。我们是否真的需要医生、驾驶员或数学老师？

> 数学界在定义“2+2=4”这点上做得可真不赖，我们对此致以谢意。如果你胆敢建议“2+2=5”，那立马就会有人让你闭嘴。这种学界集体思维整齐划一的程度实在是让人担忧。坦白地说，英国的学生已经烦透了这种学术正确性。[17]

想要反讽戈尔议员的论断并不难，但这不能说明他的观点就一无是处。针对专家的怀疑情绪日渐升温，而大众媒体上无处不在却又自相矛盾的“高见”则只会助长这种不信任感。[18]

专家糟糕的沟通风格和方式也给自己帮了倒忙。我们普罗大众可能并没有意识到（现代媒体也并没有做相应的引导），专家并非神机妙算的占星师，并不能未卜先知。他们在一个充满不确定性的世界里构建自己的判断，我们时常忘记的是，绝大多数情况下就是因为没人知道真实情况是怎样，我们才想要寻求专家的意见。相关的证据并不清晰，存在不确定性，而不确定性的本质就是高质量数据的缺失以及相关数据解读诠释的困难。无论是风暴、股票市场波动、石油储量勘探还是流行病的扩散，对各类复杂现象未来趋势的预测是颇为困难的。在这些时候我们向专家寻求帮助和答案，但忘了专家也是会犯错的凡夫俗子，他们有时也没有可靠的方法辨识真相或预测未来。在一个充斥着不确定性的世界里，专家自己也不能确信，并且也应该勇于直面这种不确定性。

考虑到这些不确定性，专家会转而告诉我们某一事件发生的可能性。他们的这种预测仅是有一定依据的概率猜测，科学家当然需要客观地承认他们预测中的运气成分，因为如果不这么做，就没有知名期刊会发表他们的文章。但是在公共媒体，尤其是社交媒体的二次诠释之下，这些警告都被抛之脑后，专家的研究成果和论断最终都会被浓缩为一条不足 280 字的推文。

相反，另一个同样普遍存在的偏见是，考虑到专家在相关领域有着深厚的专业知识储备，有时我们并没有给予专业意见足够的重视。包括 BBC 在内的最顶尖的广播机构都被人诟病，因为他们会无形中假设非专业人士和专家掌握的信息是一样的，因此在节目中给予非专业人士和专家一样的发声时间。如果所有人的观点都一样重要，那么是否意味着经年累月的求学钻研毫无价值？这一争议在科学家与否认气候变化的人之间的辩论中显得尤为突出。2014 年，BBC 进行了一次调研，借此重申并非所有观点都应被一视同仁地对待，科学依据和科学家的观点应该比不熟悉情况的非专业人士的意见更受重视才对。[19] 现代科技也许在其中负有责任，因为它使未经证实的意见也可以像真理和事实一般被迅速传播。结果就是，一旦某项科学研究不再受到追捧，资助的资金也会随之枯竭。[20] 因此，我们有必要弄清楚问题到底出在哪里。当专家带着权威的口吻，用生僻的专业术语向我们展示某些信息时，我们须谨记，他们也同样会受到从众及社会影响因素的左右。这些影响有时是有意识的，有些则是无意识或不怀好意的。

如果我们问专家，他们的目标是什么，他们也许会回答（但愿如此）是为了通过对已知证据的权衡分析，寻求某种客观真理。学术派的专家也许还会补充，表示他们的目标同时也是借由灵活而均衡的方法论，发展现有的科研理论和探寻事实的真相。所有这些都假定专家本质上是如机器一般能够精确处理信息的工具，我们希望他们能够吸收数据信息、对其进行处理，并输出最优的客观判断。如果他们的判断出了错，那么我们就认为他们一定是心智、动机或智商出了问题，抑或三者兼而有之。我们忘了这些专家也和我们一样，都是社会性动物。

不确定世界中的社交专家

在充斥着不确定性的世界里，社会影响因素的作用尤为明显。但是，既然没有完全客观的真理标准供我们参考，让我们作为比照以评价某位专家的专业意见，那我们在对专家评头论足时如何能够将这些影响因素进行区分呢？如我们在第六章中看到的，人们自己拥有的信息越似是而非，就越有可能选择从众。当客观真相难以寻得时，主观的社会影响因素就显得尤为有用。在一个不确定的世界，专家的功用不是提供事实，而是诠释数据。对一个经济学家而言，预测下一年房价、油价或者政府赤字规模实在是个浩大的工程。这时候，专家的观点通常只不过是观点罢了，而绝非对事实的陈述。以房地产市场为例，市场的走势是由如此多不可预见的复杂因素所驱动的，因而关于该市场走势的经济学预测如此不靠谱也就不足为奇了。有时，专家能给出的最诚实的回答就是他们也不能确信，而他们最好的对策就是收集更多的信息，以减少这种不确定性。问题是，对于那些专家所不知道的事，本身就不值得新闻报道，并且也不是人们希望听到的。[21]

这和盲从者与叛逆者有什么关系呢？我们已经看到的是，当信息及事实模糊不清时，社会影响因素的效力最强。从众对于观点、判断及信念的影响是巨大的，它将处理复杂数据及依据本身的难度进一步放大。一般而言，知识的演进是一个社会性的过程，以学术会议、学术研讨会和研究小组的形式实现。科研在绝大多数情况下都是合作性质的，优秀的科学研究是建立在前人成果的基础上的。一如艾萨克·牛顿借用法国哲学家、沙特尔宗教学校校长伯纳德（Bernard）的名言说道："如果我看得更远，那是因为我站在巨人的肩膀上。"倚赖先哲的积淀，我们才能有更远的视野、更深刻的见地。而辅以若干前提假设，集体的决策或许要比任何个体的判断都更为准确。[22] 如我们在

第二章中介绍过的孔多塞的群体智慧理论所指出的，如果众多专家集思广益，那么集体的成就将远胜于任何一个专家的个体意见，但是这一理论成立的前提假设是，每个个体的观念都是相互独立且无关联的。相较于对已知信息加以验证，能够帮助我们打破已知观念认知的证据，其包含的信息量可能更加丰富。叛逆者在知识创新和颠覆群体共识上扮演着重要的角色。贝丽尔·利夫·本德利（Beryl Lieff Benderly）注意到，新颖的观点在科学界并不总是那么受欢迎[23]，因而这些科学进步所仰赖的新颖观点也并非总能顺利得见天日。

我们可以从两个互补的角度来审视这个问题，同时对本书的主题进行反思：能够利用经济学理论解释的利己型从众，以及依靠社会心理学因素影响驱动的集体型从众。前者关乎专家对自身个体利益的追求，可以通过驱动专家个体的激励机制加以诠释；相反，后者更加复杂，尤其是在量化其影响力上难度更大。

利己型专家

在对专家意见进行评价时，我们不仅要试图分辨他们观点的对错，而且要诠释不同专家之间无法达成共识的背后动机。这种不认同是基于充足依据的真实观点吗？还是说这些叛逆的专家都是一心欺世盗名的骗子？而那些和主流保持一致的专家是否又是为了自己的功名建树而迎合奉承已有的权威观念？为了解构这些复杂的关系，我们可以探究一下专家选择支持主流或非主流观点的不同原因及动机。

我们可以首先观察那些驱动利己型专家行为的激励因素。以效仿型专家为例，在第一章中介绍过的利己型从众经济学模型假设，个体都会致力于探究某一事件的真相，这一假设并非不切实际，绝大多数的研究员和科学家都愿意致力于知识的推陈出新、发展演进，但如果激励机制致使专家个体的利益和社会整体利益不一致，这时驱动这些利己型专家的因素又是什么？如果我们意识到，检验其他科学家的研究结果并不总是符合个体利益，那么辨识专家意见的正确与否就变得尤为复杂。在从众场景下，当专家选择跟随主流观点不再是为了对客观真理的追求，而是出于（我们稍后会看到，反映个人满足感的）内生性或（主要是由金钱驱动的）外生性的个体动因时，问题便会由此产生。

信息的扭曲

专业知识的本质是信息，而核心问题是明晰信息的匮乏和扭曲。信息的分配时常是不均衡的，每个人掌握的信息并不一致，而包括专家在内的人时常都有欺骗他人的动机和倾向。我们因为在某些方面的无知，才要寻求专家的帮助，因此也就容易受到专家专业知识的摆布。许多经济学家都探讨过信息不对称，以及专家利用专长为自己谋利所带来的问题。诺贝尔经济学奖的得主乔治·阿克洛夫在发展自己的逆向选择（adverse selection）理论时探讨了信息不对称的后果，解释了次品如何驱逐良品，从而占据市场。阿克洛夫列举了二手车市场的例子：我们大部分人的相关知识都有限，因此二手车交易商也许会乘机尝试将一些残次品卖给我们。于是问题来了，不是所有二手车交易商都会卖次品，但是作为买家的我们分辨不出良品和次品，也就只愿为良品支付等同于次品的价格（即反映平均质量的价格）。这对那些卖次品的交易商而言是美事一桩，但是对卖优质二手车的交易商而言就不是好消息了。对后者而言，他们卖不出公道价格，因此也没有动机在市场上继续出售优质二手车。他们将优质二手车退出市场，于是市场上二手车的整体质量下滑，均价也随之降低，这意味着越来越多的优质二手车退出市场，而市场上二手车的整体质量及价格也不断降低。这类逆向选择的市场将最终被次品所占据。[24]

这和专家意见有什么关联呢？尤其是当大众媒体牵涉其中时，专家意见的质量就会如二手车市场一样每况愈下。即便某位专家见解精辟，我们又如何能将有着真知灼见的专家与那些自吹自擂、只期望为自己积攒口碑的人区分开来呢？这并不容易，而且绝大多数情况下并非只关乎对错。事实上，我们时常无法区分一个悉心调研、严谨细致分析的靠谱专家和一个马虎处理数据的二流专家之间的区别。如果大众无法区分二者，那么可能所有专家受到的媒体关注都是一样的，因此专家也就没什么动力细致严谨，而专家的整体质量也就会下滑。

道德风险（moral hazard）或许是投机性的专家利用不对称信息而带来的另一类问题。社会学家将授权他人代其处理事务的人称为委托人，将被委托授权代他人处理事务的人称为代理，而道德风险所揭示的就是委托人和代理之间利益的不一致性。这一概念适用于包括劳务市场、保险市场、金融市场在内的一系列经济场景，也同样可以用在专家身上。如果说逆向选择是关注签订合同之前的选择，那么道德风险就是合同签订后产生的风险。当委托人雇用代理以交付某些货物或服务时，他们无法确定代理是否会推卸责任。代理也许会有动力以投机和非道德的方式行事。在专家的例子中，我们在知识汇集的过程中间接地雇用了专家和研究员作为我们的代理，而我们作为专家的委托人，无法轻易地观察和判断专家提供成果的质量。这时如果专家的动机和我们的动机不一致，问题就随之产生。例如，如果专家能够通过推广引人注目、值得在新闻上大书特书的科研成果为自己谋利时，就会出现这样的问题。一旦受雇于我们的专家掌握了更多信息，而我们又无法或很难有效地监督他们的输出成果时，我们就可能会受骗。以专业理财顾问为例，他们的工作就是提供专业理财建议，但是他们可能会出于个人动机而推荐特定的金融产品。他们的委托人（即为了选择养老计划、保险产品、抵押贷款而需要他们专业建议的人）都没有足够的时间或专业能力来对得到的建议进行评判。这些委托人也许会因为信任专家但又没有能力判断他们的专业能力，所以被推荐购买并非物有所值或者根本不适合自己的金融产品。

道德风险和逆向选择也会在专家身上以其他方式呈现，表现为专家刻意掩饰他们研究成果的质量。虽然故意的舞弊欺诈不多见，但还是存在专家通过利用他人的无知而为自己谋利的个例。其中一例就是一名叫作安德鲁·韦克菲尔德（Andrew Wakefield）的医生，他因为对 MMR（麻腮风三联疫苗）的所谓专业见地而一度饱受赞誉，而后又被唾弃指责。在一篇刊载于著名医学学术期刊《柳叶刀》上的文章中，韦克菲尔德声称接种 MMR 疫苗会导致结肠炎和自闭症。他的观点马上成了头条新闻，被广为传播，以至于许多家长都不敢再为孩子接种 MMR 疫苗。这样一来，不仅是孩子，整个社区都容易感染严重的传染性疾病。当一个群体的大多数人都有某种疾病的抗体时，那么整个群体对于该传染病就是免疫的，这种群体免疫性本身就因为韦克菲尔德的谬论而受到了威胁。一如我们在前文中探讨过的金融市场不稳定性，个体行为会快速而深远地在复杂的社会系统中扩散，从而带来不稳定性，而这种不稳定性也会因为从众行为而进一步恶化。其他研究员尝试着复制韦克菲尔德的发现，但是都没有成功。他的同僚认定韦克菲尔德关于 MMR 疫苗的研究结论是基于虚假的学术证据。《柳叶刀》撤回了他的论文，韦克菲尔德稍后也被英国医学总会除名。他为何要拿自己的整个职业生涯冒险呢？英国记者布赖恩·迪尔（Brian Deer）为《星期日泰晤士报》调查并撰文，并稍后在《英国医学期刊》上刊登发表。迪尔的文章指出，在诉讼官司中控告 MMR 疫苗生产商的律所买通了韦克菲尔德。[25] 如果这个报道是真实的，那么因为信息不对称性，金钱的激励和韦克菲尔德自身的利益实际上就已经凌驾于医者应有的道德准则之上了。

声　誉

两位经济学家马赛厄斯·埃芬格（Matthias Effinger）和马蒂亚斯·波尔本（Mattias Polborn）探讨了专家是如何借由从众和反从众行为为自己的声誉加码的。专家能意识到，如果他们是唯一正确的人，就能够名声大噪。群体可能是对的，也可能是错的，关键问题是，如果最终发现群体是错的，那么作为唯一明智的专家就意味着巨大的金钱和声誉上的回报，而如果仅是和他人同时正确，所带来的收益就要少一些。当这种鹤立鸡群意味着巨大的回馈时，就更有可能催生反从众的行为。也就是说，专家会有动力去驳斥其他专家的专业意见。然而，对声誉的追逐也可能催生从众行为。如我们在前文中看到的，在许多场景中我们只有与群体保持一致，方能更好地保全我们的声誉。与他人意见相左的下场可能是巨大的损失，而早在第一章介绍利己型从众时我们就已说过，跟随主流的风险小得多，于是我们就更不太可能成为叛逆者。如果一位专家已将多年的时间和精力倾注在某一特定理论或职位上，那么他抵触针对这一理论或职位的变革或异议也是意料之中的事。[26] 在本章中，我们已经讨论过的斯奎尔的案例，从中就可以看到反对主流共识对专家而言可能意味着巨大的职业及声誉代价。

专家的另一个倾向性是形成眼下的共识。短期而言，同群体保持一致对于专家的科研事业可能会有帮助。然而长远来看，人云亦云也意味着不太可能得出开创性的科研成果。问题是，短期的影响也许对处在职业生涯初期的年轻专家学者尤为重要。实验室年轻的科研人员在尝试积累自己的声誉时，时常会选择效仿和跟随他们的导师。社会学习自然是一方面，但这样的行为也应部分归因于社会压力。对一个刚拿到博士学位的年轻研究员而言，奉承迎合团队领导、追随前辈的研究方向和足迹意味着更大的拿到终身教职的机会。这样的行为并非就不可取，因为年轻的研究员本身就有诸多可以向其前辈学习的地方。尽管取得研究上的创新突破意味着更大的职业发展空间，但是对年轻研究员而言，也意味着短期更高的风险。

2011 年 9 月，社会心理学家迪德里克·斯塔佩尔（Diederik Stapel）因为在城市环境社会学的研究中杜撰数据，被雇主荷兰蒂尔堡大学停职。他炮制证据，并据此宣称他证明了杂乱无章的环境同歧视行为及贫困之间的关联。那些此前已怀疑他造假的人自觉无力挑战斯塔佩尔，致使后者的谎言一时未被拆穿。据说斯塔佩尔在受到质疑——尤其是被年轻学者质疑其数据和发现时——会采取强硬的态度回应质疑者。[27] 这个例子展现了我们绝大多数人都会遇到的趋同压力。无论是质疑前辈的年轻研究学者，还是公开揭露数据造假疑虑的揭发者，都有可能失去一切，或者被上司驱逐，或者因为失去靠山而致使事业停步不前。

但是，专家终究不能长久地将自己的声誉建立在伪造的证据上。是什么驱动了像迪德里克·斯塔佩尔这样的人，置自己的声誉和职业生涯于极端的险境中？对大部分专家而言，持非主流观点是有好处的。而我们在第五章中看到，相较于趋同的盲从者，叛逆者更愿意承受极端的风险。学术研究界尤为重视原创性，一个仅会认同他人观点的研究者也许很快就会被其稳妥但毫无新意的研究策略所累，科研事业进展缓慢，无甚建树。相反，如果能为他们赢得声誉，而其后辈学者可能又不敢提出异议，那么那些有建功立业野心的专家就有动力去杜撰惊世骇俗的发现。对只会效仿的专家而言，他们易受群体影响的倾向性有着深远的负面后果，尤其是当团队的领导者利用下属对权威的顺从，从而操控后者的研究方向时，这种负面性尤其明显。

均衡的专家

我们如何能够将这些因素都融入一个模型中，以识别一个趋同或是反叛的专家如何受到社会因素的影响呢？大致说来，它可以被部分理解为一个平衡投入产出的过程。绝大多数专家——无论是有意识还是无意识的——都会过度关注自己认同的信念和观点。绝对真理对他们而言很重要，但是他们也同样受内外部的驱动因素所左右。一群志同道合的研究学者也许可以一起把酒言欢，如果交谈之中得到前辈的赏识，还有可能因此受邀参与共同研究。认同他人的观点有着心理学上的价值，而叛逆的策略则会让人孤立无援。此外，专家通过加入某一群体，也能获得额外的战略优势。与此有关的是一个被经济学家称作收益外部性（payoff externalities）的概念：当一个专家支持某一特定的集体共识时，他们的支持本身就会促使他人也支持这一共识。随着他人的加入，群聚从众对群体中每一个人的益处会逐步增多，而后随着加入共识的人数达到某一阈值，随即边际递减。每当一位专家加入某个精英小团体，共同支持某个新颖独到的观点时，加入这个团体对于其所有成员的价值也随之增加。知识泡沫逐渐形成。随着团体人数的增加，诸如声誉、同他人形成共识带来的满足感等好处也随之而来。作为一个职场策略，支持一个新近形成的共识对职业生涯是有增益作用的。随着专家不断模仿和复制其他研究者的创新成果，共识不断扩大，虽然对个体而言——尤其是在科研学术领域——效仿和复制的价值是极其有限的，但这种共识形成的过程也并不是线性的，一旦共识真正形成，从而失去其最初的原创性和新颖性，加入这一共识所能带来的收益也就开始降低。因为缺乏原创性，想就一个被广为接受的共识发表观点开始变得困难。

随着加入该共识的群体规模不断扩大，其后新加入的每一个专家能获得的收益也越来越小。套用经济学的术语，加入共识群体的边际回报将会递减，最终降至零。在我们这个例子中即代表支持该共识将被视为缺乏新意，并且对于发展新研究课题无甚帮助，有的也许只是原地踏步、拾人牙慧、新瓶装旧酒之类堆砌性质的工作，充其量也就是无关紧要的边角拾遗罢了。如此一来，对有抱负的研究者而言，再加入该共识群体也就没有价值了。

能使反叛的研究者受益的东西恰好相反。随着越来越多的专家加入某一共识群体，持异见者会显得越发无足轻重，随着大批专家前赴后继地支持某一个新近达成的共识观点，持不同意见的少数派一开始将会是输家，名声扫地、事业停滞不前。最终天平会向另一边倾斜，随着共识开始逐渐失去其原创性，即便持不同意见也讨不到好处，但是其负面性也在逐渐消失。甚至，一旦人们对共识感到厌倦，持异见者的境遇会得以反转，摇身一变成为引领观念潮流的人。在这个过程中，也确实存在一个当共识和异见实现两相平衡的稳定状态。

专家的偏好

上文中提到的影响因素基本上都是客观和自觉的。当专家不自觉地使用思维捷径或其他经验法则来指导他们对事件的诠释时，更为棘手的问题就随之产生，尤其在充斥着不确定性的场景下更是如此。他们会不自觉地趋同于前人的观念，进而失去自己的判断力。这并非关乎个体对自身事业或其他利益的追逐，将这些专家引入歧途的是那些他们自己未曾意识到的偏见。尽管专家也会试图操控社会影响因素，以期维护和树立他们的声誉，但是至少这些有意识的僭越，借由某些设计精巧的奖惩机制，还是可控的。但是如果扭曲专家判断的因素连他们自己都没有意识到，那么问题自然就更加棘手了。

如我们在第六章中看到的，行为学家通过研究心理学因素在我们决策过程中扮演的角色，从而探究人们诉诸思维捷径和经验法则这样的快速决策工具来处理繁杂信息的原因和方式。如丹尼尔·卡尼曼和阿莫司·特沃斯基在研究中观察到的，思维捷径和经验法则均会导致偏好的产生，包括当个体信念因非客观原因而同身边他人已有观念趋同，从而产生的诸如团体迷思的集体偏见现象。这会进而导致从众和路径依赖（path dependency）的问题，决定未来事件走向的是过去已发生的事件，而非对当前最新信息的全面分析判断。社会心理学的影响因素，如我们许多人都有的保持趋同一致的倾向性，会进而加深固化这些问题。从众的倾向性也可能归因于工作压力。例如，一项研究显示，大约 78% 的西班牙医生在诊治多发性硬化症病人时会采用普遍流行的疗法。研究员发现，导致相关倾向性的一个关键诱因是，对认知能力有很高要求的决策所导致的精神疲劳。[28] 与从众偏好相关联的还有证实偏好（confirmation bias）的问题。行为经济学家和心理学家已经证实，人们倾向于以符合他们世界观的方式对信息和例证进行诠释。例如，如果某人不认可气候变化现象的存在，那么他会倾向于对全球变暖速度放缓的证据加以解读，以支持他既有的理念，即气候变化的表征难以捉摸，不足为证以说明全球变暖。证实偏好会影响人们对于专家意见及专业证据的看法，进而确保团体信仰和集体观念能得以存续。

研究者也探究了这类现象对科学研究到底有多深远的影响。索卡尔骗局（Sokal hoax）即是其中一例。1996 年，一位名叫艾伦·索卡尔（Alan Sokal）的物理学教授决定检验一下科学期刊审核机制的严谨程度。他将自己杜撰出来的胡言乱语用社会学界流行的观点包装起来，向美国杜克大学的文化研究学术期刊《社会文本》（*Social Text*）递交了一篇名为“跨越界限：通往量子重力的转换诠释学”（Transgressing the Boundaries: Towards a Transformative Hermeneutics of Quantum Gravity）的无厘头论文，结果这篇论文竟被该期刊及其评审接受，允许发表。根据索卡尔教授自己的诠释，这是因为他的这篇无厘头论文很好地迎合了该期刊编辑及评审专家的既有理念，验证了这些编辑和专家自己的世界观，因此也就给了他们采纳该论文的动力。[29] 专家当然也会犯无心之错，但是对于在初审时发现的、与他们自己的观念向左的文章，他们后续校验纠错时会相对更仔细些；反之，如碰到和他们自身观念吻合的文章，这些编辑和评审专家就更有可能受证实偏好的影响，后续校验时粗枝大叶，淡化和忽视文章中方法论的漏洞和不足。同时，当研究者受到无意识的偏好因素影响时，他们会真心误以为自己的观点和结论是基于客观事实得出的。

另一个与从众及社会影响有关的认知偏见是我们在第三章中介绍过的，由卡尼曼和特沃斯基首次提出的锚定和调整思维捷径问题。[30] 行为经济学家和经济心理学家的研究已证实，我们的许多决策都是基于某些参照点而做出的，我们以现状为依据和支点，从而对决策进行调整。在这个过程中，社会因素扮演了重要的角色，因为我们使用的许多参照点都是社会性的建构，例如我们天生就更倾向于接受已被广为认可的观念。在关于思维捷径及偏好的研究文献中，损失厌恶理论也和我们当前的讨论有关联。我们在前文中也讨论过这个同样是由卡尼曼、特沃斯基等学者提出的现象，反对主流观念可能会对声誉造成主观和客观的负面影响，而其潜在负面影响程度之大，可能远超过跟随主流能获得的潜在收益。现如今，大家更关心的是尽可能降低潜在损失，因而我们也就更有可能看到专家为了规避潜在的声誉风险而不发表异议。

科学家的个人性格的不同也决定了他们成为盲从者还是叛逆者的倾向性。强势性格的人或许更可能坚持己见，但我们不能确定的是，这些人是因为信念，还是因为他们的强势性格而拒绝从众？我们如何在研究中对二者进行区分并一探究竟呢？我们时常假设，在实证科学中，借由精心设计的试验，对统计学原理和科学方法论的坚守和应用，都可以遏制盲目团体迷思的问题。如果研究员足够自觉，有足够的专业素养，那么一定程度上这的确是可行的。但是统计学中也存在投机取巧的空间，而即便是最优秀的科研人员，证实偏好的倾向性也很难彻底克服。

专家的从众外部性

这些因素的影响不仅限于这些研究员，我们性格中都有乐善好施的一面，所有人所想的终究还是为自己谋利。问题是，专家的意见天生就对其他人有影响，这是经济学家称之为“外部性”影响的一种：某个人的行为或决策使他人受损或受益，而受损或受益者对该行为人的选择和决策则完全没有任何控制力。在我们的讨论中，群体思考和从众也许对专家个人有好处，但是对学界和整个社会而言都意味着负面外部性。随着专家前仆后继彼此效仿，他们都已摒弃了自己的私有信息，而整个社会也因此蒙受损失。

在第一章中，我们指出，从众所带来的负面影响不仅取决于从众群体的选择是否有方向性的错误，还关乎于其过程中私有信息和判断的遗失。我们可以在专家的例子中更好地诠释这一点。一旦从众意味着专家获得新发现的概率将大大降低，那么从众外部性就将成为科学研究的严峻威胁。在讨论专家意见时，缺乏新的见地可以表现为对某个流行理论的过分重视，某个专家可能会找到驳斥主流共识的论据，但是出于某些原因而对这些论据视而不见。例如，对一个分析次级抵押贷款市场投资回报前景的金融分析师而言，直觉告诉他这是有毒资产，但是他们又看到身边的人不住地追加投资，在判断投资这些资产的风险时，后者对他们决策的影响要远大于他们自己的判断，由此一个投机性的房地产市场泡沫逐渐形成，对全世界的经济都带来了毁灭性的打击。

人群中的专家

对这个主题的探讨将我们引上了经济学家对以下问题的若干思考：对个体有利和对群体有利是两回事。知识和证据都有经济学家所谓的公共财产的许多特质。在最纯粹的状态下，公共财产应对所有人完全开放，每个人都可以使用，毫无准入门槛。一个人对公共财产的使用不会妨碍他人的后续使用，也就是说公共财产不会消耗殆尽，每个消费者的边际使用成本为零。从个体的角度来看，公共财产的问题是，如果无法便利地阻止他人使用这些公共财产，那么也就很难对用户征收费用，也就意味着缺乏市场化的动机持续供应这些公共财产。如果无法对用户征收费用，那么就无法获利，因此是谁来为公共财产埋单呢？

从社会角度来看，收集知识应是集体的努力。虽然市场已经演进到能够从中获利，而除市场外的其他社会建制也进化到可以对市场给予配合和支持。最富有争议的是在学术界，通过学术期刊昂贵的专利付费区或学者自己付钱发表研究成果的安排，知识被有效地私有化并成为获利的工具。在盲从者专家的例子中，正是由于科研和知识积累这种众人拾柴的性质，致使人们很难区分基于事实依据的共识和缺乏根基的共识，如果积累知识依靠的是众多专家的共同努力，那么一旦犯错就不能将责任归咎于任何一个个人。

如我们在前文中指出的，最初倾向效仿型专家的天平会倒向叛逆型专家一边，而在这个过程中声誉也会受到影响。当效仿型专家的声誉更盛时，共同的信念只会导致过度的共识和集体的偏好。经验主义哲学家迈克尔·韦斯伯格（Michael Weisberg）及其同事论证了一个理念：共识一旦过量就会产生负面的影响。韦斯伯格及其团队运用计算机建模的方法模拟了两类人群，一类由效仿型的“追随者”（followers）为主，另一群以叛逆者为主。研究团队创建了虚拟的地图以具化这两类人群分别能探索的知识疆域有多大，模型显示以叛逆者为主导的人群所开拓的知识领域远大于以追随者为主导的群体。效仿追随者探索的疆域更小，是因为他们群聚扎堆、故步自封，而逆势者则勇于探索未知的新领域。对专家而言，这个模拟实验带来的启示是，一旦专家的群体中满是跟风从众的人，那么对知识疆域的探索就必然是不充分的。跟风型的专家因为互相效仿，因而所知就会更少，因为从认知的维度看，他们本质上只是重走别人的老路罢了。相反，一旦专家群体中有了一定比例的叛逆者，那么结果就会逆转，知识疆域被充分探索发掘的可能性就会大增。专家不再纠结于前人已有的成果，更可能会有更多的发现。总而言之，韦斯伯格主张为科研中的冒险行为建立激励机制，以克服过多追随者互相抄袭所会导致的整体损失的问题。[31] 韦斯伯格的研究表明，叛逆者的存在是至关重要的，我们需要叛逆者带领趋同从众的专家从被社会影响因素所主导的歧途上走出来，重回研究视角独到、数据诠释方式新颖的正确道路。但是情况也并非这么简单，因为社会影响也有其价值，例如对已有结论的重复验证就是科研中常被忽视却至关重要的环节。如果一个假设能在一系列不同的研究中多次得到验证，那么也许就能说明这个假设的可信度和可行性更高。

如我们在前文中看到的，经济学家的从众模型显示，一旦我们认定他人掌握的信息更优，我们就会理性地跟随他人。也就是说，支持共识并不意味着这些共识就是错的，如果对我们更有利，也许忽略我们所知的少得可怜的信息就是合理的选择，而这一点同样适用于专家。麻烦的是，在宏观层面这会导致路径依赖的问题。简单来说，如果支持某一理论的专家人数越多，那么在其他情况一定的前提下，也许这个理论正确的概率就越高，但是这并不意味着它一定就是准确无误的。学术研究一般和绝对客观例证无关，试想两个最初都富有新意且并无“派系”支持的竞争假设，当其中一个理论或假设受到许多专家的支持时，那么就可以合理地认定，这个理论或假设更有可能是正确的。毕竟，一大批专家支持一个错误假设的概率要小于一大群专家支持一个正确假设的概率，尤其是当专家基于客观合理的原因才彼此认同时。

共识很少持久存在。如我们在前文中“婴儿摇晃综合征”和胃溃疡的例子中看到的，叛逆者终究会出现并扭转他人的观念。哲学家托马斯·库恩（Thomas Kuhn）断言，知识演进的轨迹一般而言是平滑的，但是当学习和知识部分是依靠社会互动完成时，这一演进历程就势必曲折多难。如果我们能清晰地意识到这一点，那就问题不大，但是学者和其他专家也会有意识或无意识地跟随群体的共识。所幸，如库恩所言，当共识的轨迹骤然转向时，伴随着所谓“范式转移”会出现周期性的革命，从而实现知识的进步。[32]

外行的专家

某些专家例子中的经验也可以适用于集体决策。专家绝不是唯一在做对他人有影响的决策时会受到个人压力左右的人，人民陪审员就是一例。由于非专家意见都相对缺乏依据，正外部性和反外部性之间的平衡就更为重要。外行自然缺乏深入的知识储备和专业技能，他们获得的私有信息较少，这就致使他们更加容易受到社会影响因素的摆布。有时，当信息支离破碎，不确定性蔓延时，从众就是唯一明确的选择。对陪审团而言，被告有罪还是无罪的裁定时常会受到群体互动和集体行为的影响。模拟陪审团的实验显示，社会影响因素可以严重扭曲裁决结果。[33] 模拟陪审员很容易受到同伴压力的影响，研究显示，这种受影响的程度会因陪审员的个性差异而有所不同。某些陪审员就更容易趋同，说明这些陪审员更容易受到他人的影响。陪审团并非像我们需要的那样公正无私。[34]

另一个外行充当专家的例子是投资监督委员会中的非业内人士。英国杜伦大学的安娜·蒂尔巴（Anna Tilba）博士和我一起受英国金融行为监管局之托，对团体影响相关的课题进行了探讨。我们的研究重点是这些影响因素可能会因阻碍正当竞争而给英国资管行业造成负面的市场影响。资管行业由诸如养老基金、保险公司、慈善及赠予基金的大型构投资人组成，他们管理着规模庞大的基金组合，而监督委员会的设立即是为了确保这些管理工作的质量。我们尤为关注养老基金的监督委员会，这些养老基金管理着巨额的资金，而诸如员工代表这样的非专业人士也是投资决策委员会的成员。委员会的一项核心工作是选聘投资顾问，而筛选通常是通过一个称之为“选美比赛”的过程实现的，不同的投资顾问会展示他们能够提供给投资者的投资方案，供委员会选择。[35] 在这个“选美比赛”进行的过程中，从众起到了很大作用。试想在监督委员会中，有一个委员也许就备选方案或来面试的投资顾问的历史投资业绩做了额外的调研，因而掌握了更优质的私有信息。但是当这个委员看到其他人的决策，尤其是那些资深委员与被认定决策力胜人一筹的委员的决策时，他们时常就会屈从于群体的决定了。因为观点的多样性很宝贵，因此外行常常被安排在这些委员会中，但是这些外行太容易被共识所说服了，这样一来，他们代表的多样性价值也就不复存在了。[36]

所有专家——无论是科学家、科研人员还是如医生和律师这样的专家证人——一般都倾向于提供基于事实的客观意见，我们则需要有人能够为我们解读这些证据。事实上,劣质的信息、不可靠的数据、极端的不确定性都意味着想要对证据加以诠释并非易事。我们并非总能区分假设及理论是好还是坏，一旦专家针对某一方向的知识储备或理解存在较大的空白时，专家就会像其他人一样容易受到从众倾向的影响。如我们已经看到的，这种社会“易感性”能有着深远的影响，这种影响不仅之于个体的专家，也之于知识探索和科学研究的总体历程，随之产生的社会成本也是巨大的。

无论是针对效仿型还是叛逆型的专家，想要对他们的观点加以诠释都可能困难重重。效仿或是叛逆的观点孰优孰劣，这一点我们无从确认，专家可能会因为图省事而跟随主流共识，这样的专家意见就是被扭曲的；相反，叛逆型的专家也可能是为了寻求关注和职业晋升机会才宣扬不同于主流观念的异见的。我们需要叛逆型的专家，但是我们需要他们是因为合理的动机及理由才会反叛。如何将那些误导专家追随的共识与广受认可的普世正见区分开来，是我们必须面对的一个挑战。与此类似的另一个挑战是，在对叛逆型专家观念进行诠释时，如何拿捏异见背后不同动机间的平衡：多大程度上是被个人利益所驱动，又在多大程度是单纯出于对一个错误共识的合理挑战。有些群体共识是正确的，另一些则是谬论，我们面临的巨大挑战即将二者进行区分。诠释例证的难度越大，专家就越不确信自己的观念是否正确，而如我们在前文中看到的，人们对自己的观点越缺乏信心，从众的力量就越容易占上风。当然，越是对自己的观点有信心的人，就越不容易受到盲从力量的驱使，但是如果这种确信发展成了信心过度，那么他们的反对就会和过度追随共识一样有害。

所以我们能做些什么呢？关于共享资源管理的文献或许可以给我们指引，对其举一反三，也许就能找到解决问题的办法。诺贝尔经济学奖得主埃莉诺·奥斯特罗姆解释，紧密团结的社群对共享资源的管理效率很高，实际上远高于许多经济学家的预期。[37]这对科研和知识管理的工作有借鉴意义吗？要知道，科研和知识管理本身就是为了最大化（无论是效仿型还是叛逆型的）专家的功用。因为无论是有意识的还是无意识的，个体太容易被偏好和其他激励因素所左右，因此我们不能寄希望于个体专家对知识及专业技能进行管理，相反，我们需要的是成型的机制，从而确保针对知识及专业技能的妥善管理。

具体的措施能有哪些呢？科研圈应该鼓励对已有结论进行广泛验证和复核的相关工作，而学界也应该摒弃只是新奇原创的观点才值得发表的错误观念。专业机构已经开始一些类似的尝试，例如美国心理学协会的“报告复核检验注册政策”，类似的还有诸如《负面结果期刊》（*Journal of Negative Results*）这样的期刊，都可以有效地遏制学术研究中过于追求公众注意力的不良风气。期刊审核委员会可以通过采用投稿人匿名审核的方式来降低社会压力带来的不当影响。我们需要更多的学术、科研和专业机构为非主流观点背书，如对研究者的公平监督、将文章审核者的名字连同文章一并发布、要求研究者将支撑结论的数据一并发表，这些都会起到帮助作用。部分期刊和学术机构已经采取了这些措施，但是如果专业机构、专家群体、期刊和出版社都有太多的既得利益牵涉其中，那么推行具体举措还是会存在困难。

在本章中，我们已经看到，社会因素在充斥着不确定性的环境中影响力最大。我们如何评价这些专家呢？他们可以时好时坏、时对时错，但我们常常无法对此进行区分。我们现在已经确信巴里·马歇尔和伽利略是对的，迪德里克·斯塔佩尔和安德鲁·韦克菲尔德是错的，但是问题依然存在：如果我们不清楚实情，就无法轻易地做出判断。但是上文中也提到了，我们至少可以践行一些应对举措，以确保我们的判断尽可能接近事实。学术研究中更高的分析和汇报标准、更加合理透明的期刊审阅机制、对非专业人士的培训以帮助他们更好地理解科学论据、针对滥用权威的专家更严厉的惩罚措施，这些举措都能够尽量规避专家的无意识偏好所带来的偏误。

一个个性强势的人常常足以扭曲专家对证据的评估，这是我们在对专家及其观念的探讨中已经发现的问题。当这个强有力的个人是群体的领袖时，这种扭曲尤为明显。无论是出于心理原因还是经济原因，群体成员显然不愿意违背领导者的观念，这种领导者和追随者的关系再一次证明，盲从者与叛逆者并不是孤立存在的，而是一种共生的关系。在下一章中，我们会将讨论集中在存在于叛逆领袖和追随者之间的这种唇亡齿寒的共生关系上。

第八章

追随领袖

在著名的童话故事《哈梅林的魔笛手》中，哈梅林的市长请来了一名驱鼠能手以解决当地的鼠患问题。魔笛手吹着他神奇的笛子将老鼠从城中引到了河里。但是当市长拒绝支付他酬劳时，作为惩罚，魔笛手用笛声将城中的孩子都引到了深山之中。这个古怪而精彩的故事也许部分基于事实，其中部分的描述也许是对在瘟疫中死去的孩子的委婉表达。[1]无论如何，这都是展现领袖对其追随者影响力极有趣的一例。

另一个再真实不过的例子是当今社会面临的全球恐怖主义问题。2001 年 9 月 11 号，19 名基地组织恐怖分子有组织地劫持了四架飞机，发动了针对纽约和华盛顿的恐怖袭击。袭击导致近 3 000 名平民罹难、大批伤残以及数以万亿美元的物业及基建损失。这次恐袭在我们集体记忆中留下的烙印远胜于近年任何事件，基地组织的主谋本·拉登及其同伙的动机似乎显而易见：他们可以从中汲取力量和沾满无辜者鲜血的荣耀。我们很多人可能无法回答的问题是，是什么驱使这些犯下罪行的恐怖分子听命于他们的领袖，以如此惨烈的方式牺牲自己呢？令人沮丧的是，这一现象不仅存在于当今反恐战争的宗教狂热中，从歧视到种族清洗，类似令人发指的罪行在人类历史中屡见不鲜。甚至是像纳粹大屠杀和斯大林大清洗这样的行为也并非如我们期望的那样罕见。一如不久之前的卢旺达、波斯尼亚和达尔富尔，以及现如今的伊拉克和叙利亚，种族清洗的现象在人类历史中可谓司空见惯、经久不衰。[2]

从众现象潜在的最有害的一面就是特定的一类叛逆者（领导者）与特定的一类盲从者（追随者）之间的特殊关系。这些领导者和追随者之间的互动有着巨大的、时好时坏的影响。一个领导者能带来的负面影响可能是灾难性的，许多残忍的独裁者对人类犯下令人发指的罪行，展现了人们盲目追随暴君旨意所结下的恶果。虽然没那么恶劣，但我们周围也充斥着为了一己私利而试图操纵选民的无良政客。相反，我们中的一些人也有幸能有机会追随如甘地、马丁·路德·金和纳尔逊·曼德拉这样的仁爱、平等和乐善好施的领袖。追随一个能带给人启发的领袖能有多大的益处，那么追随一个生性残酷的领导者的后果就能有多糟。

我们追随一个领袖的动力是什么呢？为何有些人展现出了对领袖的极端忠诚？我们在第二章中介绍过弗洛伊德的群体心理学分析，他认为这些领袖对于我们的群体关系至关重要，尤其是在像军队和教会这样的机构中更是如此。[3]对弗洛伊德而言，领袖扮演着革命性的角色：

> （一个群体中的）所有成员必须是相互平等的，但是他们都希望被人统治。许多彼此之间视为相互平等的大众和

一个凌驾于众人的个体，是一个能够长时间存续的组织架构。我们斗胆断言，人并非群聚从众的动物，而是在一个由族长带领的游牧群体中的个体。[4]

商业领袖与追随者

我们在第六章讨论了标新立异的创业者，他们是经济领袖的典范，在创新产品和服务的产出和分配上身先士卒，其他人则是跟随其后。效仿作为一个常用的商业策略，不失为利润最大化的好方法。同样在第六章中提到的还有约瑟夫·熊彼特关于创新和创业精神的观点，他论证了效仿他人的商业决策是如何在领袖与追随者的共生关系中发挥作用的。对熊彼特而言，这些创业领袖对保持经济活力至关重要，创新而敢于冒险的创业者引领着大批的盲从者，因而在催生新的商业浪潮中扮演着核心作用。[5] 从宏观经济的层面来看，领袖与追随者的关系可以轻松地通过利己主义和理性选择理论来得以诠释。德国经济学家海因里希·冯·斯塔克尔伯格在他的寡头垄断企业（经济学本科教材中的经典案例之一）的模型中探究了领导者与追随者的关系。[6] 斯塔克尔伯格的模型用于诠释经济学中的先发优势（first-mover advantage）概念，如果某个企业生产出了创新产品，或是新进入了某一缺乏必需产品或服务的市场领域，那么它就能利用先入的优势，笼络最多的潜在客户，后来加入的企业只能瓜分剩余的少量客户群体。

为了说明这一概念，我们假设有一座小镇还没有被宽带上网覆盖，一个网络运营商发现了这个机会并且希望进入该区域市场。为了实现这个目的，该运营商需要在新技术和新基建上做很多前期投资，这被经济学家称作准入门槛（barrier to entry）。当准入门槛很高、前期投资巨大时，新的企业想进入该市场的难度就相应很高。对第一家进入该市场的企业而言，也许回报的收入和利润能够支撑进入市场所需的成本，但是对第二家想进入的企业而言，它需要跨越同样的准入门槛，在新技术和基建上进行相应的投入，但是一旦大部分的潜在客户已经与第一家运营商签订了合同，第二家企业能够获得的收入就会少得多，这样一来该商业计划的吸引力对第二家企业而言就要小得多，因此，也许这家企业一开始就会放弃尝试。先发优势能部分解释为何独家垄断和寡头垄断企业面临的竞争压力不足以迫使它们将定价降至最符合消费者利益的水平，也即为何这样的行业一般都是政府监管调控的。

但是走在前面的企业并非总能享有先发优势。在其他一些商业模式、产品和服务更加复杂的情况下，追随者反而能从先行者身上汲取经验教训，相应改进它们的商业策略，这样一来追随者就能享有后发优势（second-mover advantage）。在这种情况下追随者成了赢家，研发新药的制药公司就是一个备受争议的例子。某一药企投入研发资金，开发出一款新药，而另一个企业可以坐享其成，无须承担相关的研发成本，就能以低得多的普药价格进行销售，并获取可观的市场份额。一定程度上这对消费者是件好事，在急需平价药物的发展中国家市场尤为如此。然而，如果效仿企业能够抢走很大一部分的利润，那么哪家企业会有动力去持续研发创新呢？因此，先发企业才要依靠专利来保护他们的创新成果。大致说来，在一个简化的经济世界中，先发者和后发者，或者说领导者和追随者，都有成为赢家的可能。一些成功的企业家和投机者能够识别出何时先发者能够一马当先，何时后发者能够后来居上。他们能够将这些真知灼见融入他们的商业决策中，视合适的机会而适时地切换角色。

经济理论学家哈罗德·霍特林在他的模型中向我们呈现了，在另一个微观经济学视角下，商业社会中的盲从者的例子，以解释为何企业在经营场所选址时会彼此效仿。试想在海滩上有两家冰激凌店，分别叫本氏和杰氏。你可能会以为它们会将店铺开的离彼此越远越好，以确保不会为抢夺同一批客源而打架。霍特林的模型则显示，如果两家冰激凌店彼此离得很远，那么它们能够抢夺的市场份额将会小于它们将店开在彼此附近时能够获取的份额。因此，实际上两家的店主将店开得离彼此越近越好。我们姑且假设海滩总长 1 000 米，本氏将店开在了海滩的正中间位置，而杰氏的老板看到本氏的生意非常好（我们同时假设两家店的潜在客户都是来沙滩休假的懒虫，只会选择去离他们最近的店里买冰激凌）。这时杰氏应该如何选址呢？如果杰氏的老板选择将店开在离本氏南边 200 米的地方，那么杰氏将能吸引海滩上总长 400 米距离内的客人，即杰氏店铺以北 100 米（两家店铺之间的 200 米内的客户将会平均分流到本氏和杰氏）范围内，以及杰氏店址以南 300 米距离内的客户。本氏的生意将会更好，因为它能够吸引其店址以北 500 米内所有的客户，以及两家店铺间的一半客户，即其店址以南 100 米内的客户，共计 600 米范围内客户。这么一来杰氏的老板会想，我如果把店开在本氏的隔壁呢？如此一来杰氏将能够吸引其店址以南共计 500 米范围内的客户，而本氏将只能保留其店址以北共计 500 米范围内的客户。杰氏的老板将会选择最大化其利润，将店开得离本氏越近越好。霍特林的模型解释了为什么我们常能看到类似的店家，无论是外卖、彩票店、服装零售，还是地产经纪，都扎堆聚集在商业街上。店主效仿彼此的商业选址决策，并在这个过程中获取市场份额和客户资源。[7] 社科学家也借鉴了这个发现，提出了中间选民定理（median voter theorem），以解释为何政党的竞选纲要都通过迎合主流共识观念，从而试图赢得更多选票，虽然这个做法在当今这个越发两极化的政治环境中似乎已不那么适用了。

在诸如城市这样的层面，官方和非官方的区域领导力是经济发展的关键。安德鲁·比尔（Andrew Beer）和特里·克洛尔（Terry Clower）揭示了一些所谓区域领导力的根基所在：这些代表社区、本地权威、城市、地区、州等特定区域的领导者，能够通过高效的领导力帮助社区和地区构建和贯彻对于未来期许的愿景、监督政策执行的进度，并且能够在政策成效不如预期时做出相应的策略调整。根据组织架构的差异，区域领导力的表现形式也不尽相同，一些是依靠传统的等级制度和正式任命职位（如市长）来体现的，另一些时候领导力可以是不那么正式的，例如社区领袖。非正式的领导力常常倚赖的是“富余资源”，例如有闲暇和余力自愿代表社区权益、加入地方发展署顾问委员会的人。不同领导力的体现形式并无高下之分，正式和非正式的领导力对地区的成功都至关重要。一个地区也需要领导种类的多样性，区域领袖的个性并不一定是刻板印象中能言善辩、长袖善舞的“伟大领导者”的类型，无疑这类雄辩型的领导者更善于构建关系网，但是内秀的领导者也有着自己的特质，他们以身作则，注重建立互信和高效合作的关系。这些品质对领导力的重要性不亚于外向和强势的性格。总体而言，比尔和克洛尔的结论是，高效的领导力在地方和区域的层面是不可或缺的，有着出色领导人的区域更有可能获得经济发展上的成功，因为经济表现不再像以前那样依赖当地资源的储备。搭建基建设施、吸引企业家和高素质的劳动力都是必不可少的；预算把控也同样重要，在一些政府开支集中调控的政府中，高效的区域领导人能够影响中央政府在多大程度上支持其负责地区的决策。[8]

消费者追随领导者的倾向性能够被作为经济政策工具加以利用，以期鼓励我们从众，从而降低因个体追逐私利、枉顾对整体经济影响的行为所能带来的成本代价。这样的一些例子和节能及环保息息相关，领导者可以作为正向社会行为的倡导者，促进关于环保的正向社会学习的过程。在英国，一批环境学家通过一个“环保卫士”项目开展实验，以探究人们的环保相关行为。在三个月的时间内，环保卫士带领 280 名白领工人推广和优化环保相关知识，并提供关于如何降低“环境足迹”影响的切实举措和建议。项目成效显著，耗能下降了 12%，参与者工作场所新增垃圾量降低了 38%，而领头的环保卫士也在这个过程中扮演了建设性的作用，将正确的环保举措灌输给了他们的追随者。[9]

领导者与追随者之间的关系也影响着我们的消费选择。我们中的大多数人都是通过私人社交媒体网络获取信息和观点的，来源无非是朋友、朋友的朋友、朋友的朋友的朋友等。经济学家安德烈亚·加莱奥蒂（Andrea Galeotti）和桑吉·戈亚尔（Sanjeev Goyal）认为，信息通过私人交际网传播最为有效，并利用数学模型对社交网络进行量化，以分析一小撮对他人选择决策（如寻求信息以指导他们购买决策的消费者）有着巨大影响力的人所扮演的领导者角色。加莱奥蒂和戈亚尔将这种现象称为“少数定律”，这些有影响力的人往往是自己能拿定主意、无须群体附和认可的领导者。[10] 为何这些人对其他人能有如此大的影响力呢？除了他们更加发达的社交网络外，我们和他们之间并无本质区别，但他们的确与很多人保持连接，因而关于这些人决策的信息在社交网络中传播的速度更快。[11]

在这个社交媒体泛滥的世界中，这些有影响力的人在时尚行业中实实在在地找到了自己的位置。时尚营销人员非常清楚这些人在决定风潮趋势时的重要性，以及他们在社交媒体中能获得的影响力。通过利用我们的这种追随领导者进行消费选择的本能，商家能识别出那些坐拥大批粉丝的时尚带货达人，激励他们推荐自家品牌，从而扩大品牌知名度和销量。因此，高端和平价品牌零售商都持续地征募全球范围内的带货达人，让他们通过社交媒体网络对接数以百万的粉丝。例如，在推广2016年春夏季系列时装时，时尚连锁品牌Mango（芒果服饰）通过名为“#MangoGirls”芒果女孩的营销活动，招募了一批在推特和Instagram上拥有大量粉丝的女性时尚博主，同该品牌建立了每季一续的合作关系。奢侈鞋履品牌Jimmy Choo（周仰杰）也同样有一群带货达人，持续地在网上传播饱含对该品牌溢美之词的时尚穿搭建议和观点。与其他时尚品牌一样，Jimmy Choo向这些达人提供赠品，也会安排诸如“#Chootravels”这样的去马拉喀什、采尔马特、拉贾斯坦邦等地的旅游体验。这样的安排既能保证达人的粉丝流量，又能确保稳定的非官方广告曝光度。Jimmy Choo邀请到的印度的图文和影音博主就有共计多达650万的粉丝。[12]

顺从权威

关于叛逆的领导者及效仿他们的追随者，经济学模型呈现的充其量只是一个剪影。我们已知的是，在一个充斥着理性自利个体的社会中，领导者与追随者的关系是相对无害的。但是，我们的世界并非像经济学家的模型描述得那样简单。一旦我们在论证中引入社会心理学的影响因素，那么结果就不见得那么乐观了。一个领袖离不开一群顺从的追随者，这些追随者肯定是屈于某种权力或权威从而选择跟随，社会压力所扮演的角色不仅包括维系合作及确保群体内的效仿行为，也包括灌输某种“追随领袖”的思维定式。这些社会压力的影响巨大，我们不仅要顺从于整个集体，也须顺从于包括父母和前辈、后来的上司及其他权威在内的特定个体。我们之所以这样顺从，是因为来自同伴压力的亦真亦幻的阻力让我们感到不适，这一点我们在第二章中所罗门·阿施“直线判断任务”的实验中就已讲过。除社会压力外，我们遵从权威指令或期望的另一个原因是，我们害怕如果我们不顺从就会受到某种惩罚。

这些社会压力驱动着对权威的顺从，而这也是许多领导者与追随者关系的核心特征。来自社会科学的充足例证显示，顺从和服从都是我们天性的一部分。社会心理学家斯坦利·米尔格朗（Stanley Milgram）及其研究团队开发了一系列极富争议的早期实验，以测试我们服从权威意愿的限度。米尔格朗及其团队希望理解为何如此多的普通人都会与他们的暴权政府同流合污，甚至助纣为虐。米尔格朗尤其想要了解普通人在希特勒纳粹政权犯下的罪行中所扮演的角色。为何这些再普通不过的人会如此反常地凶残，却又似乎不愿意为他们自己的暴行承担任何个人责任？

为了揭示这一问题的答案，米尔格朗及其团队设计了一个实验，要求自愿参与者对他人施以残酷的惩罚。在这个“仅仅是听从指令”的过程中，这些普通人会变得多么无情呢？米尔格朗的实验参与者认为，实验的目的是测试惩罚如何影响学习过程。实验组织者要求参与者训练这些“学员”，训练的方式是在“学员”每次犯错时对其施以电击惩罚。参与者被告知，电击的强度会依据“学员”犯错的次数增加而逐步从 15 伏上升至 450 伏。这些参与者不知道的是，他们并非真的在对“学员”施以电刑，这些“学员”实际上都是受雇的演员，假装在实验中犯错并在被“电击”时表现出痛苦的样子。大约 65% 的实验参与者在权威指令之下，会对“学员”施以他们认为几乎致命的“450 伏电击惩罚”；100% 的实验参与者可以接受施加高达“300 伏的电击惩罚”。在其他的变体实验中，参与者有机会观察被称作“老师”的其他参与者拒绝对“学员”施以电刑。一旦参与者观察到“老师”的行为，他们自己遵从指令施加电刑的可能性也就降低了。米尔格朗的实验表明，领导者对他们的追随者有巨大的影响力，但是在等级明晰的架构中，来自其他同级别的同伴的压力也能够改变对权威的盲从。[13]

更宽泛地说，米尔格朗的实验证据显示，领导者可以操控许多场景因素，或仅是情形使然，都可以诱使普通人犯下令人发指的罪行，这有助于解释为何歹毒的独裁者等能对一贯充满爱心的个体施加如此大的影响力。尽管如此，我们的良知与服从权威的天性之间还是会产生矛盾。[14] 在后续的研究中，米尔格朗提出，顺从体现的是我们的自主态和“中介”（agentic）态之间的对峙关系。在自主态中，我们对自己的行为负责；而在“中介”态中，我们允许他人告诉我们如何行事，并将责任推给他人。当我们成为他人的中介或工具时，我们即失去了自主意识，但是如果想让某一个领袖主宰我们的行为，我们必须首先将该领袖视为合法且合格的权威。我们鼓励自己相信，我们的领袖将会承接我们所摒弃的责任，有时我们毫无根据地盲目假设，这些领袖将会带领我们走上正义而负责任的道路。[15]

领导者和追随者的思维方式

在本书中，我们已经论证了系统 1 式的本能情感与系统 2 式的理智认知之间的互动是如何驱动我们的盲从者或叛逆者选择的。这类双系统处理模式在极端场景下也适用吗？是否也适用于米尔格朗实验中受到胁迫的参与者？伦理道德的限制意味着研究者不能够轻易地以真人做试验来探究这些问题的答案，因此一组由英国、奥地利和西班牙的神经学家、心理学家和计算机科学家组成的跨学科团队采用了新颖的研究方式规避这种限制，借助虚拟现实和脑部成像技术以探究那些米尔格朗式实验的参与者的脑部神经反馈情况。16名身心健康的成年人应征参加实验，实验在虚拟现实世界中进行，与上文中介绍的米尔格朗的实验一样，参与者被要求对他人施以电刑，只不过这次施刑的对象变成了一个虚拟的女性阿凡达，其程序的设定是她将会依据受到的“电击”而模拟反馈出人类的痛苦表情。如果这个阿凡达回答问题正确，那么实验参与者被指示须按下某一按钮，以表明他们不希望对这个阿凡达施以电刑，但是一旦阿凡达的答案是错误的，那么参与者就被要求按下另一个按钮，以对阿凡达施以电刑，无论该电刑会造成的伤害看起来有多么痛苦。

实验组织者用fMRI照影技术扫描了实验参与者的大脑，观察阿凡达表现出的痛苦是否会激活参与者脑中的杏仁核。我们在前文中就已经解释过，杏仁核的激活通常与诸如恐惧和焦虑这样的负面情绪有关，而类似的激活也会出现在某些快速思维式的情绪产生时。这些参与者是否会对阿凡达表现出的恐惧情绪感同身受？研究者观察到阿凡达的痛苦也激发了参与者脑中额叶前皮层的反应，而这部分脑组织一般与高级慢思维式的反馈相关。因此，在虚拟世界模拟的米尔格朗实验中，快式和慢式的思维同时运作。虽然无法精确地识别驱动参与者对指令言听计从的原因，但实验团队仍能够确认，实验参与者即便自己同时承受着情感上的折磨，也将会坚持执行指令。[16]如果这一证据能被确认可以放之四海而皆准，那么也许可以证明，人们服从领导者权威的决定，例如听从领导者的指令对他人施刑——也并不是一个轻松的选择，会导致追随者的心智受折磨和产生情感矛盾。

斯坦福监狱实验

斯坦利·米尔格朗及其团队的研究可谓社会心理学的经典，激励了其他社会学家开展一系列类似的实验，以期进一步研究同服从权威相关联的等级关系。其中臭名昭著的是斯坦福监狱实验：应征参加的学生被安置于一个模拟监狱中，学生可以选择扮演看守或囚犯。实验很快就演进得与现实情况几无二异，学生很容易就进入了角色，“看守”在面对“囚犯”时都变得专横跋扈、气势汹汹，而反过来“囚犯”也都逆来顺受，变得百依百顺。无论是“看守”还是“囚犯”，每个人都对“看守”表现出的毁灭性的反社会行为负有不可推卸的责任。很快，模拟监狱就变质成了一个充满暴力和危险的地方，尽管所有参与实验的同学都清楚，他们只不过是在参与一个实验罢了。更加让人不可接受的是，实验组织者也逐渐开始失去他们的公正性，试图为扮演“看守”角色的学生虐待他人的行为找到开脱的借口。出于伦理的考虑，实验不得不提前中止。[17]

从斯坦福监狱实验中可以看出，我们屈从于扮演自己被指派角色的倾向性有多么强烈，又是多么根深蒂固。但是，我们所处的场景并不是诱发那些泯灭人性的行为的唯一原因，性格的特质也在其中起到了作用。如我们在前文中讨论过的，我们的不同个性意味着我们天生就更容易受到某些特定情感的驱使，如焦虑的性格意味着更容易感受到恐惧。我们每个人的天性特质也会影响我们的社会情感，如影响我们或他人在受到不公正对待时的感受。社会情感有积极的一面，也有消极的一面，甚至会决定我们表现出反社会行为的倾向性。实验组织者预见到，对实验参与者的性格特质的分析会有助于揭露深层次的真相，因此他们要求参与的学生都在实验开始前完成一个性格测试。组织者发现，自发选择扮演“看守”角色的学生普遍不那么合群、更加自私、更缺乏同情心，并在包括马基雅弗利主义、攻击性、独裁主义、自恋情节和社会性支配等具有反社会倾向的测试指标项上得分更高。[18] 这些斯坦福监狱实验中的学生之所以这么快就沉浸于自己的新角色，也许可以从他们自己的天性和性格特质方面来解释。

压抑的社会情感

在一个社会性的语境下，情感至关重要。但是情感也会被抑制，社会准则也许会阻碍情感的表达，这种阻碍既可以表现为温和的社会习俗（不同的文化对于在公共场合喧哗和情感流露的容忍度是不一样的），又可以表现为诸如监狱这样的极端监管机制。在监狱这样的非人性化的场景下，我们更有可能跟随他人和服从权威。

对于斯坦福监狱实验研究结论的诠释之一是，学生们的情感回馈被抑制了。[19] 一些支撑这种理论的证据来源于监狱电击实验理论的现实场景应用。在实验室之外，同样有许多的暴政，仰赖于我们服从权威本能而存在。当我们自己面临着巨大的威胁和困境时，这种服从的本能更加明显。这种本能能够解释为何人类历史上一些最为野蛮的时期内存在君主和臣民之间有悖常理的关系，而社会情感又为何在战争和镇压相关的极端环境下被压抑。斯坦福大学心理学教授菲利普·津巴多（Philip Zimbardo）对于服从权威、权力关系及其在不同场景下的影响等课题有着广泛的研究论述。津巴多是对斯坦福监狱电击实验进行后续调查的调查员之一，他同时也是 2003 年伊拉克战争中美军人员虐待伊拉克战俘的照片曝光后，为在阿布格莱布军事监狱虐囚事件中受审的美国军队和情报人员提供辩护的专家证人之一。阿布格莱布就是斯坦福监狱实验在现实生活中的翻版，随军人员所处的周遭环境艰苦恶劣，时刻面临着如果不服从权威命令或一旦违背集体行为准则，就会遭受实实在在体罚的威胁。津巴多将阿布格莱布事件中的虐囚行为归结为一种“路西法效应”（Lucifer effect），为这些受审美军人员辩护称，我们任何人一旦置于这样的非人性暴力环境中，都有可能变得恶毒。如果面对的压力足够大，大多数人都能够以在他人看来邪恶的方式行事，我们是变为恶人还是英雄，取决于权威的引导及我们所处的环境。在这些场景中，我们会被自己服从领导者指令的本性所驱使，做出一些我们在有其他选择的情境下不会做出的令人发指的行径。这些身陷非人性化情景中的人限制了自己正常的同理心，而如果没有类似制度的禁锢，如果环境不那么恶劣，阿布格莱布丑闻中当事人的行径也许就不会如此恶劣。[20]

在阿布格莱布事件中，一如在更近期的古巴关塔那摩监狱丑闻中一样，军队士兵和狱卒都压抑了自己更加人性化和富有同情心的社会及情感回馈，从而犯下恶行。但是，对于权威的服从也不应完全归因于冲动和本能，如果违背上级命令和背叛同伴的潜在后果是来自上级或同伴的暴力报复行为，那么同利己及自保相关的更加审慎的思考也会起作用。这些军人的判断也许是，鉴于不服从会招致非常严重的个人后果，所以他们只能选择服从。这些反应并不是非理性，现实的例子展现了那些不心甘情愿服从的人的下场。在阿布格莱布事件的例子中，后期被公布的证据显示，虐囚行为是得到了军方高层默许的。揭发该丑闻的乔·达比（Joe Darby）最初得到承诺，他的身份将会被保密，而据指时任美国国防部部长的唐纳德·拉姆斯菲尔德（Donald Rumsfeld）违背了这个承诺。随即，达比和他的家人被包括邻居在内的许多人指责背叛了自己的战友，并因此被迫转移并被军事保护起来。即便是出于最高尚的动机，跟群体对着干也会招致被权威及同僚排斥、驱逐的风险。如我们在第五章中提到的揭发者大卫·凯利一样，乔·达比因为拒绝服从和追随而承受了严重的后果。

对权威的服从也存在于监狱和战争之外更加良性的情景中。如我们在前一章中看到的，等级关系也存在于学术和科研团体中，年轻研究员被调教得尊崇他们前辈和导师的个人权威，追随他们的足迹。当存在不确定性、个体对自己的观点缺乏信心时，趋同于某个学术团体的观念让人颇感安心，其中有某种抱团取暖的心态在作祟。由于和学术前辈意见相左有可能会招致负面的结果，恐惧感在其中也起到了一定作用。在“皇帝的新装”故事中，无论皇帝是否穿着衣服，从纯粹个人利己的角度看，和掌权者争辩这一行为本身就是愚蠢的。所以，服从权威并不仅是无意识的反馈，利己的逻辑和审时度势，连同冲动和本能，共同鼓励着追随者服从他们的领袖。

领导者与追随者的共生关系

盲从者跟随盲从者，但又是谁领导着这群盲从者呢？这一角色常常是由叛逆者来扮演的。毕竟效仿需要两方角色，模仿者和被模仿者、追随者和领导者，以一种共生的关系相辅相成。

盲从者需要领导者，而领导者离开了追随者也什么都不是。这意味着领导者需要给予追随他们的人某种回馈，以换取后者的忠诚。这种回馈可以是某种归属感、身份认同感或是使命感。我们需要小心选择哪些人能成为我们的领导者，因为过多的领导者会导致混乱。但是为何我们中只有少数人选择当领导者，而大多数人倾向于追随？出于从经济上、心理上或情感上多种多样的原因，领导者天生不像其他人那样随群或从众。由于我们已经演化成了一种社会性动物，因而和领导力相关的叛逆行为变得并不常见。所以效仿的追随者和叛逆的领导者都有各异的性格特质，都分别以不同的方式受到系统 1 快式情感思维方式和系统 2 慢式理性思维方式之间平衡的驱动。这种快慢式思维的互动也界定了领导者和追随者之间的共生关系。如我们在上文中看到的，我们的这种领导者与追随者关系偶尔会导致毁灭性的结果，但是大多数情况下还是以一种更加良性的形式呈现出来。我们可以通过观察所加入的群体的范畴特质，从而把握这些不同的关系形式，以及我们加入这些群体的决定多大程度上是刻意为之、本能驱动或是情感所致。从俱乐部到教会再到邪教团体，我们在下文会对这些关系形式一一加以剖析。

俱乐部

运动、书籍或减肥，有着诸如此类共同兴趣爱好的一群人聚在一起，就组成了俱乐部。会员们聚在一起，共同分享一种活动。从主流经济学的观点来看，俱乐部很容易就可以解释为一个理性利己的实例。每个俱乐部成员都通过与他人的合作而实现自助。俱乐部是同盟的一种表现形式，加入其中、追随俱乐部领导者通常都是明智的选择。领导者帮助会员以更容易的方式实现共同的目标。如果共同努力后的产出会被所有人均分共享，那么是什么激励个体成员付出额外的努力呢？每一个利己的个人都会更愿意轻轻松松，把工作留给别人去做，所以就存在着不劳而获的问题。因此俱乐部和团队就都需要有一个领导者承担起组织协调、激励团队、遏制偷懒的责任。谁应该来承担这个领导的责任呢？解决方法之一是创设一个被经济学家称作“剩余索取权人”（residual claimant）的角色，如果团体的产出比期望的目标更少（或更多），那么这个剩余索取权人就会得到财富或是其他形式的惩罚（或奖励）。这个人就会承担领导者的角色，因为他们有了激励其他团队成员的额外动机。无论是在工作场合还是在学生群体中，成功的领导者都与团队的成功息息相关。[21]

节食减肥疗法俱乐部是我们当今生活中的相关一例。一群超重的人聚在一起，分享节食经验、互相鼓励并每周过称，检验减肥效果，俱乐部领导者则在活动协调和提供额外的激励上扮演着至关重要且往往非常成功的角色。被广为接受且相对客观的目标所带来的高效性，意味着这段领导者与追随者的关系将会是最为有效和互惠的。运动俱乐部和运动队伍都意味着对某一共同目标的追求，也就因此能够为集体带来共享的满足感。运作成功的节食减肥疗法俱乐部也能够反映某些系统 1 和系统 2 思维方式的互动。心理学家和行为经济学家已经发现，短视和冲动型的系统 1 式决策是暴饮暴食相关问题的罪魁祸首。相关问题在食物过剩的现代社会中愈演愈烈。我们的新陈代谢系统进化得适应食物匮乏的环境，但是这和当今物质极大丰富、食物尤其是含糖食物唾手可得的世界并不匹配。通过聚集在节食减肥疗法俱乐部，会员能够抵制我们暴饮暴食的本能冲动，并允许我们的系统 2 式思维更容易占据主导地位。为了确保成效，如果有一个领导者能够肩负激励和协调其他追随者的责任，那么俱乐部的运作将更为高效。

然而，俱乐部的运作也并非纯粹地出于利己的考量。上文提到的推广工作环境中环保行为的“环保卫士”研究项目也探索了改善家庭环保相关决策的方法，利用类似俱乐部性质的团体活动，作为推广和鼓励公益行为的平台。研究员将住户召集在一起，以观察家庭共性的习惯和行为。在集会上环保卫士先锋会和当地居民分享节能环保的举措。这个项目的正向影响显而易见，参与项目的住户中有 16% 转用绿色清洁能源、37% 安装了节能灯泡、17% 减少了他们的家用热能耗。尽管其中包含了某种程度上的自我选择（已经有环保意识的人更有可能参与类似的项目），参与其中的人还是表示，这个项目专注于利用团队合作协同推广和传授实用的环保知识，因此对他们颇有帮助。[22]

教会社区

当我们的讨论涉及诸如宗教这样有关灵性及身份的话题时，更加主观的因素的影响就至关重要。喜剧演员丹尼·华莱士（Danny Wallace）的世俗运动“加入我”就是很好的例子。华莱士通过在杂志上刊登广告来招募信徒加入他的运动，从而组建了他的教会。响应的人数出奇得多，尽管这些人并不清楚“加入我”这个运动的宗旨是什么。[23] 在一个教会社区中，聚集在一起的人在构建社区的目标上是非常有建设性的，即便在外人看来也是如此。华莱士认为，在“加入我”运动的例子中，加入一群陌生人所带来的冒险感觉是同样有吸引力的。导致的积极结果就是一个具有共同使命感、热情洋溢的群体。

在宗教的语境下，教会领袖和信徒的关系融汇了加入团体所带来的客观回报及某种归属感和使命感，后者让我们联想到在第二章中探讨的集体从众的驱动因素。至少在信徒们看来，信仰是超然于平稳而刻意的系统 2 和本能情感导向的系统 1 这样的简单区分的。强烈的信念并不一定就是客观的，也似乎并非为了满足任何原始的需求或本能。对系统 1 体系的理解将我们带回了弗洛伊德关于我们无意识动机的观点。我们流连于妙不可言的超然信念中，无论是对一位神明、众神或其他灵性存在的信仰，还是无神论的信念，均抽脱于理性或本能之上。宗教感知让弗洛伊德困惑不已，他不仅自己无法体验宗教情感，也在归纳总结宗教情感时感到力不从心。他这样回忆一位匿名朋友在书信往来中提到的宗教体验，这样的体验放在宗教领袖身上是一定能体悟的：

> （我的朋友）感到遗憾的是，我没有正确认识到宗教情感的真正根源……这种根源存在于一种独特的感觉中……一种对“永恒”的感知。这种感觉是无边无际的，就如同海洋般浩渺……这种情感完全是主观的事实，并非信条；它不能使人长命百岁，却是宗教力量的源泉，各个宗教派别和宗教体系都在利用它，把它引入特定的渠道，毫无疑问也详尽无遗地研究它。只要具有这种海洋般浩渺的感觉，就可以称自己为信徒，即使他反对一切信仰和一切幻觉。[24]

我们无法轻易地将宗教和精神性的集会理解为利己的产物，或是套用逻辑法则对其加以分析。但是，神经科学家已经开始探究驱动不同宗教信仰的动力源泉。一个美国神经学家研究团队使用 fMRI 技术对 15 名虔诚的基督教徒和另外 15 名非信徒的大脑进行扫描，这些实验参与者被要求在脑中对一系列宗教命题（圣母分娩、上帝等）和其他非宗教命题进行构想。研究小组发现，大脑中情感和回馈处理的区域，以及与认知冲突相关联的区域在构想宗教命题时激活程度更高，而在构想非宗教命题时被激活的是与读取记忆相关的前额叶皮质。[25] 这个证据显示，相较于非宗教的信念，宗教信仰更有可能反映本能和情感，但是逻辑思维和理性也在其中起到了作用。总而言之，教众是在系统 1 和系统 2 的互动下聚集团结起来的。

归根结底，加入教会或其他团体能给很多人带来一种超越个体，甚至是超越这个群体本身的存在感。加入某一教会社区的信徒能够感受到同一个遍布全球的信仰共同体的纽带感，而宗教领袖在布道的过程中扮演了重要的角色。在教会中，区分领导者和追随者的等级界限并不如世俗语境中那么清晰，因为归根结底，引领教会的是一个精神性的目标或关于某种超然存在的信仰。一如古斯塔夫·勒庞在他关于心理暴徒的描述中观察到的：

> 在属于情感范畴的事情上，无论是宗教、政治，还是道德、爱情……（群体中）最杰出的人士很少能比凡夫俗子高明。[26]

邪　教

与通常由良性的使命感所驱动的正统宗教不同，邪教所展现出的是效仿的追随者和叛逆的领袖之间的共生关系中最为堕落的一面。通俗语境下，“邪教”这个词通常是贬义的，尽管我们是否把一个宗教团队视作邪教组织是一个主观判断的问题。一个区分邪教组织和传统宗教的特质是，邪教中通常存在着领袖和信徒之间的恶性关系。邪教领袖被信徒奉为神圣的凡人，虽然对清醒的外人而言，这些领袖不过是一个普通人罢了。

这样的问题在古代最为突出，当时迷信和宗教信仰对普通人有着巨大的影响力，并且社会上也存在着领袖和追随者之间坚固的等级隔离。一个例子是古埃及人拥护的“活神崇拜”。在登基仪式上，法老会通过将凡人的肉身和皇家的灵魂（ka）结合，从而被授予神的地位（Ntr）。当法老的Ntr和ka结合在一起时，就成了神之子。后续的仪式会强化这一地位，包括法老向神圣的自我献奉。[27] 阿肯那顿（Akhenaten）法老将这种君神崇拜发展到了新的高度，建立了以“太阳盘”（sun-disk，也称太阳神）阿顿（Aten）为中心的单一神宗教崇拜体系（见图8），充分展现了许多领袖都具有的叛逆本性。[28]

阿肯那顿坚信自己是太阳神阿顿之子，并且鼓励其臣民将其尊奉为神在人间的代言人，阿顿的形象也被阿肯那顿自己和他的皇后涅弗尔提提（Nefertiti）的头像所取代。阿肯那顿将自己定为神明，并用单一神取代了埃及的多神崇拜传统。他关闭神庙，驱逐司祭，并将所有旧神的痕迹从纪念碑上和宗教场所里抹去。阿肯那顿无疑是专制的独裁君主，普通埃及人在他的统治下多艰苦且短命，甚至许多人因为名字和旧神有关而被迫更名易姓。尽管阿肯那顿的政权相对短命，可能只存续了大约17年，但是他创立邪教的历史重要性延续至今，因为它是已知人类历史上第一个单一神教义的宗教。

图 8　阿顿教派：阿肯那顿崇拜“太阳盘”

我们在第二章中介绍过吉姆·琼斯的人民圣殿教，一个有蛊惑力的领袖统治下的邪恶教派的现代案例。许多人会认为山基科学教是另一个。这个教派的头目大卫·密斯凯维基（David Miscavige）利用名人教徒的背书来树立自己的形象。曾为其背书的名人包括汤姆·克鲁斯（Tom Cruise）、约翰·特拉沃尔塔（John Travolta）和柯尔斯蒂·艾利（Kirstie Alley）。与宗派邪教的做法类似，山基科学教用秘密和排他性的入会方式将自己隐藏起来，援引无法被证伪的神话传说，辩称是其教派的起源。虽然山基科学教宣称自己以科学及心理学为基础，但是在外界看来，它似乎更多是情感和理智失衡的产物：情感和本能大行其道，却缺乏理性的约束。[29]

总的来说，如果俱乐部是关乎系统 2 思维模式的主导，而教会是系统 1 和系统 2 之间的平衡，那么邪教就更多是关乎系统 1 情感的回馈。邪教领袖利用信徒的不安全感，鼓励他们与朋友、家人和社区断绝关系。[30] 教徒在恐惧和不确定性面前寻求慰藉，而这不过是我们进化出来，应对生活中大大小小压力的方式。对邪教领袖而言，教徒对于教派的存亡和兴旺至关重要，没了教众，这些邪教也不复存在。

现代偶像崇拜

对邪教领袖的信任往往会导致糟糕的结果。一个相对温和的版本是我们日常生活中常见的英雄崇拜，表现为粉丝对舞台上和荧屏上的明星的追捧。这又是一种领导者和追随者的共生关系。对领导者（也就是这些时尚明星和年轻偶像）而言，激励是明确的，他们能够借由粉丝的关注获得财富和名誉。但是我们许多人都对追星族的痴迷感到费解。披头士狂热就是英雄崇拜的一个经典例子。它始于 1963 年，在 1964 年到达顶峰，当时有大约 7 300 万人观看了披头士出演的《埃德·沙利文秀》

节目。在演出现场，粉丝表现出了疯狂的、歇斯底里式的行为，尖叫、晕倒、将自己的内裤扔向偶像。[31] 新闻记者马丁·克里西（Martin Creasy）在他的《披头士狂热》（*Beatlemania*）一书中写道，在一场演唱会上，五分钟内有 50 名晕倒的女孩儿歇斯底里地抽泣着，先后被抬了出去。在格拉斯哥举行的另一场演唱会上，有超过 3 000 名歌迷在混乱的人群中发生冲突并被逮捕。[32]

这些集体狂热和集体型从众的桥段均和群体、暴众自身的本质息息相关，但是明星和他们的粉丝之间的关系到底有什么特殊性呢？许多人都将追星视为一种病态的行为，认为粉丝表现出的是某种形式的心理疾病。然而，事实的真相可能比这个复杂得多，并且不管怎样，将这些行为诊断为心理疾病对于诠释明星与粉丝间的实际关系没有任何帮助。事实上对粉丝而言，明星象征了某些触手可及、值得拥有的美好。

粉丝的歇斯底里并不是一个新奇的现象了，粉丝也并不都是女性，并且粉丝的暴乱也无须现代媒体的推波助澜即可实现。类似披头士热的狂热早在 1844 年就被德国作家海因里希·海涅记录了下来。海涅描述了 1841 年作曲家弗朗茨·李斯特在德国一举成名后，席卷欧洲的对李斯特的追捧和狂热。李斯特热诱发了在他不断壮大的粉丝群中歇斯底里的桥段。在一场位于柏林的演奏会后，粉丝竟打劫了他，并彼此争夺抢来的李斯特的衣服和首饰。[33] 极端的情感反馈也存在于对艺术品的欣赏中。一些展览馆参展者在面对某些特殊的作品时，会感到心跳加速、眩晕，甚至出现幻觉。这种被研究员称为“司汤达综合征”（Stendhal Syndrome）的症状同面对着偶像的粉丝所经历的感受并无本质区别。[34] 总而言之，粉丝对他们偶像的崇拜并不只是单纯的心理变态，与邪教教徒类似的是，支配粉丝行为的是以情感和直觉为主的系统 1，而不是理性审慎的系统 2。这些回馈会被诸如市场这样的外部机制放大，商家可以通过鼓励和强化粉丝的歇斯底里行为而增加销量，大赚一笔。明星的经理人也会利用粉丝的这种狂热。在披头士的美国巡演期间，他们不仅卖出了数以百万张的唱片，其冠名的商品的销售额也超过 250 万美元。对现代的明星而言，类似的回报只会更加可观。

政治部落派系主义

部落派系是宗教派别在世俗世界里的衍生。自原始采猎部落时代开始，部落或集团派系就是人类互动的一个经久不变的特征。它也是领导者和追随者之间复杂关系的另一种表现形式。这种加入某个部落或集团的原始冲动在当今世界也随处可见。在现代民主体制中，部落派系主义通过我们彼此间的政治关系表现出来，政治和商界领袖时常同谋共策，通过操控信息从而实现操纵选民投票和利用群众的目的。

约翰·梅纳德·凯恩斯发现，如果能将对权力的渴望引导至更物质的追求上，那么对整个社会都是有所裨益的。毕竟，对世界而言，即使冷血的强盗大亨也比残酷的独裁者要好：

> 人类有许多危险的性格，也因为有发财的机会存在，而被引向比较无害之途；假设没有这条宣泄之道，这些危险性格也许会发展为残暴、不计后果地追求权力和权威，以及自大狂妄。我们宁可让一个人做他银行存款之暴君，也不要让他做他同胞公民之暴君。固然，有人说，有时前者只是后者之手段，但至少有时前者也可以是后者的替代。[35]

凯恩斯用的这个“有时”是能够说明问题的，在现代世界，政治领袖和商业利益的纽带联系或许不恰当地过于紧密了，我们因此而无法从凯恩斯推崇的市场和政治的隔离中受益。大众媒体使这种政治和商业的趋同成为可能，专注于商业而非政治的领袖也能够在全球范围内施加极度的影响力，尤其是如果他们能够控制媒体。唐纳德·特朗普即是一例，另一个例子是传媒大亨鲁伯特·默多克，后者的商业帝国使他同时拥有了巨大的国际政治影响力。

由于社交媒体的推波助澜，我们当今群聚的方式也发生了改变，现代政治部落派系主义也因此得以强化。社交媒体使领袖同追随者之间更紧密的关系成为可能。脸书和推特作为私人信息的直接传导渠道，拉近了领袖同追随者之间的关系。信息始于推特，随后在脸书和其他在线论坛上被广而告之，这意味着当今的追随者能够从他们的领袖那里得到的回应并感受到的联系是前所未有的，尽管他们中的大部分人都清楚，与他们直接交流的只不过是领导者的社交媒体团队，交流的重点也是后者向前者散播焦点小组建议向追随者推送的信息罢了。但是不管怎样，这些社交媒体工具还是能够给追随者一种错觉，即他们和自己的领导者之间有着实质性的纽带关系，并且他们同领袖及所有志同道合的追随者都因为共同的目标和身份认同而绑定在了一起。在英国脱欧公投期间，英国独立党领袖奈杰尔·法拉奇在酒吧和选民一起畅饮的照片和视频不断出现在社交（及主流）媒体上，帮助他争取了越来越多的选民支持。这个被刻画出来的普通老百姓形象直接回应了其支持者的身份认同感需要，尽管事实上，法拉奇出身富贵、家境优渥，与绝大多数支持他的党内选民并没有什么共通点。

政治从众：理性和感性的对决

当我们做出政治选择时，我们并不总是会理性地分析所有事实依据，但这也不是说理性在这个决策过程中完全缺位。我们在第一章中提过的苏希尔·比赫昌达尼及其同事将信息瀑布的理论套用在美国政治竞选上。选民都会收集关于其他选民可能投票意向的信息，并将这一社会信息和自己的私有信息进行比照权衡。当有关不同候选人的可靠信息无法被轻易获取时，社会信息的影响力将会占主导，推动那些举棋不定的选民选择从众。[36]

传统惯例也主宰了候选人的竞选策略。在前一章中提到的中间选民定理表明，对一般的政治家而言，明智的选择是在针对某一特定政治命题时保持既不过左也不过右的立场，并据此构建自己的政治宣言。对一个政客而言这是风险最小的策略了。当然，这么做也是不无风险的，因为一个平庸的政客缺乏独立的威信和说服力，将会逐渐陷入人云亦云的境地。然而，政治环境也正在发生变化，社交媒体正将重心带离所谓的中间立场。2015 年 11 月，《经济学人》杂志展示了一批佐证，表明极右和极左的政治派别在社交媒体上有着更大的曝光度，也许是因为社交媒体本就更偏好语出惊人而非含蓄的表述。[37]《经济学人》的这些证据显示，承担风险能够带来回报。诚然，唐突直白的宣言容易招致责难，而含蓄的表达给表述者留下了更多的诠释空间和退路。以前，持极端政见的政客很难承受这种风险，因为通过传统媒体推行极端的政治理念不是一件容易的事。但是随着推特、脸书和其他社交媒体的出现，这种限制已经不复存在。

无论是选民对他们的政治领袖的推崇，还是选民对于政治决策的热情，反映系统 1 式思维的情感因素都无处不在。丹尼尔·卡尼曼就发现了 2016 年英国脱欧公投期间，选民中蔓延的情感因素所起到的支配作用。他担忧这种具有毁灭性的心理使人们对脱欧的长期影响视而不见。在英国《每日电讯报》于公投日约两周前发表的一篇访谈中，卡尼曼表示，“对旁观这次（是否脱欧的）辩论的人而言，一个主要的印象就是，支持脱欧显然是一个感性驱动的选择……他们（支持脱欧）的论据很奇怪，目光短视且出于愤怒的情绪”。[38] 这种对情绪的依赖是不可避免的，选民缺乏必要的时间，有时也缺乏相关的专业知识去调研和理解各竞选人及游说组织拿出的政治纲领的细节，更不用说要求选民审视解读竞选人个人背景中的细枝末节了。除此以外，政治新闻也已经变得嘈杂和不可信，导致那些有精力及能力解读的人都感到困惑不堪。仰赖于系统 1 式的思维已经变得更加便利，某种程度上也是更容易让人心满意足的捷径。

选民也许也会以一种相对不那么感情用事的方式应用政治从众的思维捷径。如我们在前文中看到的，我们使用思维捷径，或者说简单的处事原则，以快速做出决策。在政治从众的例子中，每个选民都清楚，自己的单张选票并不会改变任何选举的结果，因此他们也就没有全面了解所有信息和选项的动力。我们无须花费大量的时间去深入思考我们的政治选择，因为单个选民无须对整体投票结果负责。这就导致了不劳而获的问题，没有任何一个人有足够的动力去探究事实的真相。每个人对结果负责的意识都变得淡薄，也即鼓励每个人都借由抗议性的投票来发声，其结果就可能是投票给持有极端政见的候选人。

这样的情况在一个充满不确定性、信息混沌的世界会变得更糟。当我们难以评判信息的可靠性时，就会影响我们权衡各方信息源的能力。英国脱欧的投票结果凸显了当选民不再信任政治领袖所宣扬的信息时会带来的若干问题。在脱欧辩论期间，支持派和反对派都给出了误导性的信息，造成了广泛的不解和迷惑。普通选民无法得知哪方更加可信，他们又能相信谁，对他们而言没有任何一方经得起检验或值得信赖。

只有在我们可以确信自己并没有被他人操控时，从众思维捷径和社会学习策略才能发挥功效。我们向他人学习的过程因为“虚假新闻”的出现而更加复杂。经济学家亨特·奥尔柯特（Hunt Allcott）和马修·根茨科（Matthew Gentzkow）将“虚假新闻”定义为被证伪并且是刻意误导读者的新闻报道。奥尔柯特和根茨科援引在 2016 年美国总统选举期间收集的数据，并使用计量经济学工具对大量的虚假新闻报道进行分析。他们在大选后对约 1.1 万名美国选民进行了问卷调查，并据此识别出了 21 条被广为传阅，并在整个竞选期间被人们牢牢记住的虚假新闻报道。他们的证据显示，虚假信息报道误导了大选的结果。[39] 如果我们以政客及其幕僚可以散播的错误信息为基础，并跟随他人的从众决策，那么我们就会被蒙在鼓里任人摆布，尤其是当复查核实难以实现时更是如此。当这些虚假新闻的始作俑者大打心理牌、感情牌时，情感的因素就会悄无声息地对我们产生影响，让我们更加容易受他人摆布。

“自由世界”的领袖

冒险是政治生涯成功的重要元素。美国现任总统唐纳德·特朗普的成功，就是一个企业家式的险中求胜策略应用于政坛并取得政治胜利的案例。靠着承受在他人看来可能是极端的风险，他获得了巨大的收益。除了自己的激进冒险策略外，他也利用了其内团体因循守旧的倾向。2016年，他同希拉里·克林顿的总统竞选角逐也展现了一些精英集团内部的政治紧张态势，以及同领导者与追随者关系之间的联系。特朗普和希拉里都是颇受争议的总统候选人，两人都是出身富裕的精英阶层（特朗普属于商业精英阶层，而希拉里属于政治精英阶层），关于两人外界都非议不断，但至少从表面上看，希拉里·克林顿有更加全面的从政经验、出色的求学及职业背景，以及真才实干的佐证（尽管她也面临歧视女性的额外阻力）。

特朗普则靠着在商业帝国积累下来的财富承担了这次总统竞选的费用，并且力排众议，尽管被一系列令人瞠目结舌的指控缠身（换作在更稳定的时代，这些指控足以毁了他），但最终他还是获得了大选的胜利。对特朗普及其支持者而言，他的胜利可谓妙不可言，鲜有评论家预见到这一结果。对许多人而言，他的胜利就是一场灾难，在美国选民乃至全球范围内，都似乎导致了更多的分歧、两极分化和集团主义。

那么特朗普是如何吸引如此多选民支持的呢？他似乎和支

持他的蓝领和白领工人都没什么共通点。特朗普从他的父母那里继承了巨额的财富，自始至终过着无比优渥的生活，然而普通美国老百姓，包括一些生活最为拮据和困难的人，都将他视为自己的代言人和英雄。特朗普天生就有能力煽动普通民众，将他视作反对美国既得利益集团的代表。他那充满感情色彩、冲动的口无遮拦既让一些人大惊失色，也让一些人感觉极为受用。在整个竞选期内，以及在他宣誓成为美国总统之后，特朗普似乎从不害怕冲突，尤其是在挑战传统意义上的权威时更是来者不拒，从自己的共和党党内核心成员到美国情报机关，甚至整个司法系统，不一而足。特朗普对于反叛的追求，以及他最终的竞选胜利让普通人相信，他们自己也能够和传统的政治精英阶层抗衡，掌控自己的命运。

这种唤起选民身份认同感的能力让我们回想起了心理学家亨利·泰弗尔的理论。如我们在第二章中讨论过的，泰弗尔论证了在我们的内团体中建立身份认同感和鼓励同外团体的冲突都是多么容易的事情。通过鼓吹对外团体的畏惧，内团体可以发展出一种强烈的身份认同感，并随着内团体的成员认同彼此观点，强化团体的力量，从而确保这种身份认同感不断地自我壮大。这就是特朗普的民粹主义的基础。特朗普将这种对外团体的恐惧发挥到了惹人非议的程度，例如在竞选期间，他就指责一些墨西哥移民都是强奸犯和帮派分子，并发誓要在美国的南部边境上建起一道隔离墙。他将对恐怖袭击的恐惧植入“让美国再次强大”的竞选基本纲要中，准备施行具有分裂性质而又欠妥的“穆斯林禁令”，有选择性地对一批来自伊斯兰国家（却偏偏不包括沙特阿拉伯在内）的游客施以更加严厉的签证审核规定。[40] 因此，如果评价特朗普展现出了狡黠的社会智慧，也许你会感到很惊讶，也许他自己都没有意识到这一点，但是他的确对群体有着深刻的理解，并知道如何对群体施以激励。这也许是他与生俱来的才能，但是在他拍摄美国版电视真人秀《学徒》（*The Apprentice*）的时候就已经展露无遗了。他的支持者既是盲从者也是叛逆者，一群特朗普支持者聚集起来就足以同反对他的大多数抗衡。特朗普不需要大多数人的支持就可以成为合法的领导者，而大选后他急转直下的民意支持率也并没有实质性的影响。在大选后的一年时间里，特朗普的支持率一路下降到了仅约 35%，但无论是在数量上，还是（或许更重要的）狂热程度及团结程度上，这批人的支持都足以给特朗普一个坚实的权力基础。特朗普的精明之处在于，他很清楚，更能吸引那批追随自己的少数派的是铿锵有力的社交媒体头条新闻，而非可登大雅之堂的事实真相。他针对与自己有关的“虚假新闻”的指控已是尽人皆知，对贬低自己的人的攻击几乎是每周一次，而在推特上煽风点火式的各类言论更是每天不断。他的顾问和在参选期间就和他有千丝万缕关系的网站都靠坑蒙拐骗、造谣诽谤，才不断炮制出颇具成效的宣传浪潮。显然特朗普已经意识到，理解和叙述事实的能力并不能帮助他登上政治权力的顶峰。

那他还何必要说真话呢？政治真相（PolitiFact）新闻网监督着美国政客言论的可信赖度，他们的结论是，特朗普在总统大选期间的言论中有 70% 都可以归类为介于“基本错误”和“难以自圆其说”之间，另有 14% 是“半对半错”，因此他只有 16% 的言论可以视作正确的。[41] 作为对比，同期希拉里·克林顿的数据则是：26% 的言论属于“错误”范畴、51% 的言论可归于“正确”和“基本正确”范畴，从而表明她的言论还是基本可信的。[42] 抛开其他不应该投票给特朗普的原因不论，其言论可信度堪忧这一点似乎并没有吓跑很多选民。如果没有制度性的措施惩戒这些工于心计的哗众取宠，那么任何一个冷酷而野心勃勃的政客又有什么理由不撒谎呢？甚至如果政客的言论都是用推特发出，转瞬即逝，那么也就很难被追责，尽管其之于选民情感上的影响力将可能会持续发挥作用。

因此，虽然我们可以轻易地下结论，认定给特朗普投票的选民并不像给希拉里投票的选民那样了解情况，但这实际上是对领导者和追随者间互动关系的糟糕理解，也会带来潜在的分裂不合。民主是建立在共识的基础上的，但是当事实难寻、世事难料且让人迷惑费解时，建立共识的基础也会变得毫无启发性和令人厌恶。民粹主义的政客鼓励我们无视客观的信息和专家的判断，而这些政客蛊惑散播民粹主义思想的能力也借着推特和其他社交媒体的东风而陡增。从唐纳德·特朗普的大选胜利到英国的脱欧公投，这些 2016 年政坛巨变背后的一个主要推手就是社交媒体的影响力。事实上，随着美国国会特别委员会的持续调查，探究社交媒体是否被俄罗斯势力所利用，以确保唐纳德·特朗普的大选胜利，这些社交媒体平台可谓如坐针毡。虽然在 2010 —2012 年的阿拉伯之春起义中为推动民主思潮的凯旋起到助力，但社交媒体彼时并未因此而受到赞誉。而现在，这些平台则被指责成了国际政治权利斗争中蛊惑人心的政治工具。[43] 无论美国国会特别委员会的调查结果如何，特朗普显然是一个天才，而且说来奇怪，对一个如此自大的煽动家而言，他有着一种敏锐的社会知觉。如果没有这种知觉，他就不可能调动这批忠诚的盲从者选民追随他。[44]

除了无法信任的新闻和社交媒体值得商榷的影响外，火上浇油的是我们能够接触到的信息量是如此巨大。生活在我们这个网络互联，而且实是过分互联的世界里，我们都被暴露于无休止的、来自各种不同渠道的信息之中。一份近期的研究显示，当大量的信息彼此矛盾且令人困惑时，人们很难能够区分造谣和真实的新闻报道。[45] 我们如何能知道什么是好的信息，什么又是坏的信息？我们如何从周遭的杂音中提炼出信息？社交媒体有它的裨益，但是它也让信息变得混淆不清。推特上的风潮不停变换，一分钟内我们就能收到一打推文，覆盖各不相同的新闻和观点，以致我们时常无法逐一区分，而且这种情况有愈演愈烈之势。在这些场景下，社交媒体有着很大的影响力，尤其是当它们直击我们的系统 1 快速思维模式时，我们更是会下意识地处理这些令人困惑的海量信息。

因此对选民而言，合理的做法是只基于不直接和客观事实关联的依据进行判断，因为客观事实不是无法获得，就是不足为信。就像我们前文提过的选择餐厅的食客一样，当没有太多可供使用的信息时，选民倾向于跟随一群想法类似的人或跟随一个有说服力、能够轻易与他们实现认同的领导者。又或者，他们会依赖于身边其他人提供的信息，大家互相重复确认彼此已经认同的观念而已，社交媒体则强化了这种人云亦云的效果。[46] 在脸书、推特和其他社交平台上，我们倾向于关注家庭成员或是朋友圈子中彼此认可的人的推送。我们的观念进而被证实偏好的倾向性所干扰，围着自己的观念打转。我们跟随那些我们自己选择跟随的人，而通常选择他们的原因恰恰就是我们已经认同了他们的观点。[47] 与此类似的是，我们也可以轻而易举地用自己喜欢的媒体平台填满自己的屏幕，这些媒体平台的内容本就符合我们既有的世界观，不分昼夜用大量的信息来证实我们已有的偏见。信任缺失、证实偏好和社交媒体交织在一起，将我们置于政治上的危险处境。

我们也许会说，我们期望政治领袖能够诚实可信，与我们希望科学家、医生和律师诚实可信是一个道理，但也许归根结底，我们想要的是政治领袖能够成为我们和我们的信念的代言人。在这一点上，比系统 2 式严谨审慎分析更重要的是领导者针对我们身份认同的系统 1 式情感影响。我们的政治决策并非取决于对事实真相的理性探究。鉴于在这个过程中是主观影响因素而非客观影响因素占主导，我们也并不那么在意政客是否在特定事实上诚实可信，而是更加在意他们的沟通是否有说服力。[48]

在当今这个“后真相”的政治时代，如果政客的公众形象能够巧妙地迎合我们快速系统 1 式的感情用事和本能决策，那么就能够有效地左右我们对领袖的选择。虚假新闻也颇合系统 1 式思维方式的胃口，因为它一般而言易于消化，仅包含我们借用快速决策思维捷径就能轻易处理的简单感性信息。当我们缺乏可信赖的信息进行系统 2 式的严谨逻辑思辨时，诉诸系统 1 式的思维模式并采纳群体政治观点也就不足为奇了。民粹主义政治家通过调动选民的系统 1 式情感和本能来笼络支持者，而社交媒体就是极为有效的载体。那些充满感情色彩的信息抓住了我们的想象力，与我们产生共鸣速度之快，远超我们能从政治宣言或政策变化的细枝末节中推敲挖掘出的任何信息。

在前文中已经看到，我们在日常生活中的方方面面都是盲从者。显然，叛逆者终究是少数派，而效仿的追随者和叛逆的领导者时常是相互依赖的。盲从者群聚起来，而抱团的群体需要叛逆的领导者带领他们，明确共同的前进方向。也许不那么明显的是，叛逆的领导者也需要盲从者。没了盲从者，领导者也将无以为继、无所适从。正如我们在本章中看到的，我们的政客都是鼓励政治部落派系主义的天才，他们仰赖于盲从者以确保成功地组建他们自己的政治部落。当今的社交媒体平台意味着，政治领袖可以用各种方式构建这种政治部落派系主义。社交媒体的存在也使一些过去被政治体系排除在外的个人能够上位掌权。

总而言之，我们是否永远都是叛逆的领导者或效仿的追随者？很有可能我们的选择（如果我们做得出选择）是取决于自己所处的境遇。我们追随或领导的不同倾向性也将由系统 1 和系统 2 式思维的组合所驱动。如我们在本书其他章节中看到的，这是一条放之四海而皆准的重要领悟。系统 1 情感和系统 2 理智之间的微妙平衡不仅会推动我们做出效仿或反叛的决策，也决定了我们要扮演盲从者还是叛逆者的角色。

结语

盲从者与叛逆者

在本书中，我们从经济学出发，顺着心理学、社会学、神经学、行为生态学和进化生物学一路走来。我们从一系列视角探究了驱动盲从者与叛逆者的动因。大多数情况下，我们盲从的本性将占据上风，鼓励我们从众。我们的从众有时纯粹是出于利己，有时更多是本能和情感驱动的集体性现象，而有时则是出于不同因素的综合影响。

一个需要我们解答的问题是，生活在一个充斥着群聚从众、追随领袖的盲从者的世界里，是否是一件幸事呢？在原始社会，我们强烈的效仿和追随倾向也许对我们是有利的。我们古老的本能一路演进而来，帮助我们在恶劣的自然环境中生存下来，这不仅是为了确保个体的存活，同时也体现了要确保整个族群、物种和基因族存续的进化压力。类似的从众倾向性是否在今天的世界里也同样适用，就并不那么显而易见了。我们也许会认为，相较于我们茹毛饮血的祖先而言，我们当今的生活的确是轻松便捷的，物质资源更加丰裕，现代技术使信息互联更加快捷。我们可以轻易地同素未谋面的人建立社交关系，但我们人云亦云的本能可能还是会带来巨大的毁灭性影响。

但是现代技术进步也有其阴暗的一面。现代科技似乎已经显著地改善了我们的生活水准，但它也剥夺了自然演化赋予我们的古老求生技能。人类现代性的一面同我们进化性的一面之间的冲突越发具有毁灭性，因为一旦脱离了古代小规模族群能对个人施加的限制和惩戒措施，我们彼此效仿的进化本能在现代科技的滋养下就会更加高效。在我们当今这个计算机化、全球化和深度互联互通的现代社会中，资金、信息和期望都快速流动，群体可以积聚巨大的势能，变得难以监控和阻挡。相较于进化的时间尺度，科技创新和我们人为环境的变化步伐都太快，导致我们根本没有时间演进出新的适应性优势。在这样一个全球化的世界，我们的从众和趋同的倾向性被各式人类天才发明出来的科学技术所强化和放大，我们是否能在这样的世界适者生存呢？答案也许是否定的。

如果我们带着批判的眼光去看待特定现代技术的影响，我们也许会注意到，一些技术让我们的生活更加困难，而非更加便利。毫无疑问，其中一些科技为我们的生活带来了巨大的正向贡献，医学进步尤其在延长寿命和提高生活质量方面为我们带来了质的转变。因此，勒德分子（Luddite）[①] 反对科学进步的举措并不是解决问题的方法。我们的确需要思考的问题是，新技术如何扰乱了个体利益和社会福祉之间的平衡。当今，这两种利益并不再像人类文明初期时那样统一，对个体最有利的选择不再是对经济及社会最理想的方案，而且彼此间的差距越来

① 勒德分子指反对新技术、反机械化及反自动化的人。——编者注

越远。在一个充斥着电脑、大数据和社交媒体的世界中，自由市场的意义变得不那么明晰。我们进化而来的从众及效仿本能助长了无效和有害，甚至是毁灭性的行为，而在人与人互动广度和深度都有限的原始社会中，类似的行为是不会出现的。

在前文中，我们已经反复暗示了社交媒体尤为有害的一个影响是，它是虚假新闻和错误信息的载体和传播渠道，它会扰乱任何同系统 2 利己型从众相关的理性社会学习的过程。社交媒体能够有效地响应和诱导系统 1 的思维模式以及感性冲动式的集体从众行为，并且打破集体型从众和利己型从众之间的平衡。

尽管从很多方面来说，社交媒体都在我们储备知识和深化认知上起到了辅助作用，它们也会使叛逆者失去影响力，如此一来，我们就会失去信息和观念多元化所特有的丰富多样性。传统观念在推特、脸书和其他新闻共享平台的人云亦云中被反复炮制、抄袭和固化。网上的主流话语淹没和封锁了有争议或持异议的观点，一如大学辩论中的“禁言”辩手的境遇。想要在富有争议的观点间取得平衡是一个棘手的工作，我们当然有理由去屏蔽不道德的观点，但是哪些观点会冒犯几乎所有人，而哪些观点仅对特定群体无礼，其间的界限是模糊的。叛逆者被推特喷子围困，关于英国脱欧辩论中的两极分化就是类似的一个例子，无论是投票支持英国留在欧盟的选民，还是支持脱欧的选民，脱欧公投本身就激发了这些人对彼此阵营的恶意。社交媒体也扭曲了在医学和科学等领域取得创新突破的专家的专业观点，即便对有心想要保持理性客观的人而言，这些社交媒体上嘈杂且自相矛盾的海量信息意味着，很难有效地对这些信息的优劣真伪做出判断。社交媒体是领导者操控追随者的武器之一，领导者可以通过迎合及利用追随者的效仿从众天性，从而左右后者的决策，而这样的行为会带来深远的负面后果，一如助长我们在第八章中看到的政治派系主义。

针对专家、精英和移民表现出的脆弱多变而非理性的态度，以及极端政治立场的兴起，都应部分归因于感情用事的追随公众观念，而非关注于事实本身的强烈倾向。社交媒体几乎就是为了迎合这种快速、本能和非理性的行为而量身定做的。公民对于信息和新闻展现出的困扰和不信任反映了这样一个事实，即在当今这个“后事实”的社交媒体时代，传统通行的新闻传媒渠道已经被新的信息所取代，而后者显然是缺乏传统新闻行业复核准则约束的。没有了可靠的信息来源，盲从者可能会被叛逆的领导者引领上一条自己既不熟悉也不向往的道路。

在社交网络中，我们人云亦云的盲从倾向也已被现代技术所扭曲。社交网络已经随着计算机和因特网快速地演进，并导致了现代社会中的过度互联问题，尽管我们自己可能对此并没有足够的思考和准备。在因特网出现之前，社交网络的建立主要是基于同身边的人（例如同亲属、同事或邻居）的社会纽带关系。根据社会理论学家的解释，这些社交网络是我们投资于与周边他人的关系而积累而来的社会资本。[1] 这些纽带关系被社会准则所固化，而这些社会准则随着我们的社会网络演进，时常又会显得拘谨、僵化和缺乏变通。它们会以各异的形式长时间地存续和发展，印度种姓制度这样的等级制度和社会分层制度的进化过程就是一例。组成我们社交网络内团体的纽带关系越紧密，我们的身份认同感也就越强。[2]

通过领英、研究之门（ResearchGate）、学术界（Academia）这样的网上社交平台，我们能够与他人建立关系较弱的职业和协会组织网络。在这些网络中，我们能与他人及其他团体建立一般情况下无法企及的互联互通关系。无论是对个人还是对团体而言，一般这些在线社交网络通常都可以是有益和高效的。它们使信息的快速共享成为可能，以构建我们的职业关系，并甄别出新的就业和商业机会。我们显然不希望退回到等级僵化、带有歧视性的传统社交网络结构。社会理论学家有时会推崇一种观念，即人与人之间的强纽带关系并非好事，反之弱关联性更可取。但是当社交网络遇上社交媒体时，这种观念就不太站得住脚了。例如，帮派的特征之一就是其成员之间关系的牢固程度及彼此之间的忠诚度。如我们在第二章中看到的，这些强纽带关系会带来针对外团体的暴力及歧视行为这样的恶性结果，在有些情况下也会发展为我们在与外团队的冲突中有失偏颇地优待我们的内团体。[3]

但是在一个技术主宰的世界中，我们也应该为弱关联性关系感到担忧。在虚拟网络中，弱纽带关系同样也容易助长歧视、诱发负面态度和行为，推特上的喷子和网络流氓就是典型例子。我们通过社交媒体获取的不计其数的弱纽带关系，以及这些平台导致的过度连接，都对我们的福祉有着负面的影响。它们的存在意味着，商业机构可以轻易地侵入我们的隐私空间，并利用我们为了给他人留下好印象而分享信息的意愿。手机一响，邮件就来，我们就永远不能从工作中抽脱出来。作为雇员，我们的压力日益增大，失去了放松的能力，并因此深受其害，而一旦这些问题影响了我们的工作效率，那么我们的雇主也会一并跟着遭殃。虚拟社交网络助长了盲从者对于他人想法的过度痴迷，并导致了那些好得不真实的网络形象的出现。如果人们只能看到他人在脸书和 Instagram 上分享的最完美的一面，那么相较于 30 年前，现在的年轻人更加缺乏自信和自尊也就不足为奇了。不断上升的青少年自杀率可谓我们这个由盲从者主导的网络世界最悲哀的影响之一。

驯服盲从者与叛逆者

所以，我们应该做什么呢？哪些政策工具能够最为有效地驯服我们的从众及反从众天性，让它们不至为害，还能在其有利时发挥功用？在本书中，我们探讨了一些调动我们从众天性的方法，以鼓励人们效仿邻居更加有建设性的行为，如节能环保的选择、更好的卫生习惯。将我们因循守旧的倾向性作为社会鼓动的政策工具，已经是颇受欢迎的做法。对信息和选择的呈现方式做出细微的调整，就可以将人们的选择向更有建设性的方向引导。[4] 当前，诸如英国行为洞察小组（及其分支）这样的行为公共政策制定者已经广泛地采用了社会鼓动的政策工具。[5] 但是由于我们的盲从者天性存在诸多缺陷——我们在本书中也探讨过其中的一些问题——也许因此政策制定者应该更多地将注意力放在约束及控制（而非利用）这些社会趋同的倾向性上，并且在合适的时候鼓励叛逆者。

无论是从概念上还是从逻辑上讲，将反从众作为政策工具都颇具挑战性。想左右那些反从众的叛逆者的选择本来就是个难题，因为这些叛逆者的本性决定了他们对于劝说的抵制心理更强。即便如此，当我们需要这些持异见者承担风险时，需要有相应的政策激励他们，我们或许应给予那些持非主流观念的专家更多的支持，首先假设他们的观点是基于合理的依据。美国哲学家迈克尔·韦斯伯格就探讨过这样的想法：当相较于效仿型专家，叛逆型专家的比例过小时，知识的疆域和新的观念无法得到充分的探索。太多的盲从者意味着过少的新观点，并进而使进步和创新放缓。我们需要为叛逆主义设计好激励机制，韦斯伯格认为，应该设计额外的机制以鼓励科研中的冒险行为。如我们在第七章中看到的，他的这一观点也许应该在包括新闻业和金融业在内的一系列行为中得到广泛的应用。潜在的解决方案包括设计更加严格的标准来评鉴新闻报道或财务建议的真实性，以及鼓励揭发行为以确保错误能够很快被识别和纠正。同时，那些盲从者在消化新的科学研究成果，或新闻记者、经济学家和财务顾问的深奥理论时，可能并没有相关的专业知识去评判信息的质量。因此，我们也需要较高的职业标准或严格的政策，以确保这些信息匮乏、易受骗上当的盲从者不会被人占便宜。

另一个现代社会的特色就是无处不在的委员会，但如我们已经看到的那样，委员会本身可能就是人云亦云和团体思维的温室。改善这一情况的方法之一是鼓励所有委员会成员（而不仅是主席和资深成员）坦诚地表达他们的不同观点。清晰透明的委员会行事规则，以及针对委员会主席的严格指导原则，都能够改善由同伴压力、团体思维和盲从者服从权威的倾向带来的问题。解决方案也可以包括鼓励委员会更加多元化，以确保不同的观点都被充分的讨论。另一个方案是将“魔鬼代言人”的角色在委员会中固化下来，美国国防和情报机关已经采用了类似的措施。

我们也需要能够有效平衡服从和反叛的政策。[6] 为了克服我们根深蒂固的跟随他人的倾向性会带来的私有信息丢失的问题，一个应对方案是确保更优质的信息和教育准入，使我们可以不那么依赖他人的观点。例如，中立的机构可以牵头开展普及宣传，旨在帮助所有选民理解经济、政治和法律制度。这样一来，政客就不能轻易地欺骗选民，防止他们轻信不切实际的竞选口号、经济宣言和其他政治许诺。

本书论证了我们效仿或反抗的本能影响我们生活的多种方式。从众是否对作为个体的我们是有益的呢？又是否对社会整体是有益的呢？我们是否希望选择从众，这个问题的答案取决于我们是站在社会的角度还是个人的角度看待问题。经济学理论证明，从众通常对一个利己的盲从者个体而言是理想的选择。考虑到市场和制度的缺陷，个体有理由协同合作，求助于集体，通过观察和学习他人进行效仿，通过加入俱乐部和团队实现从众。然而，从团体和人类整体的角度来看，相应行为的优点并非那么明确，且须视具体情况而定。相较于团体的利益，个体有时是可有可无的。盲目地追随团体，服从谬误的指令、自残自杀的行为或在战时的自我牺牲行为，都是将某一集体的利益置于另一集体的利益之上的体现。

如果我们能够更好地理解驱动盲从者与叛逆者之间复杂的社会互动，那么我们就能更好地识别出应对从众和反从众所致问题的方法，并在合适的时候鼓励这些行为。然而，当今世界呈现出的失衡存在着毁灭性的潜在风险：我们演化而来的本能、现代制度、派系政治、全球化的市场和尖端的科技，都使盲从者及其领袖如鱼得水，而叛逆者则被边缘化。如果我们不希望看到一个由集体思维、人云亦云、不包容、不平等和冲突纷争所主导的反乌托邦式的未来，我们就需要宣扬非传统理念中的精华，让我们的世界重回平衡，回到一个盲从者与叛逆者可以共存共荣的未来。

致 谢

我要感谢很多人，尤其是泰芭·巴托尔（Taiba Batool）和她在伦敦的耶鲁大学出版社的团队。几年前，我就勾勒出了这本书的框架。很有缘分的是，巴托尔在那之后找到了我，表示希望我能写一本类似主题的书。她在本书创作的整个过程中提供了专业的指导，始终给予我充分的鼓励、支持及想法建议。我同样感谢我的编辑雷切尔·朗斯代尔（Rachael Lonsdale）和雅各布·布兰迪（Jacob Blandy）。第一次放到他们案头的初稿瑕疵很多，但是多亏了他们的辛勤付出、坚持不懈和对细节的关注，使定稿的版本有了脱胎换骨般的改观。当然，本书如若还有疏漏、错误和不恰当的地方，那一定都是我自己的问题。我还要感谢其他若干同事，以及耶鲁大学出版社匿名的审稿人，他们建设性的评语帮助我将精力集中在我真正想要表达的核心观点上。我要感谢我的合作撰稿人克里斯托弗·布尔克、菲利佩·托布勒和沃尔弗拉姆·舒尔茨允许我使用第三章中出现的插图，并在相关研究中与我通力合作。同样需要致谢的是利弗休姆（Leverhulme）信托基金，为我们的神经经济学从众研究项目提供资金支持。正是在这个研究项目中，我们首次提出了本书中探讨的许多观点。我也应该感谢那些为我们免费提供了新闻及信息的组织，主要是维基百科，当然也包括 BBC 新闻在线和《卫报》在线网站。

我一如既往地感谢我的父亲，他展现出的智慧和记忆力至今令人羡慕。他细致地阅读了我的书稿，对本书倾注了极大的热情，并给了我许多宝贵的建议和意见。作为一名放射学科的先驱，他在和脑部扫描相关的技术性论证上给予了我尤为巨大的帮助。也许下一次，我们应该一起写本书才对。他不仅就神经学和进化生物学的必读书单给了我很多宝贵的建议，还在相关领域分享了许多真知灼见。他自己的书［有些用的是他的笔名约翰·贝茨（John Bates）发表的］广泛地涉猎医学、物理学、神学和思想史等领域，在这些领域均有精彩的论述。

我将永远感激我的母亲和父亲给予我的鼓励和灵感，感谢他们似乎并不介意给了我一个大脑门，感谢他们赋予我的好奇心。最后，同样重要的是，我要感谢我的丈夫克里斯，他作为听众和读者，忍受了我似乎是无止境地想要完成本书的尝试。只有少数工作狂的妻子有我这么幸运，能有如此毫不动摇地坚定支持我，并且充满耐心和幽默感的丈夫。

注释

序言

1. Oliver Milman (2015), 'Cane Toad Sausages on Menu in Attempt to Save Kimberley's Northern Quolls', *Guardian*, 20 September. https://www.theguardian.com/australia-news/2015/sep/10/cane-toad-sausages-on-menuin-attempt-to-save-kimberleys-northern-quolls; Angela Heathcote (2017), 'Toad Sausages are Saving Our Quolls', *Australian Geographic*, 31 August. http://www.australiangeographic.com.au/topics/wildlife/2017/08/toadsausages-are-saving-our-quolls. See also Jonathan Webb, Sarah Legge, Katherine Tuft, Teigan Cremona and Caitlin Austin (2015), 'Can We Mitigate Cane Toad Impacts on Northern Quolls?', Charles Darwin University. http://www.nespnorthern.edu.au/wp-content/uploads/2015/10/4.1.35_can_we_mitigate_cane_toad_impacts_on_northern_quolls_-_final_report.pdf (accessed 30 September 2017).
2. 我能找到的第一次使用“反羊群”一词的是经济学家卡尼斯·普伦德加斯特（Canice Prendergast）和拉尔斯·斯托尔（Lars Stole），他们用这个词来代表那些拥有声誉的叛逆者。参见

Canice Prendergast and Lars Stole (1996), 'Impetuous Youngsters and Jaded Old- Timers: Acquiring a Reputation for Learning', *Journal of Political Economy* 104(6), pp. 1105–34。自此，学术文献中提及羊群的次数远超反羊群。

3. Liz Connor (2017), 'British People Display Amazing Queue Etiquette Without Being Told', *Evening Standard*, 2 May. https://www.standard.co.uk/lifestyle/london-life/british-people-display-amazing-queuingetiquette-without-being-told-a3528366.html (accessed 5 September 2017).

第一章　聪明地效仿

1. Gary S. Becker (1976), *The Economic Approach to Human Behavior*, University of Chicago Press. These basic principles of rational choice have also been popularised in general- audience books such as Steven E. Landsburg (1995/2012), *The Armchair Economist: Economics and Everyday Life,* New York: Free Press, and Steven D. Levitt and Stephen J. Dubner (2007), *Freakonomics: A Rogue Economist Explores the Hidden Side of Everything,* London: Penguin Books.
2. Gary S. Becker (1974), 'A Theory of Social Interactions', *Journal of Political Economy* 82(6), pp. 1063–93.
3. 新古典主义经济在现代主流经济学中占主导地位但仍有争议，其基础是自由市场是确保人类福利的最佳制度。维弗雷多·帕累托因其社会学见解而在主流经济学家中不太受待见。例如，参见 Vilfredo Pareto (1935), *The Mind and Society* [*Trattato di Sociologia*

Generale], trans. Arthur Livingston, New York: Harcourt, Brace and Company。

4. Vilfredo Pareto (1906/1980), *Manual of Political Economy*, trans. A.S. Schweir, New York: Augustus M. Kelley. For a history of the term, see also J. Persky (1995), 'Retrospectives: The Ethology of *Homo economicus', Journal of Economic Perspectives* 9(2), pp. 221–31.
5. Adam Smith (1776), *An Inquiry in the Nature and Causes of the Wealth of Nations,* Book I, ch. II, pp. 26–7.
6. 有关从众行为的技术性调查，参见 Christophe P. Chamley (2003), *Rational Herds: Economic Models of Social Learning,* Cambridge University Press。
7. Sushil Bikhchandani, David Hirshleifer and Ivo Welch (1992), 'A Theory of Fads, Fashion, Custom, and Cultural Change as Informational Cascades', *Journal of Political Economy* 100(5), pp. 992–1026; Sushil Bikhchandani, David Hirshleifer and Ivo Welch (1998), 'Learning from the Behavior of Others: Conformity, Fads, and Informational Cascades', *Journal of Economic Perspectives* 12(3), pp. 151–70.
8. Bikchandani, Hirshleifer and Welch (1992), p. 994.
9. Abhijit Banerjee (1992), 'A Simple Model of Herd Behavior', *Quarterly Journal of Economics* 107(3), pp. 797–817.
10. 关于拥挤和空置的餐厅，还有其他不同的解释，这些解释都是围绕着理性的经济假设建立的，例如，Gary S. Becker (1991), 'A Note on Restaurant Pricing and Other Examples of Social Influences

on Price', *Journal of Political Economy 99* (5), pp. 1109–16。贝克尔从一个人的消费对另一个人需求的影响的角度出发，从本质上解释了餐馆拥挤的现象：一个人选择一家餐馆会增加另一个人对该餐厅的需求，因此餐馆的排队人数会增加。

11. Thomas Bayes (1763), 'An essay towards solving a problem in the doctrine of chances – communicated by Mr Price, in a letter to John Canton', *Philosophical Transactions of the Royal Society 53*, pp. 370–418.
12. 这种证据比实验室实验更有优势，因为实验者并没有把实验条件强加于人身上。人们可以自然而然地做出决定，同时，由于这些决定不是实验干预的产物，所以实践结果更有可能是稳健性的，而不是实验假象。
13. Arthur Fishman and Uri Gneezy (2011), 'A Field Study of Social Learning', Bar Ilan University Working Paper, 29 April. https://www.biu.ac.il/soc/ec/fishman/wp/A%20field%20study%20of%20Social%20Learning.pdf (accessed 30 October 2017).
14. Charles Holt (2006), *Markets, Games and Strategic Behavior,* Boston, MA: Pearson/Addison-Wesley.
15. Lisa R. Anderson and Charles A. Holt (1996), 'Classroom Games: Information Cascades', *Journal of Economic Perspectives* 10(4), pp. 187–93; Lisa R. Anderson and Charles Holt (1997), 'Information Cascades in the Laboratory', *American Economic Review 87* (5), pp. 847–62.
16. 安德森和霍尔特没有解释为什么他们认为学生能够进行贝叶斯推

理。他们是否认为学生们对贝叶斯概率的了解如此之深，以至于他们可以轻松、快速地将其应用于实验中？答案可能是否定的。更有可能的是，实验者假定学生们在表演，仿佛他们可以做贝叶斯计算。其他经济学家在描述同样复杂的决策过程时，常常援引新自由主义经济学的创始人米尔顿·弗里德曼（Milton Friedman）及其同事伦纳德·萨维奇（Leonard Savage）的类比：专业台球运动员非常擅长操纵台球的轨迹，仿佛他们对力学定律有很深入的了解，尽管他们不太可能有如此深入的理解。对于这是否合理存在着激烈的争论，对此我们不会多加讨论。不过，可以明确的是，我们的大脑很有可能进化到有能力自动进行贝叶斯计算，而不必考虑太多相关理论。参见 Milton Friedman 和 Leonard J. Savage (1948), ‘The Utility Analysis of Choices Involving Risk’, *Journal of Political Economy* LVI,p. 298。

17. 经济学家埃里克·艾斯特（Erik Eyster）和马修·雷宾（Matthew Rabin）探讨了模仿和从众行为可能是非理性的观点。因为一个理性的经济人会观察到其他人的信仰是相关的，并会考虑这种关联性，他们会“反模仿”（ anti-imitate）他们观察到的人。或者，他们会认识到他们应该跟随排在他们前面的人，就像他们是一个人一样，从本质上解释他们的行为作为一个社会信号，不是多个社会信号。参见 Erik Eyster 和 Matthew Rabin (2014), ‘Extensive Imitation is Irrational and Harmful’, *Quarterly Journal of Economics* 129(4), pp. 1861–98。
18. Banerjee (1992).
19. 其他经济学家分析了在不确定的世界里的羊群效应问题。参见

Ignacio Monzón (2017), ‘Aggregate Uncertainty Can Lead to Incorrect Herds’, *American Economic Journal: Microeconomics 9* (2), pp. 295–314。

20. 博弈论相关的文献，参见 Ken Binmore (2007), *Game Theory: A Very Short Introduction*, Oxford University Press, and David M. Kreps (1999), *Game Theory and Economic Modelling*, Oxford University Press. 具有开创性但深奥的经济学文献是约翰·冯·诺依曼和奥斯卡·莫根施特恩 (1944), *The Theory of Games and Economic Behavior*, Princeton University Press。
21. Cited in Brian Skyrms and U.C. Irvine (2001), ‘The Stag Hunt’, *Proceedings and Addresses of the American Philosophical Association 75* (2),pp. 31–41.
22. 也可以参考德斯蒙德·莫里斯（Desmond Morris）的研究，他认为社会信号是我们寻找意义的一部分（与身份和归属感相关）。参见 Desmond Morris (1969/1994), *The Human Zoo*, New York: Vintage。
23. George A. Akerlof and Rachel E. Kranton (2000), ‘Economics and Identity’, *Quarterly Journal of Economics* 115 (3), pp. 715–53. See also George A. Akerlof and Rachel E. Kranton (2011), *Identity Economics: How Our Identities Shape Our Work, Wages, and Well-Being,* Princeton University Press.
24. Henry Farrell (2015), ‘With Your Tattoos and Topknots, Who Do You Think You Are?’, *Washington Post*, 28 July. https://www.washingtonpost. com/news/monkey-cage/wp/2015/07/28/with-your-tattoos-andtopknots-who-do-you-think-you-are/ (accessed 7

September 2017).

25. Diego Gambetta (2009), *Codes of the Underworld: How Criminals Communicate*, Princeton University Press.
26. 更多关于美德信号传递的文献，参见 James Bartholomew (2015), 'The Awful Rise of "Virtue Signalling"', *Spectator*, 18 April. https://www.spectator.co.uk/2015/04/hating-the-daily-mail-is-a-substitute-for-doing-good/(accessed 7 September 2017)。
27. Naimil Shah (2016), 'Why Poor People Buy TVs', *Medium*, 22 October. https://medium.com/@naimilshah/why-poor-people-buy-televisions (accessed 14 September 2017).
28. 经济学家哈维·莱本施泰因（Harvey Leibenstein）研究了在消费者主导的背景下，利己型从众是如何产生的，参见 Harvey Leibenstein (1950), 'Bandwagon, Snob, and Veblen Effects in the Theory of Consumers' Demand', *Quarterly Journal of Economics* 64(2), pp. 183–207。
29. B. Douglas Bernheim (1994), 'A Theory of Conformity', *Journal of Political Economy* 102 (5), pp. 841–77.
30. John Maynard Keynes (1936), *The General Theory of Employment, Interest and Money*, London: Macmillan and the Royal Economic Society, p. 158.
31. O. Johansson- Stenman and J. Konow (2010), 'Fair Air: Distributive Justice and Environmental Economics', *Environmental Resource Economics* 46 (2), pp. 147–66, and G. Brown and D.A. Hagen (2010), 'Behavioral Economics and the Environment', *Environmental*

Resource Economics 46 (2), pp. 139–46.

32. 'Shot? The National Rifle Association', *The Economist Espresso*, 28 February 2018. https://espresso.economist.com/2e7fc7cb9bf8baacf29f1b7286976f53 (accessed 6 March 2018).

33. D. Kahneman, J.L. Knetsch and R.H. Thaler (1986), 'Anomalies: The Endowment Effect, Loss Aversion, and Status Quo Bias', *American Economic Review* 5 (1), pp. 193–206.

34. Richard Thaler and Cass Sunstein (2008), *Nudge: Improving Decisions about Health, Wealth, and Happiness,* New Haven and London: Yale University Press.

35. 一些更早、更深刻的介绍，参见 Mancur Olson (1965/1971), *The Logic of Collective Action,* Cambridge, MA: Harvard University Press。

36. David J. Morrow (1999), 'Fen-Phen Maker to Pay Billions in Settlement of Diet- Injury Cases', *New York Times*, 8 October, and Bloomberg News reporting in the *New York Times* 'Wyeth in Settlement Talks Over Diet Drugs', 19 January 2005. http://www.nytimes.com/1999/10/08/business/fen-phen-maker-to-pay-billions-in-settlement-of-diet-injury-cases.html (accessed 23 October 2017).

37. Bikhchandani, Hirshleifer and Welch (1992, 1998).

38. 参见 Gerd Gigerenzer 和 Ulrich Hoffrage (1995), 'How to Improve Bayesian Reasoning Without Instruction: Frequency Formats', *Psychological Review* 102 (4), pp. 684–704。关于人类贝叶斯推理极限的研究，参见 Michelle Baddeley, Andrew Curtis and Rachel

Wood (2004), 'An Introduction to Prior Information Derived from Probabilistic Judgments: Elicitation of Knowledge, Cognitive Bias and Herding', in *Geological Prior Information: Informing Science and Engineering*, ed. A. Curtis and R. Wood, Geological Society, London, Special Publications 239, pp. 15–27。

第二章 暴众心理学

1. George Klineman (1980), *The Cult That Died: The Tragedy of Jim Jones and the Peoples Temple*, New York: Putman Publishing Group; Tim Reiterman with John Jacobs (2008), *Raven: The Untold Story of the Rev. Jim Jones and His People,* New York: Penguin Books; https://en.wikipedia.org/wiki/Peoples_Temple (accessed 8 March 2017).
2. 参见 Stanley Milgram (1963), 'Behavioral Study of Obedience', *Journal of Abnormal Psychology* 67, pp. 371–8; and Craig Haney, Curtis Banks and Philip Zimbardo (1973), 'A Study of Prisoners and Guards in a Simulated Prison', *Naval Research Review* 30, pp. 4–17。
3. 要全面了解相关文献，参见 James Surowiecki (2004), *The Wisdom of Crowds: Why the Many Are Smarter Than the Few*, London: Abacus。
4. 相关资料并无完整版的英文译本，参见 Marquis de Condorcet (1785), *Essay on the Application of Analysis to the Probability of Majority Decisions.* For a modern interpretation, see Krishna K. Ladha (1995), 'Information Pooling Through Majority-Rule Voting', *Journal*

of Economic Behavior and Organization 26 (3), pp. 353–72。

5. 参见 https://www.ara.com/projects/aces-crowd-based-forecasting-worldevents (accessed 23 October 2017)。
6. David V. Budescu and Eva Chen (2015), 'Identifying Expertise to Extract the Wisdom of Crowds', *Management Science* 61(2), pp. 267–80.
7. 在经济学研究中，人们的情绪一直被忽视，乔恩·埃尔斯特（Jon Elster）写了大量关于情绪如何被纳入经济学分析的文章，参见 Jon Elster (1996), 'Rationality and the Emotions', *Economic Journal 106* (438), pp. 136–97, and Jon Elster (1998), 'Emotions and Economic Theory', *Journal of Economic Literature 36* (1), pp. 47–74。
8. 参见 Jaap van Ginneken (1992), *Crowds, Psychology, and Politics,* 1871–1899, Cambridge University Press。
9. Jean-Gabriel De Tarde (1890), *The Laws of Imitation*, trans. Elise Clews Parsons, 1903, New York: Henry Holt and Company.
10. Gustave Le Bon (1895), *The Crowd: A Study of the Popular Mind,* Lexington, KY: Maestro Reprints, p. 9.
11. 其他文化则接受这样一种观点，即群体与组成群体的个人有很大的不同。营销专家马克·厄尔斯（Mark Earls）探讨了其中的一些观点，包括祖鲁人和科萨人的乌班图（Ubuntu）概念——“共同的人性”，参见 Mark Earls (2009), *Herd: How to Change Mass Behaviour by Harnessing Our True Nature*, Chichester: John Wiley and Sons。
12. Le Bon (1895), pp. 11–12.

13. Charles Mackay (1841), *Extraordinary Popular Delusions and the Madness of Crowds*, Lexington, KY: Maestro Reprints.
14. 关于精神分析法，可以参考其他精神分析学家的著作，例如 Ernest Jones (1923/2009), *Essays in Applied Psycho Analysis,* London: The International Psycho-Analytical Press, reprint by Charleston: BiblioBazaar。
15. Wilfred Trotter (1916), *Instincts of the Herd in Peace and War*, London: T. F. Unwin.
16. Sigmund Freud (1921), 'The Herd Instinct', in *Group Psychology and the Analysis of the Ego,* in *The Standard Edition of the Complete Psychological Works of Sigmund Freud*, Vol. XVIII, London: Vintage, pp. 117–21.
17. Trotter (1916), p. 120.
18. Aristotle, *Metaphysics*, Book VIII, 1045a.8–10.
19. Kurt Koffka (1935), *Principles of Gestalt Psychology*, New York: Harcourt, Brace and Company, p. 176.
20. Wilhelm Reich (1946), *The Mass Psychology of Fascism*, trans. Theodore P. Wolfe, New York: Orgone Institute Press.
21. Wilhelm Reich (1972), *Character Analysis*, 3rd edn, trans. Vincent R. Carfagno, ed. Mary Higgins and Chester M. Raphael, New York: Farrar, Straus and Giroux.
22. George A. Katona (1951), *Psychological Analysis of Economic Behavior*, New York: McGraw Hill; George A. Katona (1975), *Psychological Economics*, New York: Elsevier.

23. Akerlof and Kranton (2011).

24. Gustav Jahoda (2004), 'Henri Tajfel', *Oxford Dictionary of National Biography*, Oxford University Press; Stephen Reicher, 'Biography of Henri Tajfel (1919–1982)', European Association of Experimental Social Psychology. https://groups.google.com/forum/#!topic/jnu-psychology/ zWK4S- ClSc0 (accessed 7 September 2017). 'Obituary: Henri Tajfel' (1982), *British Journal of Social Psychology 21*(3), pp. 185–8.

25. 关于最简群体范式的研究，参见 Michael Diehl (1990), 'The Minimal Group Paradigm: Theoretical Explanations and Empirical Findings', *European Review of Social Psychology 1*(1), pp. 263–92。

26. 参见 Henri Tajfel (1970), 'Experiments in Intergroup Discrimination', *Scientific American*223, pp. 96–102; Henri Tajfel, M.G. Billig, R.P. Bundy and Claude Flament (1971), 'Social Categorization and Intergroup Behaviour', *European Journal of Social Psychology 1*(2), pp. 149–78。

27. 经济学家肖恩·哈格里夫斯·希普（Shaun Hargreaves Heap）和丹尼尔·齐佐（Daniel Zizzo）开展了行为经济学实验，从团体的角度探讨了这些团体的影响，参见 Shaun P. Hargreaves Heap and Daniel John Zizzo (2009), 'The Value of Groups', *American Economic Review 99* (1), pp. 295–323。

28. 不拘一格的嬉皮士并非新鲜事，“嬉皮士”这个词最初是用来形容 20 世纪 40 年代美国爵士乐反叛者的。

29. Ezra Klein (2015), 'On Paul Krugman's Theory of Hipsters', *Vox*, 27

July. http://www.vox.com/2015/7/27/9049025/paul-krugman-hipsters (accessed 7 September 2017).

30. 科学家已经证实，酒精与冲动和冒险行为有关，参见 Luca Corazzini, Antonio Filippin and Paolo Vanin (2015), 'Economic Behaviour under the Influence of Alcohol: An Experiment on Time Preferences, Risk- Taking, and Altruism', *PLoS ONE* 10 (4). https://doi.org/10.1371/journal. pone.0121530 (accessed 7 September 2017)。
31. Mark Levine, Robert Lowe, Rachel Best and Derek Heim (2012), '"We Police It Ourselves": Group Processes in the Escalation and Regulation of Violence in the Night- Time Economy', *European Journal of Social Psychology 42*, pp. 924–32.
32. Levine, Lowe, Best and Heim (2012), p. 927.
33. Levine, Lowe, Best and Heim (2012).
34. David Stout (1996), 'Obituary: Solomon Asch is Dead at 88; A Leading Social Psychologist', *New York Times*, 29 February. http://www.nytimes. com/1996/02/29/us/solomon-asch-is-dead-at-88-a-leading-socialpsychologist.html (accessed 7 September 2017).
35. 参见 Solomon Asch (1955), 'Opinions and Social Pressure', *Scientific American 193* (5), pp. 31–5. For a metaanalysis of experiments exploring the line judgement task, see Rod Bond and Peter B. Smith (1996), 'Culture and Conformity: A Meta- Analysis of the Studies Using Asch's (1952b, 1956) Line Judgment Task', *Psychological Bulletin* 119 (1), pp.111–37。
36. 阿施的实验与其他一些社会心理学家进行的关于一致性的实验相

似。穆扎费尔·谢里夫（Muzafer Sherif）分析了社会影响人们认知的“自动效应”（autokinetic effect）：当人们在昏暗的房间里看到灯光时，他们会错误地认为它在移动。谢里夫发现，当他让实验参与者估计这些光移动了多远时，参与者说出的结果会趋向一致。参见 Muzafer Sherif (1935), *A Study of Some Social Factors in Perception,* New York: Archives of Psychology, No. 187. http://web.mit.edu/curhan/www/docs/Articles/15341_Readings/ Influence_Compliance/Sherif_A_Study_of_Some_Social_Factors_ (1935)_Arch%20Psych.pdf (accessed 30 October 2017)。

37. Robert J. Shiller (1995), 'Conversation, Information and Herd Behavior', *American Economic Review* 85 (2), pp. 181–5.

38. Solomon Asch (1952), *Social Psychology*, Englewood Cliffs, NJ: Prentice-Hall, p. 464.

39. A. Bandura, D. Ross and S.A. Ross (1961), 'Transmission of Aggression Through Imitation of Aggressive Models', *Journal of Abnormal and Social Psychology* 63, pp. 575–82.

40. 有一些学术论文也得出了类似的结论，参见 Hunt Allcott (2011), 'Social Norms and Energy Conservation', *Journal of Public Economics 95* (9–10), pp. 1082–95; and Hunt Allcott and Todd Rogers (2014), 'The Short- Run and Long- Run Effects of Behavioral Interventions: Experimental Evidence from Energy Conservation', *American Economic Review* 104(10), pp. 3003–37。

41. 这些“助推”行为由英国的“行为洞察小组”发起，最近该小组备受社会和政府关注，参见 Kate Palmer (2014), 'Psychology

and "Nudges": Five Tricks the Taxman Uses to Make You Pay £210m Extra', *Daily Telegraph,* 9 October. http://www.telegraph.co.uk/finance/personalfinance/ tax/11147321/Five-tricks-or-nudges-HMRC-uses-to-makeyou-pay–210m-extra.html (accessed 7 September 2017); and Tamsin Rutter (2015), 'The Rise of Nudge – The Unit Helping Politicians to Fathom Human Behaviour', *Guardian*, 23 July. https://www.theguardian.com/public-leaders-network/2015/jul/23/rise-nudge-unit-politicianshuman-behaviour (accessed 7 September 2017)。

42. Subhrendu Pattanayak, Jui-Chen Yang, Katherine L. Dickinson, Christine Poulos, Sumeet R. Patil, Ranjan K. Mallick, Jonathan L. Blitstein and Purujit Praharaj (2009), 'Shame or Subsidy Revisited: Social Mobilization for Sanitation in Orissa, India', *Bulletin of the World Health Organization* 87, pp. 580–7.

第三章 大脑中的从众

1. Plato, *Phaedrus*, 246a–254e.
2. Colin F. Camerer, George Loewenstein and Drazen Prelec (2005), 'Neuroeconomics: How Neuroscience Can Inform Economics', *Journal of Economic Literature* 43(1), p. 9.
3. 丹尼尔·卡尼曼在其 2011 年出版的《思考，快与慢》一书中，提出了对现代神经科学和经济学早期发展的见解。参见 (p. 450) that the terms 'System 1' and 'System 2' are borrowed from Keith E. Stanovich and Richard F. West (2000), 'Individual Differences in Reasoning: Implications for the Rationality Debate', *Behavioral*

and Brain Sciences 23, pp. 645–65.Other earlier work on similar themes includes Walter Schneider and Richard M. Shiffrin (1977), 'Controlled and Automatic Human Information Processing: Perceptual Learning, Automatic Attending and a General Theory', *Psychological Review* 84(2), pp. 127–90; and Paul M. Romer (2000), 'Thinking and Feeling', *American Economic Review* 90(2), pp. 439–43. For an earlier outline of Daniel Kahneman's systems model, see also Daniel Kahneman (2003), 'Maps of Bounded Rationality: Psychology for Behavioral Economics', *American Economic Review* 93(5), pp. 1449–75. For a simple introduction to dual process thinking, see Scott Barry Kaufman and Jerome L. Singer (2012), 'The Creativity of Dual Process "System 1" Thinking', *Scientific American* guest blog. https://blogs.scientificamerican.com/guest- blog/the- creativity- of- dual- process- system–1-thinking/ (accessed 7 September 2017)。

4. Kahneman (2011), p. 25.
5. 更有争议的是，一些现代神经科学家对左脑和右脑的支配地位做了区分，认为左脑与更符合逻辑的数学思维方式相关联，右脑则与更感性的、创造性的思维方式相关联，参见 Iain McGilchrist (2009), *The Master and His Emissary: The Divided Brain and the Making of the Modern World*, New Haven and London: Yale University Press。
6. Charles G. Gross (1998), 'Galen and the Squealing Pig', *History of Neuroscience* 4(3), pp. 216–21.
7. Gross (1998).

8. Le Bon (1895), pp. 13–14.
9. Stanley Finger (2001), Origins of Neuroscience: *A History of Explorations into Brain Function*, Oxford University Press.
10. 盖伦对猪及其声带的手术就是一个古老的实验证据，表明我们的思维是由大脑控制的，引用来源 Gross (1998), p. 218。
11. John Martyn Harlow (1868), 'Recovery from the Passage of an Iron Bar Through the Head', *Publication of the Massachusetts Medical Society* 2, pp.327–47; republished in M.B. Macmillan (2002), *An Odd Kind of Fame: Stories of Phineas Gage*, Cambridge, MA: MIT Press. See also Steve Twomey (2010), 'Phineas Gage: Neuroscience's Most Famous Patient', *Smithsonian Magazine*, January. https://www.smithsonianmag.com/history/phineas-gage-neurosciences-most-famous-patient-11390067/(accessed 22 October 2017).
12. Antonio Damasio (1994/2006), *Descartes' Error: Emotion, Reason and the Human Brain*, London: Vintage.
13. 最近有证据表明，fMRI 技术与大多数的假阳性有关，从而削弱了人们对 fMRI 技术的信心。换句话说，有许多统计意义上重大的发现可能是虚假的，仅仅是技术的结果。例如，安德斯·埃克隆（Anders Eklund）和同事在 fMRI 分析中发现假阳性的比例为 70%，参见 Anders Eklund、Thomas E. Nichols 和 Hans Knutsson (2016), 'Cluster Failure: Why fMRI Inferences for Spatial Extent Have Inflated False-Positive Rates', *Proceedings of the National Academy of Sciences of the United States of America* 113(28), pp. 7900–5。
14. Wim De Neys, Oshin Vartanian and Vinod Goel (2008), 'Smarter

Than We Think: When Our Brains Detect That We Are Biased', *Psychological Science* 19(5), pp. 483–9.

15. “工程师－律师”实验的细节，参见 Daniel Kahneman and Amos Tversky (1973), 'On the Psychology of Prediction', *Psychological Review* 80, pp. 237–51。
16. 关于社会本能的神经科学证据的研究，参见 Peter Bazalgette (2017), *The Empathy Instinct: How to Create a More Civil Society*, London: John Murray。
17. 神经经济学的拓荒者科林·卡默勒（Colin Camerer）及其同事在发表的论文中概述了神经经济学的主要思想，参见 Colin F. Camerer, George Loewenstein and Drazen Prelec (2004), 'Neuroeconomics: Why Economics Needs Brains', *Scandinavian Journal of Economics* 106(3), pp. 555–79; and Camerer, Loewenstein and Prelec (2005). See also Michelle Baddeley (2013), *Behavioural Economics and Finance*, Abingdon: Routledge, ch. 3:'Foundations: Neuroscience and Neuroeconomics', pp. 30–47。
18. 参见 Wolfram Schultz, Peter Dayan and P. Read Montague (1997), 'A Neural Substrate of Prediction and Reward', *Science* 275(5306), pp.1593–9; and Wolfram Schultz (2002), 'Getting Formal with Dopamine and Reward', Neuron 36, pp. 241–63。
19. 关于概念的简要介绍，参见 Wolfram Schultz (2007), 'Reward Signals', *Scholarpedia*2(6), p. 2184. http://www.scholarpedia.org/article/Reward_signals (accessed 30 October 2017)。
20. 其他类似的研究包括一系列的成像实验，如荷兰认知神经成像中心的神经学家瓦西里·克卢恰廖夫（Vasily Klucharev），他与同事一道将一致性的思想与强化学习联系起来，同时也与舒尔茨关于奖励预测错误的一些思想联系起来。参见 Vasily Klucharev, Kaisa Hytönen, Mark Rijpkema, Ale Smidts and Guillén Fernández (2009), 'Reinforcement Learning Signal Predicts Social Conformity', Neuron 61(1), pp. 140–51。关于社会情绪驱动从众行为的经济学和神经科学理论的介绍，参见 Michelle Baddeley (2010), 'Herding, Social Influence and Economic Decision-Making: Socio-Psychological and Neuroscientific Analyses', *Philosophical Transactions of the Royal Society* B 365(1538), pp. 281–90。

21. 人脸图像是从人脸库中生成的。这些面孔没有头发，因为不同的发型会扭曲我们对一个人的判断。我们还增加了一个控制场景，让人们看到猴子的脸，而不是人类的脸，以此来捕捉参与者是否对任何类型的脸都有反应，不管他们是否可以假设这些面孔对股票交易有任何了解。

22. Christopher Burke, Michelle Baddeley, Philippe Tobler and Wolfram Schultz (2010), 'Striatal BOLD Response Reflects the Impact of Herd Information on Financial Decisions', *Frontiers in Human Neuroscience* 4, article 48. https://doi.org/10.3389/fnhum.2010.00048 (accessed 5 September 2017).

23. 参见 Alan G. Sanfey, James K. Rilling, Jessica A. Aronson, Leigh E. Nystrom and Jonathan D. Cohen (2003), 'The Neural Basis of Economic Decision- Making in the Ultimatum Game', *Science* 300, pp. 1755–8。一项类似的关于大脑活动的神经经济学研究，研究

了决策时情绪和认知之间的冲突，参见 Samuel M. McClure, David I. Laibson, George Loewenstein and John D. Cohen (2004), 'Separate Neural Systems Value Immediate and Delayed Rewards', Science 313, pp. 684–7，当我们的耐心和不耐烦的自我发生斗争时，他们研究了随着时间的推移在决策环境中的类似影响。

24. 最后通牒游戏的相关资料，参见 Werner Güth, Rolf Schmittberger and Bernd Schwarze (1982), 'An Experimental Analysis of Ultimatum Bargaining', *Journal of Economic Behavior and Organization* 3(4) pp. 367–88. For a cross- cultural study, see Joseph Henrich, Robert Boyd, Samuel Bowles, Colin Camerer, Ernst Fehr, Herbert Gintis and Richard McElreath (2001), 'In Search of *Homo economicus*: Behavioural Experiments in 15 Small-Scale Societies', *American Economic Review* 91(2), pp. 73–8. See also Joseph Henrich, Robert Boyd, Samuel Bowles, Colin Camerer, Ernst Fehr, Herbert Gintis and Richard McElreath (2004), *Foundations of Human Sociality: Economic Experiments and Ethnographic Evidence from Fifteen Small- Scale Societies*, Oxford University Press. For a short summary of the ultimatum game and other games used by behavioural economists to pick up pro- social preferences, see Michelle Baddeley (2017), *Behavioural Economics: A Very Short Introduction*, Oxford University Press, ch. 3: 'Social Lives', pp. 19–33。

25. Ramsey M. Raafat, Nick Chater and Chris Frith (2009), 'Herding in Humans', *Trends in Cognitive Sciences* 13(10), pp. 420–8.

26. 赫伯特·西蒙首先对思维捷径进行了分析，参见 Herbert A. Simon

and Allen Newell, ‘Heuristic Problem Solving: The Next Advance in Operations Research’, *Operations Research* 6(1), pp. 1–10. For early mentions of herding heuristics, 参见 Michelle Baddeley, Demetris Pillas, Yorgos Christopoulos, Wolfram Schultz and Philippe Tobler (2007), ‘Herding and Social Pressure in Trading Tasks: A Behavioural Analysis’, Cambridge Working Papers in Economics 0730, Faculty of Economics, University of Cambridge. https://doi.org/10.17863/CAM.5145 (accessed 7 September 2017); Baddeley, Curtis and Wood (2004)。

27. 参见 Gerd Gigerenzer and Daniel Goldstein (1996), ‘Reasoning the Fast and Frugal Way: Models of Bounded Rationality’,*Psychological Review*103, pp. 650–9。

第四章 动物的从众

1. Rory Tingle (2016), ‘The Power of the Herd: Thousands of Wildebeest Make It Across a Crocodile-Infested River by Stampeding Together in a Huge Crowd’, *Mail Online*, 2 August. http://www.dailymail.co.uk/news/article-3720191/The-power-herd-Thousands-wildebeest-makecrocodile-infested-river-migration-Kenya-Tanzania-stampeding-hugecrowd.html (accessed 7 September 2017).
2. C. Muro, R. Escobedo, L. Spector and R.P. Coppinger, ‘Wolf- Pack (*Canis lupus*) Hunting Strategies Emerge from Simple Rules in Computational Simulations’, *Behavioural Processes* 88(3), pp. 192–7.
3. 关于社会神经科学中探索社会学习的文章，参见 Steve W.C.

Chang 和 Masaki Isoda (2015), *Neural Basis of Social Learning, Social Deciding, and Other-Regarding Preferences*, Lausanne: Frontiers in Psychology. https://www.frontiersin.org/books/Neural_basis_of_social_learning_social_deciding_and_other-regarding_preferences/449 (accessed 20 October 2017)。

4. Étienne Danchin, L.-S. Giraldeau, T.J. Valone and R.H. Wagner (2004), 'Public Information: From Nosy Neighbours to Cultural Evolution', *Science* 305, pp. 487–91.
5. A. Kis, L. Huber and A. Wilkinson (2015), 'Social Learning by Imitation in a Reptile (*Pogona vitticeps*)', *Animal Cognition* 18(1), pp. 325–31.
6. F. Cortesi, W.E. Feeney, J. Marshall and K.L. Cheney (2015), 'Phenotypic Plasticity Confers Multiple Fitness Benefits to a Mimic', *Current Biology* 25, pp. 1–6.
7. Nicholas B. Davies, John R. Krebs and Stuart A. West (2012), *An Introduction to Behavioural Ecology*, 4th edn, Oxford: Wiley Blackwell, p. 148.
8. H. Kruuk (1964), 'Predators and Anti- Predator Behaviour of the Black-Headed Gull *Larus ridibundus*', *Behaviour* 11, pp. 1–129; D.B.A. Thompson and C.J. Barnard (1983), 'Anti- Predator Responses in Mixed-Species Associations of Lapwings, Golden Plovers and Black-Headed Gulls', *Animal Behaviour* 31(2), pp. 585–93.
9. K.M. McLennan (2012), 'Farmyard Friends', *Biologist* 59(4), pp. 18–22.

10. Jonathan D. Cohen (2005), 'The Vulcanization of the Human Brain: A Neural Perspective on Interactions between Cognition and Emotion', *Journal of Economic Perspectives* 19(4), pp. 3–24.
11. Danchin, Giraldeau, Valone and Wagner (2004).
12. Corina E. Tarnita, Alex Washburne, Ricardo Martinez- Garcia, Allyson E. Sgro and Simon A. Levin (2015), 'Fitness Trade-Offs Between Spores and Nonaggregating Cells Can Explain the Coexistence of Diverse Genotypes in Cellular Slime Molds',*Proceedings of the National Academy of Sciences* 112(9), pp. 2776–81.
13. Paul B. Rainey (2015), 'Precarious Development: The Uncertain Social Life of Cellular Slime Molds', *Proceedings of the National Academy of Sciences of the United States of America* 112(9), pp. 2639–40.
14. See Alan Kirman (1993), 'Ants, Rationality and Recruitment', *Quarterly Journal of Economics* 108(1), pp. 137–56.
15. Edward O. Wilson and Bert Hölldobler (2005), 'Eusociality: Origin and Consequences', *Proceedings of the National Academy of Sciences of the United States of America* 102(38), pp. 13367–71.
16. Davies, Krebs and West (2012).
17. Le Bon (1895), p. 11.
18. Tingle (2016).
19. For example see Kristen Hawkes, Jonathan F. O'Connell, Nicholas G. Blurton Jones, Helen Alvarez and Eric L. Charnov, 'Grandmothering, Menopause, and the Evolution of Human Life Histories', *Proceedings*

of the National Academy of Sciences of the United States of America 95(3), pp.1335–9.

20. Davies, Krebs and West (2012), pp. 77–8.
21. Colin Camerer (2003), 'Strategizing in the Brain', *Science* 300, pp. 1673–5.
22. Richard Dawkins (1976), *The Selfish Gene*, Oxford University Press. See also Susan Blackmore (1999), *The Meme Machine*, Oxford University Press; and Aaron Lynch (1996), *Thought Contagion: How Belief Spreads Through Society*, New York: Basic Books.
23. 包括爱德华·威尔逊和史蒂芬·杰伊·古尔德在内的科学家，以及约翰·梅纳德·史密斯都关注生物在进化中的作用，反对道金斯将基因作为自然选择的工具。关于这些辩论的进一步阅读，参见 Robert Axelrod (1984), *The Evolution of Cooperation*, Cambridge, MA: Basic Books; Stephen Jay Gould (1992), *The Panda's Thumb: More Reflections in Natural History*, New York: W.W. Norton; Stephen Jay Gould (2001), *The Lying Stones of Marrakech: Penultimate Reflections in Natural History*, London: Vintage; John Maynard Smith (1982), *Evolution and the Theory of Games*, Cambridge University Press; and John Maynard Smith (1974), 'The Theory of Games and the Evolution of Animal Conflicts', *Journal of Theoretical Biology* 47, pp. 209–21。
24. 一些对动物文化及其社会行为的有趣研究，参见 Hal Whitehead 和 Luke Rendell (2015), *The Cultural Lives of Whales and Dolphins*, University of Chicago Press; Carl Safina (2015), *Beyond Words: What*

Animals Think and Feel, New York: John Macrae/Henry Holt and Company; and Kieran C.R. Fox, Michael Muthukrishna and Susanne Shultz (2017), 'The Social and Cultural Roots of Whale and Dolphin Brains', *Nature Ecology and Evolution*. https://www.nature.com/articles/s41559–017–0336-y (accessed 30 September 2017)。

25. Davies, Krebs and West (2012), pp. 76–7.

26. Richard W. Wrangham, W.C. McGrew, Frans B.M. de Waal and Paul G. Heltne (eds) (1996), *Chimpanzee Cultures*, Cambridge, MA: Harvard University Press; Michael Balter (2013), 'Strongest Evidence of Animal Culture Seen in Monkeys and Whales', *Science*, 25 April. http://www.sciencemag.org/news/2013/04/strongest-evidence-animal-culture-seenmonkeys-and-whales (accessed 7 September 2017).

27. Luke Rendell and Hal Whitehead (2001), 'Culture in Whales and Dolphins', *Behavioral and Brain Sciences* 24, pp. 309–82.

28. Gene S. Helfman and Eric T. Shultz (1984), 'Social Transmission of Behavioural Traditions in a Coral Reef Fish', *Animal Behaviour* 32, pp. 379–84.

29. 这个观点被称为“社会大脑假说”（social brain hypothesis），关于这一观点的研究，参见 Robin I.M. Dunbar (2009), 'The Social Brain Hypothesis and Its Implications for Social Evolution', Annals of *Human Biology* 36(5), pp. 562–72。

30. Harry J. Jerison (1973), *Evolution of the Brain and Intelligence*, New York and London: Academic Press; Paul D. MacLean (1990), *The Triune Brain in Evolution: Role in Paleocerebral Functions*, New

York: Springer.

31. 从进化论的角度分析人类合作的研究，参见 David G. Rand 和 Martin A. Novak (2013), 'Human Cooperation', *Trends in Cognitive Sciences* 17(8), pp. 413–25。
32. Herbert Simon (1990), 'A Mechanism for Social Selection and Successful Altruism', *Science* 250, pp. 1665–8.
33. Tania Singer, Ben Seymour, John O'Doherty, Holger Kaube, Raymond J. Dolan and Chris D. Frith (2004), 'Empathy for Pain Involves the Affective But Not Sensory Components of Pain', *Science* 303(5661), pp. 1157–62. See also Patricia L. Lockwood (2016), 'The Anatomy of Empathy: Vicarious Experience and Disorders of Social Cognition', *Behavioural Brain Research* 311, pp. 255–66.
34. Tania Singer and Ernst Fehr (2005), 'The Neuroeconomics of Mind-Reading and Empathy', *American Economic Review* 95(2), pp. 340–5.
35. Una Frith and Chris Frith (2003), 'Development and Neurophysiology of Mentalizing', *Philosophical Transactions of the Royal Society* B 358(1431), pp. 459–73; Chris D. Frith and Una Frith (2006), 'The Neural Basis of Mentalizing', Neuron 50(4), pp. 531–4.
36. Elisabeth Hill and David F. Sally (2003), 'Dilemmas and Bargains: Autism, Theory- of- Mind, Cooperation and Fairness'. https://ssrn.com/abstract=407040 (accessed 25 October 2017).
37. Alessio Aventani, Domenica Bueti, Gaspare Galati and Salvatore M. Aglioti (2005), 'Transcranial Magnetic Stimulation Highlights the Sensorimotor Side of Empathy for Pain', *Nature Neuroscience* 8(7),

pp. 955–60 for transcranial magnetic stimulation (TMS) studies of empathising with others' pain.

38. Franco Cauda, Giuliano Carlo Geminiani and Alessandro Vercelli (2014), 'Evolutionary Appearance of Von Economo's Neurons in the Mammalian Cerebral Cortex', *Frontiers in Human Neuroscience* 8, article 104.

39. Giacomo Rizzolatti and Laila Craighero (2004), 'The Mirror Neuron System', *Annual Review of Neuroscience* 27(1), pp. 169–92; Giacomo Rizzolatti (2005), 'The Mirror Neuron- System and Imitation', in *Perspectives on Imitation: From Neuroscience to Social Science*, vol. 1, *Mechanisms of Imitation and Imitation in Animals*, ed. Susan Hurley and Nick Chater, Cambridge, MA: MIT Press, pp. 55–76; Marco Iacoboni (2009), 'Imitation, Empathy, and Mirror Neurons', *Annual Review of Psychology* 60, pp. 653–70; and Marco Iacoboni, Roger P. Woods, Marcel Brass, Harold Bekkering, John C. Mazziotta and Giacomo Rizzolatti (1999), 'Cortical Mechanisms of Human Imitation', *Science* 286, pp.2526–8. Baddeley, Curtis and Wood (2004) suggest that this mirror neuron activity may explain imitation and herding in socioeconomic contexts.

40. Rizzolatti and Craighero (2004).

41. 对人类进化行为的一般分析，参见 Paul Seabright (2004), *The Company of Strangers: A Natural History of Economic Life*, Princeton University Press. For a more historical perspective, see Yuval Noah Harari (2014), *Sapiens: A Brief History of Humankind*, London:

Harvill Secker/Random House. See also ‘*Homo sapiens*’, Smithsonian National Museum of Natural History online, 29 June 2017. http://humanorigins.si.edu/evidence/human- fossils/species/homo- sapiens (accessed 7 September 2017)。

42. 参见 Elaine Hatfield, John T. Cacioppo and Richard L. Rapson (1994), *Emotional Contagion*, Cambridge University Press。
43. Raafat, Chater and Frith (2009).
44. Cohen (2005).

第五章　标新立异者

1. Christopher Turner (2011), ‘Wilhelm Reich: The Man Who Invented Free Love’, *Guardian*, 8 July. https://www.theguardian.com/books/2011/jul/08/wilhelm-reich-free-love-orgasmatron (accessed 7 September 2017).
2. Upasana Chauhan (2016), ‘Why I Risked an Honor Killing to Reject an Arranged Marriage’, *TIME*. http://time.com/4450544/arrangedmarriage-india/ (accessed 30 September 2017).
3. 关于负面影响的文献综述，参见 Kipling D. Williams、Joseph P. Forgas、Willian von Hippel 和 Lisa Zadro (eds) (2005), *The Social Outcast: Ostracism, Social Exclusion, Rejection, and Bullying*, The Sydney Symposium of Social Psychology series, New York/Hove: Psychology Press/Taylor & Francis Group。
4. Keynes (1936), p. xxiii.
5. W. Heath Robinson (2007), *Contraptions*, London: Duckworth;

'William Heath Robinson', Heath Robinson Museum online. https://www.heathrobinsonmuseum.org/williamheathrobinson (accessed 7 September 2017).

6. 位于伦敦的威廉・希思・罗宾逊博物馆是为了纪念他异想天开的独特贡献所建，参见 Olivia Solon (2016), 'William Heath Robinson Museum Finally Opens This Weekend. Who is the Man Behind the Legend?', *Wired*, 13 October. http://www.wired.co.uk/article/heath-robinson-deserves-a-museum (accessed 7 September 2017)。
7. David Hirshleifer and Robert Noah (1998), 'Misfits and Social Progress', in Robert Noah (1998), *Essays in Learning and the Revelation of Private Information*, PhD thesis, University of Michigan, ProQuest Dissertations Publishing.
8. Hirshleifer and Noah (1998).
9. 参见 Chunpeng Yang (2011), 'Maverick Risk of Individuals' Risk Perceptions', *Journal of Systems Science and Information* 9(2), pp.119–26.。我们将在第六章中更详细地探讨特立独行风险的问题。
10. Bernheim (1994).
11. 期望效用理论（expected utility theory）的具体内容，参见 John von Neumann 和 Oskar Morgenstern (1944), *Theory of Games and Economic Behavior*, Princeton University Press。
12. 'Sticky Lawsuit: $400M Dispute Lingers Over Post- It Inventor', *Chicago Tribune*, 11 March 2016. http://www.chicagotribune.com/business/ct-post-it-note-inventor-lawsuit-20160311-story.html

(accessed 7 September 2017).

13. Daniel Kahneman and Amos Tversky (1979), 'Prospect Theory: An Analysis of Decision under Risk', *Econometrica* 47(2), pp. 263–92.

14. Amos Tversky and Daniel Kahneman (1974), 'Judgement under Uncertainty: Heuristics and Bias', *Science* 185(4157), pp. 1124–31. Also see the collected volumes Daniel Kahneman, Paul Slovic and Amos Tversky (eds) (1982), *Judgement under Uncertainty: Heuristics and Biases*, Cambridge University Press, and Daniel Kahneman and Amos Tversky (eds) (2000), *Choices, Values and Frames*, Cambridge University Press.

15. Kahneman and Tversky (1979).

16. 关于金融市场从众行为和逆向主义的不同假设的技术分析，参见 Chad Kendall (2017), 'Herding and Contrarianism: A Matter of Preference', paper presented to the Financial Management Association Conference, Boston, MA, July. http://www.fmaconferences.org/Boston/kendall-ptherding.pdf (accessed 14 September 2017)。

17. John Beshears, James J. Choi, David Laibson, Brigitte C. Madrian and Katherine L. Milkman (2015), 'The Effect of Providing Peer Information on Retirement Savings Decisions', *Journal of Finance* LXX(3), pp. 1161–201.

18.《哈佛商业评论》有一系列涉及企业家人格的文章，参见 Timothy Butler (2017), 'Hiring an Entrepreneurial Leader', *Harvard Business Review*, March–April, pp. 84–93, and Daniel McGinn (2016), 'Is There a Connection Between Entrepreneurship and Mental Health

Conditions?', *Harvard Business Review*, 22 February. https://hbr.org/2016/02/222-entrepreneurship- ic- do- narcissists- make- great-entrepreneurs (accessed 7 September 2017)。

19. Karen Blumenthal (2012), *Steve Jobs: The Man Who Thought Different*, London: Bloomsbury.
20. Kahneman (2011).
21. 欲了解更多关于风险的想法，参见 George F. Loewenstein, Elke U. Weber, Christopher K. Hsee and Ned Welch (2001), 'Risk as Feelings', *Psychological Bulletin* 127(2), pp. 267–86; and Paul Slovic (2010), *The Feeling of Risk: New Perspectives on Risk Perception*, London: Earthscan。
22. Burke, Baddeley, Tobler and Schultz (2010), pp. 8–9.
23. Cass R. Sunstein (2002), 'Conformity and Dissent', John M. Olin Law and Economics Working Paper No. 164, The Law School, University of Chicago. http://chicagounbound.uchicago.edu/public_law_and_legal_theory/68/ (accessed 5 September 2017).
24. 参见 David S. Landes, Joel Mokyr and William J. Baumol (eds) (2012), *The Invention of Enterprise: Entrepreneurship from Ancient Mesopotamia to Modern Times*, Princeton University Press。
25. Gavin Weightman (2015), *Eureka: How Invention Happens*, New Haven and London: Yale University Press.
26. 同样的，经济学家安德鲁·克拉克（Andrew Clark）和安德鲁·奥斯瓦尔德（Andrew Oswald）认为，想要与众不同的人可能会决定理性地模仿，参见 Andrew E. Clark and Andrew J. Oswald

(1998), 'Comparison- Concave Utility and Following Behaviour in Social and Economic Settings', *Journal of Public Economics* 70, pp. 133–55。

27. Quoted in Andrew Sinclair (2006), *Viva Che! The Strange Death and Life of Che Guevara*, Stroud: Sutton Publishing.
28. Quoted in Sinclair (2006).
29. 关于流行和时尚的不同观点，参见 Rolf Meyerson and Elihu Katz (1957), 'Notes on a Natural History of Fads', *American Journal of Sociology* 62(6), pp. 594–601。
30. Peter Beaumont, Antony Barnett and Gaby Hinsliff (2003), 'Iraqi Mobile Labs Nothing to do with Germ Warfare, Report Finds', *Guardian*, 5 June. https://www.theguardian.com/world/2003/jun/15/Iraq (accessed 7 September 2017); Justin Ling (2016), 'The UK's Iraq War Inquiry Vindicates a Whistleblower Who Took His Own Life', *Vice*, 6 July. https://news.vice.com/article/the-uks-iraq-war-inquiry-vindicates-david-kellya-whistleblower-who-took-his-own-life (accessed 7 September 2017).
31. Kamal Ahmed (2003), 'Revealed: How Kelly Article Set Out Case for War in Iraq', *Guardian*, 31 August. https://www.theguardian.com/politics/2003/aug/31/davidkelly.iraq1 (accessed 7 September 2017).
32. 这个判决是有争议的，一些医生公开表示怀疑，并写信给《卫报》，参见 David Halpin, C. Stephen Frost and Searle Sennett (2004), 'Our Doubts about Dr Kelly's Suicide', *Guardian*, 27 January. https://www.theguardian.com/theguardian/2004/ jan/27/guardianletters4

(accessed 7 September 2017)。

33. 例如，“澳大利亚举报人协会”（Whistle-blowers Australia）是一个为保护那些揭露腐败、渎职和其他不法行为的人的权利而成立的协会（www.whistleblowers.org.au）。美国也出台了一系列保护举报人的法案，但适用范围有限，尤其是有关情报和国家安全的条款，具体参见 ‘Whistleblower Protection in the United States’, Wikipedia. https://en.wikipedia.org/wiki/Whistleblower_protection_in_the_United_States 。与此同时，英国政府为举报人提供官方建议，参见 ‘Whistleblowing for Employees: What is a Whistleblower?’ https://www.gov.uk/whistleblowing/what-is-a-whistleblower。关于现代举报人的名单，请参阅维基百科 ‘List of Whistleblowers: 2000s’, Wikipedia. https://en.wikipedia.org/wiki/List_of_whistleblowers#2000s。

第六章　创业者与投机者

1. 有许多传记记录凯恩斯的传奇人生，其中斯基德尔斯基（Skidelsky）的著作是信息最丰富、最吸引人的，参见 Robert Skidelsky (2005), *John Maynard Keynes*: 1883–1946–*Economist, Philosopher, Statesman*, London: Penguin Books。
2. David Chambers, Elroy Dimson and Justin Food (2015), ‘Keynes the Stock Market Investor: A Quantitative Analysis’, *Journal of Financial and Quantitative Analysis* 50(4), pp. 431–49.
3. ‘Keynesian Investment: Returns Fit for King’s’, *The Economist*, 22 June 2012. http://www.economist.com/blogs/freeexchange/2012/06/

keynesianinvestment (accessed 7 September 2017); David Chambers, Elroy Dimson and Justin Foo (2013), 'Keynes the Stock Market Investor: A Quantitative Analysis', *Journal of Financial and Quantitative Analysis* 50(4), pp. 431–49.

4. 金融危机的历史，参见 Charles P. Kindleberger and Robin Aliber (2005), *Manias, Panics and Crashes: A History of Financial Crises*, 5th edn, Hoboken, NJ: John Wiley and Sons。
5. 货币的传统用途与货币是一种社会制度的观念有关，这一观点的具体解释参见 Geoffrey Ingham (2013), *The Nature of Money*, Cambridge: Polity Press。
6. 有关电子货币的经济影响的分析，参见 Michelle Baddeley (2004), 'Using e-Cash in the New Economy: An Economic Analysis of Micropayments Systems', *Journal of Electronic Commerce Research* 5(4), pp. 239–53。
7. 参见 https://bristolpound.org and https://brixtonpound.org (accessed 7 September 2017)。
8. 关于投机从众行为的经济分析，包括一些实验室实验，参见 M. Cipriani and A. Guarino (2005), 'Herd Behavior in a Laboratory Financial Market', *American Economic Review* 95(5), pp. 1427–43, and Mathias Drehmann, Jörg Oechssler and Andreas Roider (2005), 'Herding and Contrarian Behavior in Financial Markets: An Internet Experiment', *American Economic Review* 95(5), pp. 1403–26。
9. 一些著名投机案例的经济学分析，参见 Peter M. Garber (2001), *Famous First Bubbles: The Fundamentals of Early Manias*,

Cambridge, MA: MIT Press. For an extensive range of other examples of speculative manias, see Mackay (1841)。

10. Edward Chancellor (1998), *Devil Take the Hindmost: A History of Financial Speculation*, New York/London: Plume/Penguin Books.
11. 一般来说，经济学家很难对价值做出客观的处理，这是 20 世纪 70 年代“剑桥资本争论”（Cambridge capital controversy）中所强调的批评之一，参见 Geoffrey C. Harcourt (1972), *Some Cambridge Controversies in the Theory of Capital*, Cambridge University Press。
12. 理性预期假说的最初表述来源于约翰·弗雷泽·穆特（John Fraser Muth），参见 John Fraser Muth (1961), ‘Rational Expectations and the Theory of Price Movements’, *Econometrica* 29(3), pp. 315–35。
13. 有关评论，参见 Eugene Fama (1970), ‘Efficient Capital Markets: A Review of Theory and Empirical Work’, *Journal of Finance* 25, pp. 383–417。
14. Keynes (1936), ch. 12. See also John Maynard Keynes (1937), ‘The General Theory of Employment’, *Quarterly Journal of Economics* 51(2), pp.209–23.
15. Keynes (1936, 1937).
16. 奥地利经济学派的先驱弗里德里希·哈耶克在探索知识如何作为社会互动的产物时，提出了另一种观点。哈耶克认为，当人们一个接一个地观察一种情况时，每一个连续的决策者都会对信息进行连续的处理，创造一个路径依赖的过程：其他人基于过往经验形成的信念决定了他们的继任者的信念，参见 Friedrich Hayek (1952), *The Sensory Order: An Inquiry into the Foundations*

of Theoretical Psychology, University of Chicago Press; Salvatore Rizzello (2004), 'Knowledge as a Path-Dependence Process', *Journal of Bioeconomics* 6(3), pp. 255–74。

17. 凯恩斯关于概率判断的思想发展具有连续性，参见 John Maynard Keynes (1921), *A Treatise on Probability*, London: Macmillan and Co., and his development of insights around conventions and social influences in the macroeconomy and financial system, as outlined in Keynes (1936, 1937)。
18. Itzhak Venezia, Amrut Nashikkar and Zur Shapira (2011), 'Firm Specific and Macro Herding by Professional and Amateur Investors and Their Effects on Market Volatility', *Journal of Banking and Finance* 35, pp. 1599–609.
19. Richard Topol (1991), 'Bubbles and Volatility of Stock Prices: Effect of Mimetic Contagion', *Economic Journal* 101(407), pp. 786–800. There is an extensive economics literature on financial herding: for example, Andrea Devenow and Ivo Welch (1996), 'Rational Herding in Financial Economics', *European Economic Review* 40, pp. 603–15, and Christopher Avery and Peter Zemsky (1998), 'Multidimensional Uncertainty and Herd Behavior in Financial Markets', *American Economic Review* 88(4), pp. 724–48.
20. D.S. Scharfstein and J.C. Stein (1990), 'Herd Behavior and Investment', *American Economic Review* 80(3), pp. 465–79.
21. Scharfstein and Stein (1990). For an analysis of group influences in the asset management market, see also Anna Tilba, Michelle Baddeley

and Yixi Liao (2016), 'The Effectiveness of Oversight Committees: Decision-Making, Governance, Costs and Charges', Financial Conduct Authority Asset Management Market Study interim report. https://www.fca.org.uk/publication/research/tilba-baddeley-liao.pdf (accessed 7 September 2017).

22. Keynes (1936).
23. Colin F. Camerer (2003), *Behavioral Game Theory: Experiments in Strategic Interaction*, New York/Princeton, NJ: Russell Sage Foundation/Princeton University Press, pp. 216–17.
24. Keynes (1936), p. 59.
25. Baddeley (2010).
26. Mark J. Kamstra, Lisa A. Kramer and Maurice Levi (2003), 'Winter Blues: A SAD Stock Market Cycle', *American Economic Review* 93(1), pp. 324–43.
27. David Hirshleifer and Tyler Shumway (2003), 'Good Day Sunshine: Stock Returns and the Weather', *Journal of Finance* 58(3), pp. 1009–32.
28. Robert Prechter (2016), *The Socionomic Theory of Finance*, Gainesville, GA: Socionomics Institute Press. See also John L. Casti (2010), *Mood Matters: From Rising Skirt Lengths to the Collapse of World Powers*, Berlin: Springer- Verlag.
29. 郁金香热、投机行为和经济金融理论的详细资料，参见 Michelle Baddeley and John McCombie (2001/2004), 'An Historical Perspective on Speculative Bubbles and Financial Crisis: Tulipmania and the South Sea Bubble', in *What Global Economic Crisis?*,

ed. P. Arestis, M. Baddeley and J. McCombie, London: Palgrave Macmillan, and Michelle Baddeley (2018), 'Financial Instability and Speculative Bubbles: Behavioural Insights and Policy Implications', in *Alternative Approaches in Macroeconomics: Essays in Honour of John McCombie*, ed. Philip Arestis, London: Palgrave Macmillan, pp. 209–34。

30. Keynes (1936), p. 163.

31. Andrew W. Lo, Dmitry V. Repin and Brett N. Steenbarger (2005), 'Fear and Greed in Financial Markets: A Clinical Study of Day Traders', *American Economic Review* 95(2), pp. 352–9.

32. Shlomo Benartzi and Richard H. Thaler (1995), 'Myopic Loss Aversion and the Equity Premium Puzzle', *Quarterly Journal of Economics* 110(1), pp. 73–92.

33. Hyman P. Minsky (1986), *Stabilising an Unstable Economy*, New Haven and London: Yale University Press; Hyman P. Minsky (1992), 'The Financial Instability Hypothesis', Levy Economics Institute Working Paper No. 74, Annandale on Hudson, NY: The Jerome Levy Economics Institute of Bard College. http://www.levy.org/pubs/wp74.pdf (accessed 5 March 2018).

34. Loewenstein, Weber, Hsee and Welch (2001); reprinted in G.F. Loewenstein (ed.) (2007), *Exotic Preferences: Behavioral Economics and Human Motivation*, Oxford University Press, pp. 567–611.

35. Joseph A. Schumpeter (1934/1981), *The Theory of Economic Development: An Inquiry into Profits, Capital, Credit, Interest,*

and the Business Cycle, trans. John E. Elliott, New Brunswick, NJ: Transaction Books.

36. Keynes (1936), pp. 157–8.
37. Daron Acemoğlu (1992), 'Learning about Others' Actions and the Investment Accelerator', *Economic Journal* 103(417), pp. 318–28.
38. Francisco Campos, Michael Frese, Markus Goldstein, Leonardo Iacovone, Hillary C. Johnson, David McKenzie and Mona Mensmann (2017), 'Teaching Personal Initiative Beats Traditional Training in Boosting Small Business in West Africa', Science 357, pp. 1287–90. See also 'Teaching Entrepreneurship: Mind Over Matter', *The Economist*, 23 September 2017, p. 69.
39. Keynes (1936), p. 161.
40. Jerome Kagan (1998), *Galen's Prophecy: Temperament in Human Nature*, New York: Basic Books.
41. Keynes (1936), p. 150.
42. George Akerlof and Robert Shiller (2009), *Animal Spirits: How Human Psychology Drives the Economy and Why It Matters for Global Capitalism*, Princeton University Press. In terms of this book's definition of animal spirits, many have argued that Akerlof and Shiller's account is not true to Keynes' original vision of entrepreneurial personalities and motivations. See also Michelle Baddeley (2009), 'Far from a Rational Crowd: review of G. Akerlof and R. Shiller (2010), "Animal Spirits: How Human Psychology Drives the Economy"', Science 324, pp. 883–4.

43. Akerlof and Shiller (2009), pp. 153–6.
44. 关于谁应该对 2008 年的全球金融危机负责，参见 Howard Davies (2010), *The Financial Crisis: Who Is to Blame*? Cambridge: Polity Press。
45. Minsky (1986, 1992).
46. Paul Ormerod (1998), *Butterfly Economics: A New General Theory of Economic and Social Behaviour*, London: Faber and Faber.
47. Tilba, Baddeley and Liao (2016).

第七章　从众的专家

1. Debbie Cenziper (2015), 'A Disputed Diagnosis Imprisons Parents', *Washington Post*, 20 March. https://www.washingtonpost.com/graphics/investigations/shaken-baby-syndrome/ (accessed 27 October 2017).
2. John Caffey (1974), 'The Whiplash Shaken Infant Syndrome: Manual Shaking by the Extremities with Whiplash- Induced Intracranial and Intraocular Bleedings, Linked with Residual Permanent Brain Damage and Mental Retardation', *Pediatrics* 54(4), pp. 396–403.
3. Cenziper (2015). For an extensive account, see also 'Abusive Head Trauma', Wikipedia. https://en.wikipedia.org/wiki/Abusive_head_trauma (accessed 7 September 2017).
4. https://www.judiciary.gov.uk/wp-content/uploads/2016/11/squier-v-gmcprotected-approved-judgment-20160311–2.pdf (accessed 27 October 2017).

5. ‘Doctor Misled Courts in “Shaken Baby” Cases’, BBC News, 11 March 2016. http://www.bbc.co.uk/news/uk-england-oxfordshire-35787095 (accessed 7 September 2017).
6. ‘General Medical Council Behaving Like a Modern Inquisition’, *Guardian*, 21 March 2016. https://www.theguardian.com/society/2016/mar/21/gmc-behaving-like-a-modern-inquisition-by-striking-off-dr-waneysquier (accessed 27 October 2017).
7. ‘Should Waney Squier Have Been Struck Off Over Shaken Baby Syndrome?’, *Newsnight*, 17 October 2016. http://www.bbc.co.uk/news/health–37672451 (accessed 7 September 2017).
8. Seymour J. Gray, John A. Benson Jr, Robert W. Reifenstein and Howard M. Spiro, ‘Chronic Stress and Peptic Ulcer’, *Journal of the American Medical Association* 147(16), pp. 1529–37.
9. 自我实验和自我治疗本身就是争论的主题。一些科学伦理委员会对自我实验持保留态度。然而，在道德层面上，这比将疾病强加给其他人要容易得多，参见 Esther Landhuis (2016), ‘Do It Yourself? When the Researcher Becomes the Subject’, *Science*, 5 December. http://www.sciencemag.org/careers/2016/12/do-it-yourself-whenresearcher-becomes-subject (accessed 7 September 2017)。
10. ‘Office of the Nobel Laureates in Western Australia’. https://www.helicobacter.com/ (accessed 7 September 2017).
11. Pentti Sipponen and Barry J. Marshall (2000), ‘Gastritis and Gastric Cancer: Western Countries’, *Gastroenterology Clinics* 29(3), pp. 579–92. https://www.helicobacter.com/single-post/2000/01/01/Gastritis-

and-Gastric-Cancer---Western-Countries (accessed 7 September 2017).

12. Tom Wildie (2017), 'Latest Helicobacter Pylori Breakthrough Could Lead to Eradication of Bacteria', ABC News, 4 April. http://www.abc.net.au/news/2017–04–04/researchers-who-discovered-heliobacter-learnmore-about-bacteria/8415686 (accessed 7 September 2017).
13. David Wootton (2013), *Galileo*: *Watcher of the Skies*, New Haven and London: Yale University Press.
14. 关于江湖术士的有趣的调查，参见 Lydia Kang and Nate Pedersen, *Quackery*: *A Brief History of the Worst Ways to Cure Everything*, New York: Workman Publishing。
15. Sushil Bikhchandani, Amitabh Chandra, Dana Goldman and Ivo Welch (2002), 'The Economics of Iatroepidemics and Quackeries: Physician Learning, Informational Cascades and Geographic Variation in Medical Practice', Hanover, NH: Department of Economics, Dartmouth College.
16. 迈克尔・戈夫说的话被记录在 YouTube（视频网站）上，参见 'Gove: Britons "Have Had Enough of Experts"'. https://www.youtube.com/watch?v=GGgiGtJk7MA (accessed 7 September 2017)。
17. Michael Deacon (2016), 'Michael Gove's Guide to Britain's Greatest Enemy . . . the Experts', *Daily Telegraph*, 10 June. http://www.telegraph.co.uk/news/2016/06/10/michael-goves-guide-to-britains-greatestenemy-the-experts/ (accessed 27 October 2017).
18. 探讨专家幻灭的根源和后果，以及民粹主义和反智主义的不幸的文献，参见 Tom Nichols, 2017, The Death of Expertise: *The Campaign Against Established Knowledge and Why It Matters*, Oxford University Press。

19. BBC 相关的报道，参见 ‘Trust Conclusions on the Executive Report on Science Impartiality Review Actions’, BBC Trust, July 2014. http://downloads.bbc.co.uk/bbctrust/assets/files/pdf/our_work/science_impartiality/trust_conclusions.pdf (accessed 7 September 2017). See also Emily Atkin (2014), ‘To Improve Accuracy, BBC Tells Its Reporters to Stop Giving Air Time to Climate Deniers’, *ThinkProgress*, 7 July. https://thinkprogress.org/to-improve-accuracy-bbc-tells-its-reporters-to-stopgiving-air-time-to-climate-deniers-c4b50fa1dddf/ (accessed 7 September 2017)。
20. Tom Nichols emphasises the dangers of this in terms of the ongoing progress of scientific research. Nichols (2017).
21. 一个整体的说明，参见 Ben Goldacre (2009), *Bad Science*, London: HarperCollins。
22. 有关此文献的综述，参见 Surowiecki (2004)。
23. Beryl Lieff Benderly (2016), ‘How Scientific Culture Discourages New Ideas’, *Science*, 6 July. http://www.sciencemag.org/careers/2016/07/how-scientific-culture-discourages-new-ideas (accessed 7 September 2017).
24. George Akerlof (1970), ‘The Market for Lemons: Quality Uncertainty and the Market Mechanism’, *Quarterly Journal of Economics* 84(3), pp. 488–500.

25. Brian Deer (2011), 'How the Case Against the MMR Vaccine was Fixed', *British Medical Journal* 342, pp. 77–82; Fiona Godlee, Jane Smith and Harvey Marcovitch (2011), 'The Fraud Behind the MMR Scare', *British Medical Journal* 342, pp. 64–6.
26. Matthias R. Effinger and Mattias K. Polborn (2001), 'Herding and Anti-Herding: A Model of Reputational Differentiation', *European Economic Review* 45(3), pp. 385–403.
27. 对于关键问题的总结，参见 Yudhijit Bhattacharjee (2013), 'The Mind of a Con Man', *New York Times*, 26 April. https://www. nytimes. com/2013/04/28/magazine/diederik-stapels-audaciousacademic-fraud. html?pagewanted=all (accessed 29 March 2018)。
28. Gustavo Saposnik, Jorge Maurino, Angel P. Sempere, Christian C. Ruff and Philippe N. Tobler (2017), 'Herding: A New Phenomenon Affecting Medical Decision- Making in Multiple Sclerosis Care? Lessons Learned from DIScUTIR MS', *Patient Preference and Adherence* 11, pp. 175–80.
29. Alan D. Sokal (1996), 'A Physicist Experiments with Cultural Studies', *Lingua Franca*. http://www.physics.nyu.edu/sokal/lingua_franca_v4/lingua_franca_v4.html (accessed 5 September 2017). For the article, see Alan D. Sokal (1994), 'Transgressing the Boundaries: Towards a Transformative Hermeneutics of Quantum Gravity', *Social Text* 46/47, pp. 217–52. For the journal editors' response to the hoax, see Bruce Robbins and Andrew Ross (1994), 'Editorial Response to Alan Sokal's Claim . . .', *Social Text*. http://www.physics.nyu.edu/

sokal/SocialText_reply_LF.pdf (accessed 7 September 2017). See also 'Sokal affair', Wikipedia. https://en.wikipedia.org/wiki/Sokal_affair (accessed 7 September 2017).

30. Tversky and Kahneman (1974).
31. Michael Weisberg (2013), 'Modeling Herding Behavior and Its Risks', *Journal of Economic Methodology* 20(1), pp. 6–18; Ryan Muldoon and Michael Weisberg (2011), 'Epistemic Landscapes and the Division of Cognitive Labor', *Philosophy of Science* 76(2), pp. 225–52.
32. Thomas S. Kuhn (1996), *The Structure of Scientific Revolutions*, 3rd edn, University of Chicago Press.
33. Studying real juries is precluded for legal reasons.
34. Michelle Baddeley and Sophia Parkinson (2012), 'Group Decision-Making: An Economic Analysis of Social Influence and Individual Difference in Experimental Juries', *Journal of Socioeconomics* 41(5), pp.558–73.
35. 在金融投机的背景下，本章提到的"选美比赛"与我们在最后一章将要探讨的选美现象不同。"选美比赛"中，一系列的商人向一个委员会（例如董事会）展示他们的商业计划。这个案例中，承担监管职能的就是英国金融行为监管局。
36. Tilba, Baddeley and Liao (2016).
37. Elinor Ostrom (2015), *Governing the Commons: The Evolution of Institutions for Collective Action*, Cambridge University Press.

第八章　追随领袖

1. ‘Pied Piper of Hamelin’, Wikipedia. https://en.wikipedia.org/wiki/Pied_Piper_of_Hamelin (accessed 7 September 2017); ‘The Disturbing True Story of the Pied Piper of Hamelin’, *Ancient Origins*, 14 August 2014. http://www.ancient-origins.net/myths-legends/disturbing-true-storypied-piper-hamelin-001969?nopaging=1 (accessed 7 September 2017).
2. 彼得·巴泽尔杰特（Peter Bazalgette）2017 年的著作，探讨了在种族灭绝和大规模谋杀的背景下，我们身份认同中更黑暗的一面，作品侧重于描写 20 世纪的一些暴行，包括大屠杀。
3. 这与现代神经科学家的观点形成了鲜明对比，例如，拉姆齐·拉法特和他的同事在分析人类从众现象时认为，领导者对从众现象并不重要。
4. Sigmund Freud (1921), p. 121.
5. Schumpeter (1934/1981).
6. Heinrich von Stackelberg (1934/2011), *Market Structure and Equilibrium* [*Marktform und Gleichgewicht*], trans. Damien Bazin, Rowland Hill and Lynn Urch, New York: Springer-Verlag.
7. Harold Hotelling (1929), ‘Stability in Competition’, *Economic Journal* 39(153), pp. 41–57.
8. Andrew Beer and Terry Clower (2014), ‘Mobilizing Leadership in Cities and Regions’, *Regional Studies, Regional Science* 1(1), pp. 5–20.
9. Michael Nye and Tom Hargreaves (2010), ‘Exploring the Social Dynamics of Pro- Environmental Behaviour Change: A Comparative

Study of Intervention Processes at Home and Work', *Journal of Industrial Ecology* 14(1), pp. 137–49.

10. Andrea Galeotti and Sanjeev Goyal (2010), 'The Law of the Few', *American Economic Review* 100(4), pp. 1468–92.
11. 关于商业世界中引人入胜的探索，参见 Julia Hobsbawm (2017), *Fully Connected:Surviving and Thriving in the Age of Overload*, London: Bloomsbury. For an analysis from the perspective of economic theory, see Sanjeev Goyal (2010), *Connections: An Introduction to the Economics of Networks*, Princeton University Press。
12. Sarah Harris (2017), 'Under the Influence', *Vogue*, March, pp. 318–23.
13. Milgram (1963); Adam Cohen (2008), 'Four Decades After Milgram, We're Still Willing to Inflict Pain', *New York Times*, 28 December. http://www.nytimes.com/2008/12/29/opinion/29mon3.html?mcubz=1 (accessed 7 September 2017). Recent analysis of Milgram's early experiments has suggested that the interpretation of the findings may have been flawed: he may have attributed too much to his hypothesis of obedience to authority. See, for example, Adam Sherwin (2014), 'Famous Milgram "Electric Shocks" Experiment Drew Wrong Conclusions About Evil, Say Psychologists', *Independent*, 4 September. http://www.independent.co.uk/news/science/famous-milgram-electric-shocks-experiment-drewwrong-conclusions-about-evil-say-psychologists-9712600.html (accessed 7 September 2017).
14. Saul McLeod (2007), 'The Milgram Experiment', *Simply Psychology*. http://www.simplypsychology.org/milgram.html (accessed 7

September 2017).

15. Milgram (1963). See also Stanley Milgram (1974), *Obedience to Authority*, New York: Harper and Row.

16. Marcus Cheetham, Andreas F. Pedroni, Angus Antley, Mel Slater and Lutz Jäncke (2009), 'Virtual Milgram: Empathic Concern or Personal Distress? Evidence from Functional MRI and Dispositional Measures', *Frontiers in Human Neuroscience* 3, article ID 29. https://doi.org/10.3389/neuro.09.029.2009 (accessed 7 September 2017). See also Mel Slater, Angus Antley, Adam Davison, David Swapp, Christoph Guger, Chris Barker, Nancy Pistrang and Maria V. Sanchez-Vives (2006), 'A Virtual Reprise of the Stanley Milgram Obedience Experiments,' *PLOS ONE* 1(1):e39. https://doi.org/10.1371/journal.pone.0000039 (accessed 7 September 2017).

17. Philip Zimbardo (2008), *The Lucifer Effect: How Good People Turn Evil*, London: Rider/Random House. See also Craig Haney, Curtis Banks and Philip Zimbardo (1973), 'A Study of Prisoners and Guards in a Simulated Prison', *Naval Research Review* 30, pp. 4–17. http://www.garysturt.free-online.co.uk/zimbardo.htm (accessed 7 September 2017); and Philip Zimbardo (1999–2017), 'Frequently Asked Questions', *Stanford Prison Experiment*. http://www.prisonexp.org/faq (accessed 7 September 2017).

18. Thomas Carnahan and Sam McFarland (2007), 'Revisiting the Stanford Prison Experiment: Could Participant Self- Selection Have Led the Cruelty?', Personality and Social Psychology Bulletin 33(5),

pp. 603–14.

19. Craig Haney, Curtis W. Banks and Philip G. Zimbardo (1973), 'Interpersonal Dynamics in a Simulated Prison', *International Journal of Criminology and Penology* 1, pp. 69–97.
20. Zimbardo (2008).
21. Armen A. Alchian and Harold Demsetz (1972), 'Production, Information Costs, and Economic Organization', *American Economic Review* 62(5), pp.777–95.
22. Nye and Hargreaves (2010).
23. Danny Wallace (2004), *Join Me: The True Story of a Man Who Started a Cult by Accident*, London: Ebury Press.
24. Sigmund Freud (1930), *Civilization and Its Discontents, in The Standard Edition of the Complete Psychological Works of Sigmund Freud*, Vol. XXI (1927–31), trans. James Strachey in collaboration with Anna Freud, London: Vintage, p. 64.
25. Sam Harris, Jonas T. Kaplan, Ashley Curiel, Susan Y. Bookheimer, Marco Iacoboni and Mark S. Cohen (2009), 'The Neural Correlates of Religious and Nonreligious Belief ', *PLoS ONE* 4(10): e7272. https://doi.org/10.1371/journal.pone.0007272 (accessed 27 October 2017).
26. Le Bon (1895), p. 12.
27. Stephen Quirke (2014), *Exploring Religion in Ancient Egypt*, London: John Wiley and Sons. See also Alastair Sook (2014), 'Akhenaten-Mad, Bad or Brilliant?', *Daily Telegraph*, 9 January. http://www.telegraph.co.uk/culture/art/10561090/Akhenaten-mad-bad-or-brilliant.html

(accessed 7 September 2017).

28. “太阳盘”这一短语的使用寓意在于：太阳有一个面，也就是一个圆盘，所以太阳盘就是太阳的脸。其他更多关于怪异的邪教教义的信息，参见 Debra Kelly (2013), ‘10 Bizarre Cult Teachings’, *Listverse*, 4 December. http://listverse.com/2013/12/04/10- bizarre-cultteachings (accessed 7 September 2017)。
29. Janet Reitman (2013), *Inside Scientology: The Story of America's Most Secretive Religion, Boston*, MA: Mariner Books/Houghton Mifflin Harcourt.
30. Lou Manza (2016), ‘How Cults Exploit One of Our Most Basic Psychological Urges’, *The Conversation*, 14 April. https://theconversation.com/how- cults-exploit- one- of- our- most- basic- psychologicalurges–57101 (accessed 27 October 2017); Mark Banschick (2013), ‘What Awful Marriages and Cults Have in Common’, *Psychology Today*, 28 May. https://www.psychologytoday.com/blog/the-intelligent-divorce/201305/what-awful-marriages-cults-have-in-common (accessed 27 October 2017).
31. Dorian Lynskey (2013), ‘Beatlemania: “The Screamers” and Other Tales of Fandom’, *Guardian*, 29 September. https://www.theguardian.com/ music/2013/sep/29/beatlemania-screamers-fandom-teenagers-hysteria (accessed 7 September 2017).
32. Martin Creasy (2010), *Beatlemania!: The Real Story of The Beatles UK Tours* 1963–1965, London: Omnibus Press. See also Joli Jensen (1992), ‘Fandom as Pathology: The Consequences of Characterisation’, in Lisa A. Lewis (ed.) (1992), *The Adoring Audience: Fan Culture and*

Popular Media, London: Routledge, pp. 9–29.

33. O.G.T. Sonneck (1922), 'Henrick Heine's Musical Feuilletons', *Musical Quarterly* 8, pp. 457–8.
34. T.R.J. Nicholson, C. Pariante and D. McLoughlin (2009), 'Stendhal Syndrome: A Case of Cultural Overload', *British Medical Journal* case reports.
35. Keynes (1936), p. 374.
36. Bikhchandani, Hirshleifer and Welch (1998).
37. 'Extreme Tweeting', *The Economist*, 21 November 2015, p. 43.
38. Ambrose Evans- Pritchard (2016), '"Irritation and Anger" May Lead to Brexit, Says Influential Psychologist', *Daily Telegraph*, 6 June. http://www.telegraph.co.uk/business/2016/06/05/british-voters-succumbing-toimpulse-irritation-and-anger---and/ (accessed 14 June 2017).
39. Hunt Allcott and Matthew Gentzkow (2017), 'Social Media and Fake News in the 2016 Election', *Journal of Economic Perspectives* 31(2), pp. 211–36.
40. 'Trump's Executive Order: Who Does Travel Ban Affect?', BBC News, 10 February 2017. http://www.bbc.com/news/world-us-canada-38781302 (accessed 10 February 2017).
41. 'Donald Trump's File', PolitiFact. http://www.politifact.com/personalities/donald-trump/ (accessed 5 September 2017).
42. 'Hillary Clinton's File', PolitiFact. http://www.politifact.com/personalities/hillary-clinton/ (accessed 7 September 2017).
43. For an assessment of social media, see 'Social Media's Threat to

Democracy', *The Economist*, 4 November 2017.

44. Sunstein (2002).

45. Craig Silverman (2016), 'This Analysis Shows How Viral Fake Election News Stories Outperformed Real News on Facebook', BuzzFeed News, 17 November. https://www.buzzfeed.com/craigsilverman/viral-fake-electionnews-outperformed-real-news-on-facebook?utm_term=.fqNdd13EE#.ljw44EBpp; Timothy B. Lee (2016), 'The Top 20 Fake News Stories Outperformed Real News at the End of the 2016 Campaign', *Vox*, 16 November. https://www.vox.com/new-money/2016/11/16/13659840/facebook-fake-news-chart (accessed 18 November 2016).

46. Cass R. Sunstein (2017), *#Republic: Divided Democracy in the Age of Social Media*, Princeton University Press.

47. 参见 Seth Flaxman, Sharad Goeal and Justin M. Rao (2016),'Filter Bubbles, Echo Chambers, and Online News Consumption', *Public Opinion Quarterly* 80, pp. 298–320。

48. Fil Menzer (2016), 'The Spread of Misinformation in Social Media', Northwestern Institute on Complex Systems seminar. http://cnets.indiana.edu/blog/2016/10/10/spread-of-misinformation/ (accessed 7 September 2017).

结语 盲从者与叛逆者

1. 社会资本是社会学家和心理学家首先探讨的一个概念，参见 Jane Jacobs (1961), *The Death and Life of Great American Cities,* New

York: Random House; James S. Coleman (1988), 'Social Capital in the Creation of Human Capital', *American Journal of Sociology* 94, pp. 95–120; Robert D. Putnam (1993), 'What Makes Democracy Work?', *National Civic Review* 82 (2), pp. 101–7; and David Halpern (2005), *Social Capital*, Cambridge: Polity Press。为了调查经济学家对社会资本的一些见解，特别是在发展中国家的背景下，参见 Partha Dasgupta and Ismail Serageldin (eds) (2010), *Social Capital: A Multifaceted Perspective*, Washington, DC: The International Bank for Reconstruction and Development/World Bank. Some of this literature is summarised for a general reader in Partha Dasgupta (2007), *Economics: A Very Short Introduction*, Oxford University Press。

2. Mark S. Granovetter (1973), 'The Strength of Weak Ties', *American Journal of Sociology* 78(6), pp. 1360–80.
3. 罗伯特·帕特南（Robert Putnam）提出了强关系和弱关系作为社会资本的连接和桥接形式之间的平行关系。强关系使人紧密相连；弱关系更像是桥梁，使人之间的联系更为温和。参见 Robert D. Putnam (2000), *Bowling Alone: The Collapse and Revival of American Community*, New York/London: Simon and Schuster。
4. Thaler and Sunstein (2008), in particular ch. 3, 'Following the herd'.
5. 心理学家大卫·哈尔彭（Darid Halpern）对助推进行了分析，他是英国行为洞察小组的主管，参见 David Halpern (2015), *Inside the Nudge Unit: How Small Changes Can Make a Big Difference*, London: Ebury Press。
6. Sunstein (2002).